吴易风文集

第六卷

西方古典经济学和

西方现代经济学研究

吴易风 著

中国人民大学出版社

·北京·

目　录

新中国成立以来的西方经济学教学与研究*

一、学科和课程名称的演变

作为经济学研究领域的一个独立学科和高等学校的一门独立课程，“西方经济学”这一名称在我国出现较晚。新中国成立以来，这一学科和课程的名称经历了几次改变。20世纪50年代中期，国内有几所大学尝试开设相关课程，内容一般限于凯恩斯主义，因而课程名称定为“凯恩斯主义经济学说介绍与批判”或“凯恩斯主义介绍与批判”。20世纪50年代末60年代初，开设同类课程的高校增多，教学内容除了凯恩斯主义外，还增加了垄断经济学等。这时课程名称一般定为“当代资产阶级经济学介绍与批判”或“当代资产阶级经济学说”。改革开放初期，一些高校将课程名称改为“外国经济学说”。“西方经济学”这一名称形成于20世纪70年代末80年代初，之后很快就得到了我国经济学界的普遍认同和广泛接受。现在，“西方经济学”已经成为我国社会科学研究领域的学科名称，并且成为教育部和国家学位委员会规定的本科生和研究生课程的正式名称。

二、开设西方经济学课程的早期尝试

新中国成立后，在20世纪50年代中期，我国有几所高等学校开始尝试开设西方经济学课程，但各高校开设的这一课程名称不统一，毕竟当时还没有出现西方经济学这一用语。以中国人民大学为例，当时吴大琨教授、项冲教授为经济系本科生开设的是“凯恩斯主义介绍与批判”课程，高鸿业教授先为经济系教师、后为研究生班开设的是“资产阶级经济学介绍与批判”课程。两门课的范围不同：前者限于凯恩斯主义，后者包括西方经济学的几个主要组成部分。吴大琨、项冲和高鸿业教授

* 原载中国社会科学院马克思主义研究学部编：《36位著名学者纵论新中国发展60年》，475～482页，北京，中国社会科学出版社，2009。

都是从海外归国的学者，他们熟悉西方经济学，回国后又努力学习马克思主义经济学。在教学中，他们不仅力求准确地介绍西方经济学，而且力图用马克思主义的立场、观点、方法分析和评论西方经济学。

三、新中国第一套西方经济学统编教材

经过早期的尝试阶段以后，20 世纪 50 年代末和 60 年代初，我国高等学校经济系政治经济学专业一般都设有介绍和批判当代资产阶级经济学说的课程。为了满足这一课程教学的需要，当时北京大学、中国人民大学等几所高校和中国科学院经济研究所的学者，在有关部门的领导下，集体编写了一套统称为“当代资产阶级经济学说”的教材。

这套教材的编著者是国内对西方经济学素有研究的专家，其中有好几位早年在海外留学。他们在获得国外大学的经济学博士学位，有的还获得国外大学的高级职称后，毅然从海外归来，热心为祖国服务。

他们编著的这套教材分五册：第一册《凯恩斯主义》，编著者是樊弘、高鸿业、严仁赓、罗志如；第二册《垄断经济学》，编著者是高鸿业、范家骧、罗志如；第三册《福利经济学》，编著者是巫宝三、罗志如、汪友泉、李懿；第四册《经济计量学》，编著者是巫宝三、孙世铮、胡代光；第五册《“人民资本主义”》，编著者是严仁赓、范家骧、黄范章。

这套教材由商务印书馆出版。其中第一册和第二册出版于 1962 年，第四册和第五册出版于 1964 年。第三册《福利经济学》的编写工作于 1965 年基本完成，在征求意见并加以修改后，本拟付印，但因“文化大革命”开始，未果。直到 1979 年中华外国经济学说研究会成立后，编著此书的负责人巫宝三先生才决定将搁置了十多年的旧稿交厉以宁等修改和补充，书名改为《西方福利经济学评述》，由商务印书馆于 1984 年出版。当时巫老只应允给此书写序而不肯署名。

这套教材是新中国第一部西方经济学教材，是我国这类教材从无到有的标志。这套教材的出版，满足了当时高等学校经济系师生的教学需要，受到了师生们的欢迎。

今天回过头来看，这套教材有一些突出的优点：第一，比较正确地说明了这些流派的理论和政策主张产生的历史背景；第二，比较准确地介绍了这些流派的理论和政策主张的基本内容；第三，较为全面地说明

了这些流派的理论和政策主张所起的作用；第四，大体正确地对这些流派的理论和政策主张进行了分析、鉴别和批判。因此，应当认为，这套西方经济学教材是新中国成立以来第一套较为成功地尝试用马克思主义观点编写的高等学校文科教材。

当然，作为当时的文科教材，也很难避免带有时代印记。在分析、鉴别、批判方面，这套教材有一些不足之处。主要是分析少、鉴别少、批判多。批判的文字有时有简单化的倾向和贴标签的现象。

四、近几十年来西方经济学教学与研究中的意见分歧

近几十年来，我国西方经济学教学与研究空前活跃。在课程方面，西方经济学、西方经济学流派、（西方）微观经济学、（西方）宏观经济学、（西方）国际经济学、（西方）数理经济学、（西方）经济计量学等都成了独立课程。在教材方面，这些课程差不多都有相应的教材。其中，讲西方经济学原理的教材最多。据有关部门提供的数字，全国大约有几百种之多。在论著方面，研究西方经济学或根据西方经济学理论和方法研究国内经济问题的论文和专著数量很多，有关选题成为许多学术刊物和出版社偏好的选题。

但是，从教学、教材和论著的内容来看，近几十年来，我国在西方经济学教学和研究中存在严重的意见分歧。概括地说，主要有两种存在原则性区别的意见：

一种意见认为，“西方经济学”这一学科名称和课程名称中的“西方”二字应当删去，应当称为“现代经济学”。这种意见认为，“现代经济学”是科学，我们应当认真学习它，用它来研究和解决我国的经济问题，而不应对它进行批判。

另一种意见认为，“西方经济学”中的“西方”二字不能删去，因为“西方”二字正确地表明了这种经济学的性质，与这种经济学的性质不同的是马克思主义经济学。也不能把“现代经济学”用来专指西方经济学，因为现代存在两种性质不同的经济学：现代马克思主义经济学和现代西方经济学。这种意见认为，不能说西方经济学是科学，因为西方经济学有二重性：既有特定的阶级性、意识形态和价值判断成分，又有一定的科学因素。这种意见强调，在西方经济学教学与研究中，必须坚持以马克思主义为指导，通过分析、鉴别和批判，取其精华，去其糟

粕，加以改造，用来丰富和发展我们的经济理论。

五、中华外国经济学说研究会引领开展西方经济学的教学与研究

中华外国经济学说研究会是我国老一辈著名经济学家许涤新、陈岱孙教授等倡议的于1979年9月成立的全国性一级学会。该研究会从成立之日起，明确规定以马克思主义为指导，以研究西方经济学和外国经济思想史为主要任务。

陈岱孙教授长期担任中华外国经济学说研究会会长。1900年出生于福建闽侯。1920年从清华大学毕业后公费留学美国，在威斯康星州立大学攻读经济学。1922年入哈佛大学当研究生，在1924年获硕士学位，1926年获博士学位。学成归国，开始在清华大学任教，后来一直在北京大学任教。过去，他教的是西方经济学，研究的也是西方经济学。新中国成立后，他开始系统学习马克思主义著作，特别是系统学习马克思的科学巨著《资本论》。此后，他的论著表明他已经成为一位理论功底扎实、立场坚定的马克思主义经济学家。在担任中华外国经济学说研究会会长的二十多年中，他明确要求以马克思主义为指导开展西方经济学研究。“弘扬马列　锐意求新　借鉴西学　体察国情”是他留下的珍贵的亲笔题词。这16个字，不仅凝结了他本人毕生探索经济学真理的经历和经验，而且凝结了我国社会科学界众多学者追求社会科学真理的经历和经验。

在老会长陈岱孙教授的领导下，以及后来在他的学术遗嘱“弘扬马列　锐意求新　借鉴西学　体察国情”16字箴言的感召下，中华外国经济学说研究会做了大量的工作。其中特别值得提到的有以下六个方面的工作。

第一，举办了介绍和评论西方经济学的大型系列讲座，出版了四卷本《国外经济学讲座》。中华外国经济学说研究会成立后，受国务院财政经济委员会调查组理论与方法研究小组的委托，于1979—1981年在北京举办西方经济学系列讲座。这一系列讲座共设60个讲题，由国内多所高等学校和中国科学院经济研究机构的46位专家学者主讲，内容包括西方微观经济学、西方宏观经济学、国际经济学、应用经济学、增长和发展经济学、比较经济制度、经济计量学、西方主要经济流派和思

潮以及苏联和东欧的经济思想演变等。这是我国改革开放以来举办的大型西方经济学系列讲座，听讲人主要是国家机关经济工作人员、高等学校理论经济学和应用经济学教师、经济研究机构研究人员以及研究生。讲座的全部讲稿编成四卷，由中国社会科学出版社于1980—1982年出版，首次印数达25 000册。

中华外国经济学说研究会提出以马克思主义为指导，用分析的态度对待西方经济学："不应当采取简单的方式对待它们，而应当根据具体情况进行具体的分析。一方面，在当代资产阶级经济学家的著作中，确实有不少内容是直接为资本主义剥削制度辩护、粉饰资本主义的现状，甚至直接攻击和曲解马克思主义的。对于这些内容，我们不能保持缄默。我们应当以马克思主义为理论武器，对它们进行批判。另一方面，我们还应当看到，当代资产阶级经济学说中也有一些可供我们参考和借鉴之处。……当然这绝不意味着我们应当原封不动地把资产阶级经济学家的论述照搬到我国社会主义经济中来运用，而是说我们应当以马克思主义为指导，从资产阶级经济学家的有关论述中剔除其庸俗的部分，吸收其比较合理的、有用的科学成分，进行改造，并结合我国现实经济情况加以运用。"

第二，翻译、编辑和出版了17辑《现代国外经济学论文选》。为了让国内读者阅读西方经济学家的论文，更多地了解外国经济理论动态，中华外国经济学说研究会和商务印书馆合作，翻译、编辑了《现代国外经济学论文选》。这套论文选共17辑，每辑一个专题，内容涉及西方经济学的主要流派和思潮、诺贝尔经济学奖历年获得者的演讲、发展经济学研究、比较经济学研究、长周期理论研究、亚当·斯密研究、马克思研究、社会主义经济学研究、计划与市场研究等许多方面。第1辑出版于1979年，第17辑出版于1997年，前后共经历了19年。

第三，参与编辑和出版《西方经济思想评论》。以书代刊的《西方经济思想评论》是由商务印书馆编辑部编辑出版的，为经济学界发表西方经济学研究成果提供了学术园地。中华外国经济学说研究会的专家学者是这一园地的主要作者，他们为这一园地源源不断地提供论文。这些论文用马克思主义的立场、观点、方法比较深入地对西方经济学进行了专题研究，有一定的学术水平，受到了读者的欢迎和好评。以《西方经济思想评论》第1辑为例，该辑主题是评萨缪尔森的经济学说，共收入15篇论文，大部分系首次发表，内容包括对萨缪尔森的《经济学》一书的体系、微观经济学、宏观经济学、国际经济学等的分析和评论，还包括对马克思经济学和萨缪尔森的《经济学》的比较研究。

第四，参与编辑和出版20辑《马克思主义来源研究论丛》。以书代刊的《马克思主义来源研究论丛》是由商务印书馆出版的，为马克思主义思想史研究者发表研究成果提供了学术园地。中华外国经济学说研究会的专家学者是这一园地的哲学、政治经济学、科学社会主义三大作者群体之一，有的还担任了编委。《马克思主义来源研究论丛》第1辑出版于1981年，第20辑出版于2000年，前后共经历了二十余年。

第五，出版了多本研究会年会学术论文集。中华外国经济学说研究会早期由于条件的限制，难以做到每年举行一次年会并出版一本论文集，后来随着条件的逐步改善，中华外国经济学说研究会每年举行一次年会，这是该研究会的大型学术研讨会。此外，该研究会每年还开一次小型的专题研讨会。该研究会一般提前半年在《经济学动态》《马克思主义研究》《马克思主义文摘》《当代经济研究》以及后来增加的《经济学家》上发表征文启事，要求研究会成员提供以马克思主义为指导的、符合征文启事所确定的主题的论文。入选的论文除了在年会上用于交流之外，其中优秀的还会被推荐给这些杂志发表。年会结束后，该研究会将论文编辑成书，由中国经济出版社出版。最近出版的论文集有：《当前外国经济学的新动向与我国经济学的发展》（1999）、《经济全球化与西部大开发——兼论西方经济学的新发展》（2001）、《外国经济学的新进展》（2002）、《西方经济学与世界经济的发展》（2003）、《开放下的宏观经济与企业理论研究——兼论新自由主义的兴起与影响》（2004）、《经济全球化与新自由主义思潮》（2005）、《马克思主义视角下的西方经济学》（2006）、《当代经济学理论与实践》（2007）、《当代经济理论研究》（2008）。

第六，召开高等学校西方经济学教学工作专题研讨会，向教育部经济学教学指导委员会报送《关于西方经济学教学工作存在的问题和改进意见的报告》。2007年2月，教育部召开了“高等学校本科教学质量与教学改革工程”启动视频会议。为了贯彻会议精神，中华外国经济学说研究会和教育部社科中心于2007年4月14日在北京联合召开西方经济学教学工作专题研讨会，来自全国16所高校、中共中央党校、中国社会科学院的专家学者40余人与会，深入讨论了如何以马克思主义为指导进行西方经济学教学的问题。《马克思主义研究》《高校理论战线》、

《当代经济研究》等几家杂志对此次研讨会进行了报道。

与会专家认为，要高度重视当前西方经济学教学和研究中的两个重大问题：一是要讲西方经济学的二重性，二是要坚持以马克思主义为指导评论西方经济学。关于第一个问题，专家们指出：西方经济学既有阶级性，又有实用性。但是，有的教师和研究者只讲或只承认它的实用性，而不讲甚至不愿意承认它的阶级性。实际上，不仅马克思主义者认识到它的阶级性，而且有的西方经济学家也承认它的阶级性。关于第二个问题，专家们指出，改革开放初期，我国高校刚开设西方经济学课程时，一般都以马克思主义为指导，只有极少数例外。现在情况相反，一般只介绍，不评论。这是我国经济理论领域思想混乱、西方经济学中有害的东西畅通无阻、马克思主义经济学被边缘化的原因之一。

与会专家指出，邓小平很早就发现了问题的严重性并指出了正确方向。对于包括经济学界在内的理论界和文艺界一窝蜂地盲目推崇西方思潮的错误倾向，邓小平指出："现在有些同志对于西方各种哲学的、经济学的、社会政治的和文学艺术的思潮，不分析、不鉴别、不批判，而是一窝蜂地盲目推崇。"虽然当时这些人只是少数，但是邓小平注意到，"问题是对这少数人的错误言行缺乏有力的批评和必要的制止措施"。邓小平充分估计到了问题的严重性："如果我们不及时注意和采取坚定的措施加以制止，而任其自由泛滥，就会影响更多的人走上邪路，后果就可能非常严重。从长远来看，这个问题关系到我们的事业将由什么样的一代人来接班，关系到党和国家的命运和前途。"在如何对待西方思潮的问题上，邓小平为理论界和文艺界指出了正确方向："属于文化领域的东西，一定要用马克思主义对它们的思想内容和表现方法进行分析、鉴别和批判。"①

与会专家提出，高校西方经济学教学不能"只述不评"，而应"既述又评"，"述评并重"。"述"是"评"的基础，应"先述后评"。"述"是如实介绍西方经济学的理论和政策主张；"评"是用马克思主义对它做出全面的、科学的评价，肯定它的科学成分，指出它的阶级性，批判它的辩护性和庸俗性。

与会专家强调，现在迫切需要提高西方经济学教师的马克思主义理论素养。据调查，在大学讲坛上，有的教师说"马克思主义经济学是伪

① 《邓小平文选》，第3卷，44～45页，北京，人民出版社，1993。

科学”，有的肯定西方经济学中的新自由主义经济学，有的断言西方经济学必将成为我国的主流经济学，由此可见问题的严重性。现在亟须加强西方经济学课程的教师队伍建设，使德才兼备的一流人才在高等学校执教。

与会专家建议，教育行政部门要重视对现有西方经济学教师进行马克思主义经济学的再培训，尤其要采取有效措施对海外归来的西方经济学教师加强马克思主义经济学的培训，使他们能把马克思主义的立场、观点、方法融入西方经济学课程的教学中。

与会专家对一些高校采用西方经济学原版教材提出了不同意见，主张采用国内学者编写的既如实介绍西方经济学，又以马克思主义为指导对它进行评论的优秀教材。

与会专家不同意一些高校一再压缩马克思主义政治经济学的教学时数、一再增加西方经济学教学时数的做法。据调查，一些高校政治经济学与西方经济学的课时比例已从 20 世纪 90 年代的 1∶1 变成目前的 1∶4。西方经济学课程从西方经济学原理一门课“膨胀”成西方经济学原理、中级微观经济学、中级宏观经济学、高级微观经济学、高级宏观经济学、国际经济学、西方经济学流派、计量经济学等多门主课，而马克思主义政治经济学则被压缩成政治课中的一个部分，以至于经济学专业培养出来的学生只知道西方经济学而不了解马克思主义政治经济学。一些高校研究生入学考试只考西方经济学而不考马克思主义政治经济学，这种状况必须得到根本改变。

中华外国经济学说研究会根据 2007 年 4 月 14 日西方经济学教学工作专题研讨会的专家发言，于 2007 年 5 月 4 日向教育部经济学教学指导委员会报送了《关于西方经济学教学工作存在的问题和改进意见的报告》，就教育方针、教师队伍、教材和教学内容、课程设置和课程安排、考核导向、学科带头人的条件等方面存在的问题反映了情况，并提出了改进意见。

古典学派正名*

在政治经济学史上，古典学派是一个十分确定的概念。马克思在批判资产阶级政治经济学时，首先使用了古典学派这一概念，并对它做了科学的规定。然而，长期以来，许多论著对古典学派这一概念的解释极不相同。因此，很有正名的必要。

一、现代西方经济学家对古典学派的规定

古典学派这一概念，目前已被西方经济学家弄得混乱不堪。

现代西方经济文献中极其混乱的古典学派概念，发端于曾经对现代资产阶级经济理论和资本主义国家经济政策有过很大影响的凯恩斯。他在1936年出版的《就业、利息和货币通论》一书中，对古典学派做了和马克思的科学规定完全不同的荒谬规定。美国资产阶级经济学家索维尔在《古典经济学重新评述》一书中说："谁是'古典学派'？从创造这一术语的马克思，到赋予这一术语以最广泛的含义的凯恩斯，定义颇不相同。"①

继凯恩斯之后，曾经忌讳古典学派这一术语的许多资产阶级经济学家，日益广泛地运用这一术语，并赋予其各种不同的含义。英国资产阶级经济学家罗尔在《经济思想史》中说，斯密和李嘉图的经济理论体系"被命名为古典体系。以后的不同学派的经济学者选用这个名称各具己见。有的时候，人们把'古典'这一称呼用在理论体系上，为的是表明它们所具有的不容置疑的和广泛的权威。有时这个名称被用来给发源于这些理论的政策领域中的后果加上特殊含义。再就是，有时把一个体系称为古典的，是为了区别于以后随之兴起的批判学派"②。

从凯恩斯到现在，西方经济学家对古典学派所做的形形色色的规定，纷繁杂乱，光怪陆离。按照所指范围的大小，这些规定大致可以合

---

* 原载《马克思主义来源研究论丛》第5辑，286～310页，北京，商务印书馆，1984。

① T. 索维尔：《古典经济学重新评述》，4页，普林斯顿，1974。

② 埃里克·罗尔：《经济思想史》，138页，北京，商务印书馆，1981。

并为以下几类。

第一类规定认为，亚当·斯密标志着古典时期的开始，约翰·穆勒代表着古典时期的终结。① 除了斯密和李嘉图之外，萨伊、马尔萨斯、詹姆斯·穆勒、麦克库洛赫、西尼尔、约翰·穆勒等也被认为是古典学派的主要代表。② 典型的说法是："古典学派"是"18世纪后期19世纪前期政治经济学家的一种流派……这一学派的创始人为亚当·斯密，其倡导者有大卫·李嘉图、纳索·W·西尼尔、约翰·斯图亚特·穆勒、让·巴蒂斯特·萨伊"③。

第二类规定认为，古典时期从亚当·斯密的《国民财富的性质和原因的研究》问世开始，到19世纪70年代初期门格尔、杰文斯和瓦尔拉斯所代表的边际学派出现时结束。英国出版的《古典学派经济学家》一书说，"通常把1776年亚当·斯密的巨著《国民财富的性质和原因的研究》的出版作为古典经济学时代的开端"，这种古典经济学"最后在'边际革命'中为朝气蓬勃地发展起来的新古典经济学所取代"④。美国出版的《经济思想的演变》一书也说："古典学派的开端可以上溯到1776年，这一年亚当·斯密的巨著出版。它终结于1871年，这一年杰文斯和门格尔出版了著作，陈述了后来被称为新古典的理论。"⑤ 目前西方经济学家很多都采用这一说法，只是在某些细节上有所区别。例如，上面提到的《古典经济学重新评述》一书说："自从建立在《国民财富的性质和原因的研究》上的权威性传统由于19世纪70年代的边际革命而经历了一次重大变化以后，大约相隔一百年的古典经济学的起点和终点可以相当有把握地确定了。"⑥ 英国出版的《古典经济理论的结构》一书说："在19世纪最后30年中，经济分析发生了极大的变化。由于19世纪70年代初期的重大贡献，最重要的是瓦尔拉斯所作的重大贡献，古典的分析体系终结了。"⑦

第三类规定认为，古典时期从李嘉图的理论前辈开始，到20世纪

① H. 兰德雷思：《经济理论史范围、方法和内容》，33～34页，亚特兰大，1976。

② H. 兰德雷思：《经济理论史范围、方法和内容》，33～151页；J. 罗宾逊、J. 伊特韦尔：《现代经济学导论》，11～27页，伦敦，1973。

③ D. 格林沃尔德主编：《现代经济词典》，79页，北京，商务印书馆，1981。

④ D. P. 奥布赖恩：《古典学派经济学家》，1页，牛津，剑桥大学出版社，1975。

⑤ J. 奥色、W. C. 布伦奇菲尔德：《经济思想的演变》，42页，纽约，1975。

⑥ T. 索维尔：《古典经济学重新评述》，6页。

⑦ R. V. 伊格利：《古典经济理论的结构》，126页，伦敦，牛津大学出版社，1974。

20年代末30年代初结束。最有代表性的是凯恩斯的规定。他说："'古典学派经济学家'是马克思创造出来的一个名词，用来包括李嘉图和詹姆斯·穆勒以及他们的前辈即这个学派理论的奠基者，这一理论在李嘉图经济学中达到顶点。我习惯于把李嘉图的后继者即那些接受并完善李嘉图经济学理论的人，例如约翰·穆勒、马歇尔、埃奇沃思和庇古教授，都包括在'古典学派'之内。这也许犯了文理不通的错误。"①

凯恩斯主义者很多都遵循凯恩斯的这一规定，并对它做了某些诠释。例如，美国资产阶级经济学家阿克利解释说："'古典学派经济学家'这个术语实质上是指那些属于主要正统派传统的英美经济学家，从大卫·李嘉图（1772—1823）时代前后起到——譬如说——1930年止。"② 另一个美国资产阶级经济学家狄拉德解释说："凯恩斯所使用的'古典学派经济学'这个名词，指的是经济学中传统的或正统的经济学原理，这些原理是从19世纪早期英国著名经济学家李嘉图那个时候流传下来的，也是经济学界一般都接受的。"又说："凯恩斯指出，他不是在通常意义上使用'古典学派经济学'和'古典学派经济学家'这些名词的。他所说的'古典学派经济学家'是指李嘉图的后继者，包括约翰·斯图亚特·穆勒、马歇尔和庇古。'古典学派经济学家'这个名词是马克思创立的，它指的是李嘉图和他的前辈，包括亚当·斯密。……凯恩斯在对'古典学派经济学'进行的一些批评中，是以庇古教授的著作作为特殊目标的，因为庇古教授是这一学说体系的最后一个伟大的代表人物。"③

第四类规定认为，古典学派的上限起自亚当·斯密的《国民财富的性质和原因的研究》，下限无法确定，直至今天为止的现代西方经济学仍然是古典学派经济学的直接继续。其理由是："把古典体系的时代界限加以划分并不是容易的。如果我们记住在18世纪初的英国经济学家和法国的重农主义者所做的奠基工作，那么我们可以将亚当·斯密的著作作为这个体系的开始。要肯定其结束期则更为困难。实际上，有些经济学家会宣称它就没有终止过，其传统通过现代经济学的领袖们的著作而延续了下来。"④

---

① J.M.凯恩斯：《就业、利息和货币通论》，3页，纽约，1946，参阅中译本，9页，北京，生活·读书·新知三联书店，1957。

② 加德纳·阿克利：《宏观经济理论》，123页，上海，上海译文出版社，1981。

③ 狄拉德：《凯恩斯经济学》，12～13页，上海，上海人民出版社，1963。

④ 埃里克·罗尔：《经济思想史》，139页。

现代西方经济学家关于古典学派的规定虽然范围宽窄各异，但都具有以下一些共同点。

第一，蓄意混淆古典政治经济学和庸俗经济学，企图抹杀古典经济理论和庸俗经济理论、古典学派和庸俗流派的原则性界限。

第二，一笔勾掉了古典政治经济学的产生时期，从而一笔勾掉了从配第开始的古典政治经济学产生时期的一大批代表人物。古典政治经济学发展时期和完成时期除斯密和李嘉图之外的一批代表也被一笔勾掉了。

第三，把萨伊、马尔萨斯直至马歇尔、庇古等一大批庸俗经济学家硬塞进古典学派，给他们统统戴上了古典的“桂冠”。

现代西方经济学家任意扩大古典学派这一概念的外延，任意推延直至取消古典时期的下限，想方设法挤进古典经济学家的行列。

在现代西方经济学家中，凯恩斯主义的反对派总是以亚当·斯密和李嘉图的忠实信徒自居。无论是新奥地利学派和伦敦学派的新自由主义，还是当前在美国有相当大的影响的货币学派和供给学派，都无一例外地紧紧抓住古典学派和古典经济学的旗帜。例如，只是在几年前才从美国的经济土壤中冒出来的供给学派，也力图把自己的经济观点乔装成古典理论。它的代表人物之一拉弗说：“供给学派的经济学只不过是穿上现代时装的古典经济学。”① 凯莱赫、奥齐乔斯基在《供给学派经济学的古典渊源》中宣称，供给学派经济学“是由重农学派、大卫·休谟、亚当·斯密和其他经济学家在反对重商主义时创立的”②。

值得注意的是，凯恩斯主义者现在也在举古典学派和古典经济学的旗帜。以萨缪尔森为首的美国凯恩斯派自封为“新古典综合”派，以罗宾逊为代表的新凯恩斯主义则被冠以“新李嘉图主义”的称号。不过，凯恩斯主义者知道，其老师是以古典学派和古典经济学的批判者自居的。凯恩斯丝毫无意跻身于古典学派，无意于举古典经济学这面旗帜。然而，在凯恩斯主义者看来，责备庇古等人为愚蠢之徒的凯恩斯，就他丢掉古典旗帜并把自己置于古典学派的对立面这一点来说，未免也做出了一种愚蠢行为。因此，不管老师是否愿意，他们还是为其戴上了古典经济学家的“桂冠”。也只有这样，他们才便于给自己的凯恩斯主义观点贴上古典标签。他们不仅称他们的老师在“凯恩斯革命”前是一个

---

① 拉弗文，载［美］《经济影响》，1982（1）。

② 凯莱赫、奥齐乔斯基文，载［美］《经济影响》，1981（4）。

“非常优秀的古典学派经济学家”①，而且强调“凯恩斯始终是一个古典经济学家”②。

二、在国内有影响的苏联著作对古典学派的规定

新中国成立后至20世纪60年代初，苏联有关著作的引进对我国经济思想史的教学和研究曾经起过一定的积极作用。然而这些著作中某些片面的或错误的观点也产生了消极的影响。

对我国经济思想史教学和研究工作影响较大的是卢森贝的三卷本《政治经济学史》③ 和一卷本《政治经济学史》④。在三卷本中，除了法国古典经济学家外，在讲到古典学派的产生时，只提到了威廉·配第一人。在“配第以后的经济思想的发展”这一讲中，卢森贝虽然讨论了洛克、诺思、休谟和斯图亚特，但是他断言“洛克终究还是一个重商主义者”，休谟在“好些问题”上“完全没有摆脱当时已经陈旧了的重商主义观点”，斯图亚特想“复兴重商主义”，是“一位晚出世的重商主义者”，“一个率直而顽固的重商主义者”。这样，经过筛选，在英国古典经济学家中只筛选出了配第、斯密和李嘉图。此外，别无他人。在一卷本中，除了法国古典学派外，英国古典经济学家也只有这三人。

除了卢森贝的著作，在我国产生过影响的苏联著作还有卡拉达也夫等人的《经济学说史》⑤，乌达利佐夫、波良斯基主编、布留明等人集体编写的《经济思想史》⑥，沙尔林的《英国古典资产阶级政治经济学》⑦ 等。这些著作虽然在若干方面和卢森贝的著作有所不同，但是在古典学派的规定上则深受卢森贝的影响。在这些著作中，我们见到的英国古典经济学家同样也只有配第、斯密和李嘉图。

总之，按照卢森贝、卡拉达也夫等人的规定，可以被称为英国古典

---

① 加德纳·阿克利：《宏观经济理论》，441页。

② 克莱因：《凯恩斯的革命》，7页，北京，商务印书馆，1962。

③ 卢森贝：《政治经济学史》，第1、2、3卷，莫斯科，1934、1935、1936；中译本，北京，生活·读书·新知三联书店，1959、1958、1960。

④ 卢森贝：《政治经济学史》，莫斯科，1940年；中译本，北京，生活·读书·新知三联书店，1959。

⑤ 卡拉达也夫、斯捷潘诺夫：《经济学说史》，莫斯科，1959。

⑥ 乌达利佐夫、波良斯基主编：《经济思想史》，莫斯科，莫斯科大学出版社，1961。

⑦ 沙尔林：《英国古典资产阶级政治经济学》，莫斯科，1958；中译本，北京，生活·读书·新知三联书店，1959。

经济学家的只有配第、斯密和李嘉图三个人。英国古典政治经济学产生时期、发展时期和完成时期的一大批代表人物，都没有在这些著作中占有他们应该占有的历史地位。

三、马克思对古典学派的规定

马克思第一次提出了古典学派的概念，并对古典学派做了严格规定。马克思的规定是我们研究古典政治经济学的指南，同时也是我们批判现代西方经济学家关于古典学派的种种荒谬规定的有力武器。

马克思的古典学派的理论的形成和发展，经历了一个很长的历史过程。

1847 年，在《哲学的贫困》中，马克思第一次使用了“古典派”这一概念，第一次对以斯密和李嘉图为代表的古典学派的阶级性质和历史使命做了深刻的阐述，指出：“古典派如亚当·斯密和李嘉图，他们代表着一个还在同封建社会的残余进行斗争、力图清洗经济关系上的封建残污、扩大生产力、使工商业具有新的规模的资产阶级。……亚当·斯密和李嘉图这样的经济学家是当代的历史学家，他们的使命只是表明在资产阶级生产关系下如何获得财富，只是将这些关系表述为范畴和规律并证明这些规律和范畴比封建社会的规律和范畴更便于进行财富的生产。”①

在《1857—1858 年经济学手稿》中，马克思第一次使用了“古典政治经济学”这一概念，第一次确定了英国和法国古典政治经济学的上限和下限。马克思指出：“现代政治经济学的历史是以李嘉图和西斯蒙第（两个正好相对立的人，一个讲英语，一个讲法语）结束的，正像它在十七世纪末是以配第和布阿吉尔贝尔开始的。”后来的资产阶级政治经济学著作，“或者是折衷主义的、混合主义的纲要”，“或者是对个别领域的较为深入的分析”，“或者是为了更加广泛的公众和为了实际解决当前的问题而重复过去经济学上的争论”，“或者是有倾向性地把古典学派发挥到极端”②。

在这一手稿中，马克思第一次指出了古典政治经济学的本质特征。

① 《马克思恩格斯全集》，第 4 卷，156 页，北京，人民出版社，1958。

② 《马克思恩格斯全集》，第 46 卷上，3 页，北京，人民出版社，1979。

他说，古典经济学家“敢于无情地从纯粹形式上描述生产关系”①，“能够在生产关系的规定性上即生产关系的纯粹形式上掌握生产关系本身”②。

在手稿中，马克思还第一次把古典政治经济学和庸俗经济学做了对比，指出庸俗经济学家把资产阶级社会在古典政治经济学中历史地取得的理论表现“当作谬误来加以抨击”，揭露庸俗经济学家妄图“在古典经济学家朴素地描绘生产关系的对抗的地方，证明生产关系是和谐的”③。

1859年，马克思发表了《政治经济学批判》这部杰出著作，公布了自己多年研究政治经济学的部分成果，其中包括自己关于古典政治经济学的经典规定：“古典政治经济学在英国从威廉·配第开始，到李嘉图结束，在法国从布阿吉尔贝尔开始，到西斯蒙第结束。”④

在《1861—1863年经济学手稿》的历史批判部分即“剩余价值理论”中，马克思对17世纪中叶至19世纪中叶的资产阶级政治经济学史做了系统的深入研究，对古典政治经济学和庸俗经济学的本质区别做了深刻的阐述，对李嘉图以前的政治经济学、李嘉图的政治经济学和李嘉图以后的政治经济学做了经典的、历史的评论。马克思说：“这种历史的评论不过是要指出，一方面，政治经济学家们以怎样的形式自行批判，另一方面，政治经济学规律最先以怎样的历史路标的形式被揭示出来并得到进一步发展。”⑤

在手稿中，马克思对古典政治经济学的性质做了大量论述，指出：古典经济学家“渴求理解现象的内部联系”⑥，“深入研究资产阶级制度的生理学”⑦，“说出了资本主义生产的本质”⑧，“揭示并说明了阶级之间的经济对立”⑨。

1867年，马克思的科学巨著《资本论》第一卷问世。在《资本论》

---

① 《马克思恩格斯全集》，第46卷下，479页，北京，人民出版社，1980。
② 《马克思恩格斯全集》，第46卷上，195页注①。
③ 《马克思恩格斯全集》，第46卷上，4页。
④ 《马克思恩格斯全集》，第13卷，41页，北京，人民出版社，1962。
⑤ 《马克思恩格斯全集》，第26卷Ⅰ，367页，北京，人民出版社，1972。
⑥ 《马克思恩格斯全集》，第26卷Ⅲ，500页，北京，人民出版社，1974。
⑦ 《马克思恩格斯全集》，第26卷Ⅱ，182页，北京，人民出版社，1973。
⑧ 《马克思恩格斯全集》，第26卷Ⅲ，284页。
⑨ 《马克思恩格斯全集》，第26卷Ⅱ，183页。

中，马克思关于古典学派的理论得到了进一步的丰富和发展。以往关于古典政治经济学的性质的大量论述，在《资本论》中被凝缩为一个精炼的定义："我所说的古典政治经济学，是指从威·配第以来的一切这样的经济学，这种经济学与庸俗经济学相反，研究了资产阶级生产关系的内部联系。"① 是研究资本主义生产关系的内部联系，还是只对这种关系的外部联系做出辩护性的描述和说明，这是古典政治经济学和庸俗经济学的分水岭。同研究资本主义生产关系的内部联系的古典政治经济学相反，"庸俗经济学却只是在表面的联系内兜圈子，它为了对可以说是最粗浅的现象作出似是而非的解释，为了适应资产阶级的日常需要，一再反复咀嚼科学的经济学早就提供的材料。在其他方面，庸俗经济学则只限于把资产阶级生产当事人关于他们自己的最美好世界的陈腐而自负的看法加以系统化，赋以学究气味，并且宣布为永恒的真理"②。

1873 年，马克思在"《资本论》第二版跋"中又对古典学派做了进一步的论述。

马克思科学地分析了古典学派能够存在的特殊历史条件，指出古典政治经济学是阶级斗争不发展时期的资产阶级经济理论。他说："只要政治经济学是资产阶级的政治经济学，就是说，只要它把资本主义制度不是看作历史上过渡的发展阶段，而是看作社会生产的绝对的最后的形式，那就只有在阶级斗争处于潜伏状态或只是在个别的现象上表现出来的时候，它还能够是科学。"又说："英国古典政治经济学是属于阶级斗争不发展的时期的。它的最后的伟大的代表李嘉图，终于有意识地把阶级利益的对立、工资和利润的对立、利润和地租的对立当作他的研究的出发点，因为他天真地把这种对立看作社会的自然规律。这样，资产阶级的经济科学也就达到了它的不可逾越的界限。"③ 因此，随着阶级斗争的发展，古典政治经济学必然为庸俗经济学所取代。

特别值得注意的是，马克思同意一位评论者关于马克思的经济理论和古典学派的经济理论之间的关系的论述，公开宣布以斯密和李嘉图为代表的古典政治经济学是自己创立的无产阶级政治经济学的思想来源。他说："我的价值、货币和资本的理论就其要点来说是斯密—李嘉图学

---

① 《马克思恩格斯全集》，第 23 卷，98 页注（32），北京，人民出版社，1972。

② 《马克思恩格斯全集》，第 23 卷，98 页注（32）。

③ 《马克思恩格斯全集》，第 23 卷，16 页。

说的必然的发展。”①

1877年，马克思在为恩格斯的《反杜林论》写的《〈批判史〉论述》中，又进一步丰富和发展了自己关于古典学派的理论，特别是关于古典学派的产生时期的论述。按照马克思的看法，英国古典政治经济学的产生时期不只包括配第发表著作的整个时期，还包括从洛克、诺思发表经济理论著作的1691年到休谟发表经济理论著作的1752年这段时期。杜林在《国民经济学批判史》中抹杀了从洛克、诺思到休谟之前这段英国古典政治经济学产生的历史，还抹杀了休谟和斯密之间的斯图亚特在英国古典政治经济学发展过程中的历史作用，因而受到马克思的严肃批判。

从上述马克思关于古典学派的理论形成和发展的历史过程中，我们至少可以获得以下几点主要认识。

古典政治经济学是资本主义社会上升时期代表资产阶级同封建残余势力进行斗争并要求进一步发展资本主义生产的资产阶级政治经济学。它的使命是证明资本主义社会的经济规律和经济范畴比封建社会的经济规律和经济范畴更有利于生产的发展和社会生产力的提高。因此，古典政治经济学具有一定的历史进步性。

古典政治经济学力图透过竞争的表面现象，探索资本主义经济的内部联系，寻求资本主义的客观经济规律，研究并说明资本主义生产关系的矛盾。因此，古典政治经济学具有一定的科学性。

古典政治经济学只可能存在于资本主义社会的特定历史阶段。只有在无产阶级和资产阶级之间的阶级斗争尚未发展的历史时期，只有在阶级斗争还处于潜伏状态或只在个别现象上表现出来的时候，资产阶级政治经济学才有可能是科学。当资产阶级战胜封建地主阶级并取得政治上的统治地位之后，当无产阶级和资产阶级的阶级斗争采取了鲜明的、带有威胁性的形式以后，科学的资产阶级政治经济学就必然为伪科学的庸俗经济学所取代。

古典政治经济学有自己的历史的上限和下限，这种上限和下限是由资本主义社会的阶级斗争的性质和状况决定的。古典政治经济学经历了产生、发展和完成的历史过程。在它的产生时期、发展时期和完成时期，都有一批代表人物。这些代表人物在不同的历史阶段上从不同方面

① 《马克思恩格斯全集》，第23卷，19页。

对古典经济学作出了不同程度的理论贡献。

古典政治经济学有科学因素和庸俗成分。在古典政治经济学的完成时期，它的庸俗因素就已经被庸俗经济学家分离了出来，发展成与古典理论相对立的庸俗理论。不论庸俗经济学家以何种方式把自己装扮成古典经济理论的继承者，他们始终都是为资本主义制度辩护的经济理论的鼓吹者。

古典政治经济学的科学因素是人类文明史上的精神财富，是马克思主义的理论来源之一。

四、谁是古典经济学家?

在资本主义上升时期，所有代表新兴资产阶级利益并研究资本主义生产关系的内部联系的经济学家，都属于古典经济学家。

按照马克思对古典学派的规定，对资本主义生产方式做最初的理论考察的重商主义，代表了原始积累时期商业资本的利益和要求，把研究对象局限在流通领域，远未深入资本主义机体中去寻找内部联系。因此，“重商主义以它那种粗浅的现实主义，形成了当时真正的庸俗经济学”①。重商主义者绝不属于古典学派。

按照马克思对古典学派的规定，虽然生活在资本主义上升时期，但在地主贵族和资产阶级的矛盾和冲突中并不代表新兴资产阶级的利益和要求，而是站在土地贵族的立场的经济学家，例如马尔萨斯，绝不属于古典学派。

按照马克思对古典学派的规定，虽然生活在资本主义上升时期并代表资产阶级的利益，但只是把古典理论中的庸俗成分分离出来并独立为掩盖资本主义矛盾的辩护理论的经济学家，例如萨伊、詹姆斯·穆勒、麦克库洛赫等人，绝不属于古典学派。

按照马克思对古典学派的规定，在阶级斗争尖锐化的历史条件下妄图用资本主义生产当事人的浅薄见解蓄意抹杀资本主义阶级对抗关系的经济学家，例如西尼尔、巴师夏、凯里等人，绝不属于古典学派。即便是约翰·斯图亚特·穆勒这样一个古典学派的模仿者，由于他企图用折中主义经济理论来调和资产阶级和无产阶级的不可调和的矛盾，因而也

① 《马克思恩格斯全集》，第25卷，884页，北京，人民出版社，1974。

不属于古典学派。至于当时的和以后的其他庸俗经济学家，同古典学派更是风马牛不相及。

考虑到关于法国古典政治经济学代表人物的意见分歧较小，因此，下面集中讨论英国古典政治经济学的代表人物。

英国是政治经济学的故乡。英国古典政治经济学是英国的经济条件在科学上的反映。在资本主义生产方式最发达的英国，古典政治经济学得到了最充分的发展。

英国古典政治经济学的全部历史，大致可以划分为三个阶段：第一阶段是英国古典政治经济学的产生时期，第二阶段是英国古典政治经济学的发展时期，第三阶段是英国古典政治经济学的完成时期。

（一）英国古典政治经济学产生时期的代表人物

马克思把“从配第开始到休谟为止”的整个时期看做古典政治经济学“逐渐产生”的时期。① 他公正地评价了这一时期许多杰出的思想家对古典政治经济学的贡献，“阐明了像配第、诺思、洛克、休谟这些人在古典经济学产生过程中所应占的地位”②。

英国古典政治经济学的产生时期包括 17 世纪后半期和 18 世纪前半期。17 世纪的英国资产阶级革命是世界历史上影响最大的资产阶级革命之一。这一革命经过 1642—1646 年的第一次国内战争和 1648 年的第二次国内战争，推翻了斯图亚特王朝，于 1649 年 5 月 19 日成立了共和国。资产阶级革命的胜利，宣告了英国资本主义社会秩序的建立，为资本主义的发展扫清了道路。革命后，资本原始积累的规模迅速扩大，圈地运动进一步发展。从封建社会内部成长起来的资本主义工场手工业有了较快的发展，农业中的资本主义发展也比较迅速，对外贸易日益扩大。资本主义社会的阶级关系在逐渐形成。但是，封建残余势力仍然严重阻碍着资本主义的发展。资产阶级同封建地主阶级的矛盾仍然是社会的主要矛盾。此外，英国社会还充满了工厂主同工人和贫民之间的矛盾、商人和旧式高利贷者之间的矛盾、金融贵族同作为债务人的国家之间的矛盾、货币所有者同土地所有者之间的矛盾。

英国古典政治经济学的产生时期是一个相当长的历史时期。不少著作把英国古典政治经济学的产生时期解释为配第发表经济学著作的时

---

① 参见《马克思恩格斯全集》，第 34 卷，343 页，北京，人民出版社，1972；《马克思恩格斯选集》，第 3 卷，277 页，北京，人民出版社，1972。

② 《马克思恩格斯选集》，第 3 卷，55 页。

期，忽视了从1691年洛克和诺思发表经济学著作到1752年休谟发表经济学著作的时期。马克思曾经有针对性地强调了后一时期在英国古典政治经济学产生过程中的重要性，指出："1691到1752年这段时期……对研究政治经济学的逐渐产生来说是最重要的时期。"①

马克思十分重视配第，同时也十分重视从1691年到1752年在英国古典政治经济学的产生时期作出贡献的其他经济学家，认为这一时期在政治经济学史上是"出现了很多杰出思想家的时期"②。马克思在许多场合阐述了配第、洛克、诺思、康替龙、范德林特、"亚·斯密的那位匿名的前辈"、马西、休谟等人在古典政治经济学产生过程中所起的作用和应有的历史地位。

威廉·配第（1623—1687）是英国古典政治经济学的奠基人。马克思称配第是"现代政治经济学的创始者"③，是"英国政治经济学之父"④。

配第的经济学著作是在17世纪60—90年代初期出版的。其中，《赋税论》发表于1662年；《献给英明人士》写成于1664年，出版于1691年；《政治算术》写成于1672年前后，出版于1690年；《爱尔兰的政治解剖》写成于1672年，出版于1691年；《货币略论》写成于1682年，出版于1695年。在这些著作中，配第对政治经济学的几乎一切领域都做了最初的勇敢尝试。

在配第的时代，英国资产阶级的利益已经从流通领域转到生产领域。适应资产阶级的利益和要求，英国古典政治经济学的奠基人也开始把经济理论的研究对象从流通领域转向生产领域。这一转变，对于科学的资产阶级政治经济学的产生具有决定性的意义。

从配第的著作问世到18世纪50年代，英国出现了许多优秀的政治经济学研究者。在这个人才辈出的时期，涌现出了不少继承和发展配第的经济理论的思想家。马克思指出："配第在政治经济学的几乎一切领域中所作的最初的勇敢尝试，都一一为他的英国的后继者所接受，并且作了进一步的研究。"⑤ 配第是这一时期政治经济学研究者讨论的中心

① 《马克思恩格斯选集》，第3卷，277页。
② 《马克思恩格斯选集》，第3卷，277页。
③ 《马克思恩格斯选集》，第3卷，271页。
④ 《马克思恩格斯全集》，第13卷，43页注。
⑤ 《马克思恩格斯选集》，第3卷，277页。

人物，“因为这一时期比较重要的经济著作，无论赞成或者反对配第，总是涉及配第的”①。

约翰·洛克（1632—1704）是“配第的直接后继者”②，他的著作直接以配第的理论为依据。洛克是“配第路线”的第二个代表，“同配第站在同一立场”③。他的经济理论著作除了《政府论》下篇（1690）外，主要还有《论降低利息和提高货币价值的后果》（1691）。洛克是一切形式的新兴资产阶级的代表。他的哲学思想成为以后的美国古典政治经济学的一切观念的基础，他的经济思想不仅深刻影响了以后的英国古典经济学家，而且深刻影响了法国的重农学派。

达德利·诺思（1641—1691）是“当时最著名的理论经济学家之一”④。他的经济学著作《贸易论》（1691）“同洛克的经济学著作完全一样，也和配第的著作直接有关，并直接以配第的著作为依据”⑤。马克思指出：诺思也是配第的直接后继者，是“配第路线的第三个代表”⑥，他关于自由贸易学说的论述是“古典的”⑦，他关于作为资本的货币的论述是“古典政治经济学最早的发现之一”⑧。

康替龙（1680—1734）是一位对英、法两国的古典政治经济学都有重要影响的经济学家。他的著作《试论一般商业的性质》的英文原稿不幸被焚，法文稿是康替龙本人生前译的，曾在法国重农学派的老米拉波手中保存多年，直到1755年才发表。后来康替龙的亲属康替龙将此书自法文译成英文出版。康替龙的这本著作既影响了斯图亚特和斯密，又影响了重农学派。马克思将康替龙和配第并提，称他们是“老一辈的经济学家”⑨。

杰科布·范德林特（？—1740）是18世纪初期英国著名的经济学家。当资产阶级和封建地主发生矛盾和冲突时，他站在工商业资本家的立场反对地主，是“土地课税的最坚决的拥护者”⑩。当资产阶级经济

---

① 《马克思恩格斯选集》，第3卷，277页。

② 《马克思恩格斯选集》，第3卷，275页。

③ 《马克思恩格斯全集》，第26卷Ⅰ，395页。

④ 《马克思恩格斯全集》，第25卷，691页。

⑤ 《马克思恩格斯全集》，第26卷Ⅰ，394页。

⑥ 《马克思恩格斯全集》，第26卷Ⅰ，395页。

⑦ 《马克思恩格斯选集》，第3卷，276页。

⑧ 《马克思恩格斯全集》，第26卷Ⅰ，397页。

⑨ 《马克思恩格斯全集》，第25卷，883页。

⑩ 《马克思恩格斯选集》，第3卷，282页。

学家猛烈攻击工人时，他又"为工人辩护"①。马克思指出，范德林特的经济学著作《货币万能，或试论各阶层人民都有足够的货币》(1734)是一部"很重要的著作"②。范德林特的经济理论不仅对英国古典政治经济学产生时期的最后代表休谟和英国重农主义者约翰·格雷（不是英国空想社会主义经济学家约翰·格雷）等人有很大影响，而且对法国重农学派起过积极作用，是重农学派的先驱。

"亚·斯密的那位匿名的前辈"③ 至今姓氏不详，生卒年代无从查考。他的匿名著作《对货币利息，特别是公债利息的一些看法》被马克思认为是一部"值得注意的匿名著作"④。该书没有注明出版日期，据马克思考证，"从它的内容可以看出，该书是在乔治二世时代，大约1739年或1740年出版的"⑤。马克思指出，斯密的这位匿名前辈在劳动价值理论方面的论述比斯密"要恰当得多"⑥。

约瑟夫·马西（？—1784）是18世纪中期英国经济学家。他的经济学著作《论决定自然利息率的原因。对威廉·配第爵士和洛克先生关于这个问题的见解的考察》（1750年匿名发表）受到马克思的高度评价，被认为是一部"划时代的"著作。⑦ 马西的经济理论，特别是他关于利息只是总利润的一部分的理论，对休谟、斯密等人具有深刻的影响。

大卫·休谟（1711—1776）是英国古典政治经济学产生时期的最后一位代表人物。马克思不同意杜林把休谟捧为第一流的经济学泰斗，但一再强调休谟在政治经济学领域中无论如何还是一位"值得尊重"的人物。⑧ 休谟的主要经济论著《论商业》《论货币》《论利息》《论贸易平衡》和《论赋税》等收集在1752年出版的《政治辩论》中。休谟的著作在当时曾经产生过不可忽视的影响。这不仅是因为他有"卓越的表达方法"，而且更重要的是因为"他的论著是对当时繁荣起来的工商业作

① 《马克思恩格斯全集》，第23卷，304页。
② 《马克思恩格斯全集》，第23卷，143页注（79）。
③ 《马克思恩格斯全集》，第23卷，60页注（16）。
④ 《马克思恩格斯全集》，第23卷，52页注（9）。
⑤ 《马克思恩格斯全集》，第23卷，52页注（9）。
⑥ 《马克思恩格斯全集》，第23卷，60页注（16）。
⑦ 参见《马克思恩格斯全集》，第23卷，562页注（7）。
⑧ 参见《马克思恩格斯选集》，第3卷，281、283页。

了进步的和乐观的赞扬”①。休谟是斯密最熟悉和最信任的经济学家之一。

（二）英国古典政治经济学发展时期的代表人物

英国古典政治经济学从产生时期到发展时期的演进过程，首先表现为古典学派的经济理论思维逐步深化的过程。在产生时期，古典经济学家对资本主义经济的内部联系的认识是点点滴滴地积累起来的，他们谁也没有，而且也不可能建立起政治经济学的体系。马克思在讲到古典政治经济学产生时期的这一特点时说：“从配第开始到休谟为止，这个理论只是根据作者生活的那个时代的需要，一部分一部分地——零零碎碎地——发展起来的。”② 与此不同，在发展时期，古典经济学家对资本主义的内部联系的认识已经带有某种程度的系统性，因而有可能建立起政治经济学的整个体系。

当然，我们绝不能把古典政治经济学从产生到发展看做仅仅是纯粹思维的范围内的事，或者看做仅仅是古典经济学家们连续思维的结果。事实上，古典政治经济学从产生到发展，从发展到完成，每前进一步，都是改变了的经济事实在古典经济学家头脑中引起的理论思维的一次飞跃。因此，必须在纯粹思维的范围之外，看到客观经济条件对经济理论的决定作用。英国古典政治经济学的发展是英国资本主义生产方式发展的结果。没有资本主义经济关系的进一步发展，就不可能有以这种经济关系为研究对象的经济理论的进一步发展。

18 世纪后半期是英国古典政治经济学的发展时期。1756—1763 年的七年战争是英法争夺北美和印度的一次决定性的战争，英国在此战争中取得了胜利。之后，英国的殖民地进一步扩大，对外贸易额急剧增加。在战争中，资产者获得了大量的国债利息。市场的扩大和资本的积累推动资本主义生产更快地向前发展。英国已经拥有当时欧洲最先进的工场手工业，而且它已经成为资本主义生产的统治形式。但是，工场手工业使资本追求剩余价值的倾向的充分发展受到阻碍，这就出现了从工场手工业向机器大工业过渡的必要。工场手工业内部分工的日益发展和技术的不断革新，为机器的发明和应用准备了前提，从而使从工场手工业过渡到机器大工业有了可能。18 世纪 60 年代，英国纺织业中先后出

① 《马克思恩格斯选集》，第 3 卷，281 页。

② 《马克思恩格斯全集》，第 34 卷，343 页。

现了“珍妮”机和水力纺纱机。机器的出现，拉开了英国工业革命的序幕。在农业中，英国圈地运动在18世纪出现了新的高潮。小农已经被资本主义农业所取代，流入城市的破产农民成为工业发展所需要的廉价劳动力的主要来源。资本主义社会的阶级结构和阶级关系已经清晰可辨。资产阶级和封建地主阶级之间的矛盾仍然是主要矛盾，新兴的资产阶级仍在同封建残余势力进行激烈的斗争。

18世纪60年代和70年代，是英国资产阶级政治经济学体系形成的重要时期。进入18世纪60年代，英国古典政治经济学史上出现了两件引人瞩目的有历史意义的事件：一是亚当·斯密于1763年在格拉斯哥大学发表了关于法律、警察、岁入和军备的演讲，二是詹姆斯·斯图亚特于1767年出版了《政治经济学原理研究》。如果说，斯密的格拉斯哥演讲还只是他后来建立的政治经济学体系的雏形，那么，斯图亚特的这部著作则建立了英国资产阶级政治经济学的第一个体系。

詹姆斯·斯图亚特（1712—1780）在英国古典政治经济学的发展过程中占有重要的地位。但是，长期以来，西方经济学家一直断言斯图亚特是重商主义者，就像他们一直断言配第等人是重商主义者一样。苏联学者卢森贝、卡拉达也夫等人也认为斯图亚特是重商主义者，而这种看法和马克思的观点相去甚远。从《1857—1858年经济学手稿》到1877年的《〈批判史〉论述》，马克思始终高度评价斯图亚特。按照马克思的看法，斯图亚特是“建立了资产阶级经济学整个体系的第一个不列颠人”①，直至斯密的《国民财富的性质和原因的研究》出版，斯图亚特还是“最有威望的经济学家”②。斯图亚特的经济理论虽然有“重商主义的残余”③，在剩余价值来源问题上甚至是“货币主义和重商主义体系的合理的表达者”④，但从总体上看，斯图亚特比较多地站在历史的基础上，敢于研究生产关系，在不少问题上对古典经济学作出了理论贡献，因而仍不失为一位古典经济学家。马克思将斯图亚特和斯密、李嘉图并提，称他们的经济理论是“敢于无情地从纯粹形式上描述生产关系的斯图亚特、斯密和李嘉图的古典政治经济学”⑤。

---

① 《马克思恩格斯全集》，第13卷，47页。
② 《马克思恩格斯全集》，第26卷Ⅱ，120页。
③ 《马克思恩格斯全集》，第13卷，155页。
④ 《马克思恩格斯全集》，第26卷Ⅰ，13页。
⑤ 《马克思恩格斯全集》，第46卷下，479页。

亚当·斯密（1723—1790）是英国古典经济学家最优秀的代表之一。他的经济学著作，除了根据一个大学生1763年的听课笔记手稿整理出版的《亚当·斯密关于法律、警察、岁入及军备的演讲》以外，主要还有《国民财富的性质和原因的研究》（1776）。这是一部划时代的古典经济理论巨著。马克思指出，斯密的《国民财富的性质和原因的研究》标志着“政治经济学已发展为某种整体，它所包括的范围在一定程度上已经形成”①。斯密的这部著作为英国古典政治经济学的发展建立了伟大的科学功绩。当时机器工业还处在幼年时期，成为斯密的研究出发点的是占统治地位的发达的工场手工业。因此，《国民财富的性质和原因的研究》研究的是发达的工场手工业时代的资本主义经济关系。斯密把这一时代的资本主义经济关系表述为一些经济范畴和经济规律。他从理论上证明了，这些经济范畴和经济规律比封建时代的更有利于财富的生产。《国民财富的性质和原因的研究》一书讨论了古典政治经济学体系的几乎全部问题。其中最本质的东西，就是论证了资本主义生产方式是最有生产效率的生产方式，并阐述了在资本主义经济关系下如何获得财富。

《国民财富的性质和原因的研究》问世以后，英国经济学界和公众的注意力开始从斯图亚特转向斯密。此后，曾经最有威望的经济学家斯图亚特逐渐失去了他的重要地位，直至为公众甚至经济学家所遗忘。但是，马克思强调，斯图亚特的“大作”不仅有“历史重要性”，而且“在长期内丰富了政治经济学的领域”②。

（三）英国古典政治经济学完成时期的代表人物

19世纪初期是英国古典政治经济学的完成时期。18世纪末19世纪初，英国工业革命发展迅速，许多重要的工业部门相继开始采用机器生产。工业革命所带来的技术变革，使生产力得到了很快的发展。工业革命所带来的社会变革，使社会日益明显地分裂为工业无产阶级和工业资产阶级两大对立阶级。但是，直到19世纪初期，工业资产阶级同土地贵族的矛盾，工业资产阶级同商业金融资产阶级的矛盾，仍然很尖锐。托利党政府实行的是有利于土地贵族和商业金融资产阶级的政策。为了偿还战争期间发行的公债，政府增收间接税，并发行了大量的银行券，但是英格兰银行从1797年起停止了银行券的兑现，致使物价上涨，金

① 《马克思恩格斯全集》，第26卷Ⅱ，181页。

② 《马克思恩格斯选集》，第3卷，294页。

的市场价格上升到造币局价格以上。1809 年以后，银行券严重贬值。这种情况对工业资产阶级不利。为了发展工农业生产和国内外贸易，工业资产阶级要求改革币制，建立稳定的通货制度。1815 年国会通过了《谷物法》，限制粮食进口，维持国内市场的粮食价格，以维护并提高土地贵族的地租收入。这一法令人为地造成了国内粮食价格的上涨，工人不得不要求增加工资。欧洲的一些农业国抵制英国的《谷物法》，限制英国的工业品进口，使英国对外贸易额下降。这一切，都不利于英国工业资产阶级。因此，工业资产阶级要求废除《谷物法》。在《谷物法》公布以后，工业资本和贵族土地所有权之间的矛盾十分尖锐。

英国古典政治经济学完成时期最重要的代表人物是李嘉图。此外，威斯特、巴顿、拉姆赛、琼斯等也是这一时期的古典经济学家。

大卫·李嘉图（1772—1823）是英国古典政治经济学最优秀的代表人物、19 世纪初期“最杰出的经济学家”①。李嘉图最著名的代表作是《政治经济学及赋税原理》（1817 年第 1 版，1821 年第 3 版）。他在这部著作中建立的政治经济学体系是古典政治经济学的最完备和最后的体系。李嘉图对政治经济学的研究是从货币问题开始的，然后逐渐深入这门科学的一切领域，为这门科学的发展作出了巨大的贡献。李嘉图在《政治经济学及赋税原理》中提出社会产品的分配是政治经济学的中心问题，说：“确立支配这种分配的法则，乃是政治经济学的主要问题。”② 实际上，李嘉图是从资本主义社会的结构来理解现代生产的。就像斯密的《国民财富的性质和原因的研究》一样，李嘉图的《政治经济学及赋税原理》一书中最本质的东西仍然是要证明资本主义生产关系最有利于生产，最有利于财富的创造。李嘉图主要是研究生产的经济学家，但是，他却把分配而不是生产说成政治经济学的本题。

爱德华·威斯特（1782—1828）是古典政治经济学的地租理论家。他在李嘉图的《政治经济学及赋税原理》之前已经初步地把地租理论和劳动价值理论联系起来了。《论资本用于土地》（1815）是他的代表作。马克思高度评价了这本书，认为它“在政治经济学史上有划时代意义”③。威斯特在地租理论方面的论述甚至超过了李嘉图，同时他对李嘉图也产生了重要影响。

① 《马克思恩格斯选集》，第 1 卷，200 页，北京，人民出版社，1972。
② 李嘉图：《政治经济学及赋税原理》，3 页，北京，商务印书馆，1962。
③ 《马克思恩格斯全集》，第 23 卷，595 页注（31）。

约翰·巴顿（生卒年代不详）是英国古典政治经济学完成时期“有很大的功劳”① 的经济学家。他的著作《论影响社会上劳动阶级状况的环境》和李嘉图的《政治经济学及赋税原理》于同一年即1817年出版。巴顿在自己的著作中考察了资本积累过程中劳动需求相对减少这一重大问题。在巴顿的启发下，李嘉图后来在《政治经济学及赋税原理》第三版中加进了“论机器”这一章。马克思说：“李嘉图在他的著作第三版中新加的这一章，证明了他的诚实，这使他和庸俗经济学家有了本质的区别。”②

正像英国古典政治经济学的产生是一个过程一样，英国古典政治经济学的完成也是一个过程。李嘉图的著作的出版是英国古典政治经济学完成的标志。但是，不能因此简单地认为，李嘉图的《政治经济学及赋税原理》出版之日，就是英国古典政治经济学终结并被庸俗经济学取代之时。历史现象是复杂的。在古典政治经济学处于完成阶段时，庸俗经济学就已经产生。在庸俗经济学刚开始占统治地位时，古典政治经济学的完成过程还在继续。在李嘉图之后，有两位经济学家在一些重要方面发展了古典理论。这两位经济学家就是获得马克思的高度评价的拉姆赛和琼斯。

乔治·拉姆赛（1800—1871）是李嘉图以后的一位优秀的经济学家。他的《论财富的分配》（1836）发展了斯密、李嘉图的一些重要观点。马克思指出，拉姆赛不仅“事实上区分了不变资本和可变资本”③，而且“确实接近于正确地理解剩余价值”④。在对拉姆赛的经济理论进行分析之后，马克思说：“总之，从拉姆赛那里得出的结论是，第一，建立在雇佣劳动基础上的资本主义生产方式，不是社会生产的必然的即绝对的形式。……第二，与产业利润不同的利息，和地租……一样，对资本主义生产来说，是不必要的，而且是可以被它扔掉的累赘。”⑤

理查·琼斯（1790—1855）也是李嘉图以后的一位优秀的英国经济学家。他的经济理论著作有《论财富的分配和税收的源泉》（1831）、《政治经济学绪论》（1833）和《国民经济学教程》（1852）。和斯图亚特

① 《马克思恩格斯全集》，第26卷Ⅱ，657页；并参见《马克思恩格斯全集》，第23卷，692页注（79）。

② 《马克思恩格斯全集》，第26卷Ⅱ，633页。

③ 《马克思恩格斯全集》，第26卷Ⅲ，360页。

④ 《马克思恩格斯全集》，第26卷Ⅲ，363页。

⑤ 《马克思恩格斯全集》，第26卷Ⅲ，397页。

相似，琼斯对经济关系的考察比较多地站在历史的基础上。除了在一些具体问题上发展了斯密和李嘉图的观点之外，最值得注意的是，琼斯没有把资本主义生产关系看做永恒的关系，而是将其看做社会生产发展的一个阶段中存在的关系。琼斯的这一观点，最后宣告了英国古典政治经济学的终结。马克思指出，在琼斯这里，“我们看到，政治经济学这门实际科学是怎样结束的：资产阶级生产关系被看作仅仅是历史的关系，它们将导致更高级的关系，在那里，那种成为资产阶级生产关系的基础的对抗就会消失”①。

马克思对古典学派经济学家一一做了历史的评论。例如，对在政治经济学领域最先进行开创性研究的威廉·配第，马克思称赞他是“最有天才的和最有创见的经济研究家”②。对于古典学派的第一流的泰斗亚当·斯密和李嘉图，马克思称他们是“古典政治经济学的最优秀的代表人物”。③ 对于与李嘉图同时或稍后对古典政治经济学作出很大贡献的巴顿、拉姆赛和琼斯，马克思则把他们置于“古典学派某些优秀的经济学家”④ 之列。即使对于只在部分问题上对古典政治经济学作出贡献的经济学家，马克思也从不忽视他们的功绩，而是按照古典政治经济学发展的历史路标给予了其恰如其分的历史评价，给了他们以应有的历史地位。

① 《马克思恩格斯全集》，第26卷Ⅲ，472～473页。
② 《马克思恩格斯选集》，第3卷，273页。
③ 《马克思恩格斯全集》，第23卷，98页注（32）。
④ 《马克思恩格斯全集》，第23卷，692页注（79）。

英国古典政治经济学的方法*

一、经济学和哲学

任何一种经济理论体系，都是以一定的哲学思想作为基础的。不管提出这种经济理论体系的经济学家是自觉的还是不自觉的，他们都是按照某种哲学去思考和处理问题的。英国古典经济学也不例外。

(一) 培根和霍布斯哲学是早期英国古典政治经济学一切观念的基础

弗兰西斯·培根（1561—1626）和托马斯·霍布斯（1588—1679）是英国资产阶级革命序幕时代和革命时代的哲学家，他们的思想体系成了英国古典政治经济学的哲学根据。

培根反对经院哲学，反对唯心主义的先验论，主张唯物主义的反映论。他认为，知识是存在的反映。他说："知识就是存在的影像。"① 感觉是一切知识的源泉。真正具有实验性质的哲学，应当以经验材料为依据，应当用科学的方法对自然界进行分析。培根系统地制定了认识论的归纳法。他认为，人要成为自然界的主人，就要对自然界进行科学研究，把自然界变成人的王国。人只有顺从自然，即遵循自然规律，才能认识和征服自然。培根重视经验材料，但不赞成简单地搜集经验事实，而是主张对经验材料进行消化和加工。

理性怎样消化和加工经验材料呢？培根把自然科学的实验方法移到哲学中来，突出地强调了归纳法。他说："我们的唯一希望就在于一种真正的归纳。"② 这种归纳法要求从感性材料出发逐步上升到普遍的原则。

马克思和恩格斯在评述培根哲学的主要特点和历史作用时说："英国唯物主义和整个现代实验科学的真正始祖是培根。在他的眼中，自然

---

* 原载《马克思主义来源研究论丛》第7辑，300～336页，北京，商务印书馆，1986。

① 培根：《新工具》，106页，北京，商务印书馆，1984。

② 北京大学哲学系外国哲学史教研室：《十六—十八世纪西欧各国哲学》，10页，北京，商务印书馆，1975。

科学是真正的科学，而以感性经验为基础的物理学则是自然科学的最重要的部分。……按照他的学说，感觉是完全可靠的，是一切知识的泉源。科学是实验的科学，科学就在于用理性方法去整理感性材料。归纳、分析、比较、观察和实验是理性方法的主要条件。”①

在《学术的进步》（1605）中，培根把国家和人的机体做了比较，认为使国家强大的途径和使人的机体强健的方法是相同的。培根要求发展资本主义工商业和建立保护资本主义工商业的中央集权国家，甚至公然主张建立英国的世界霸权，宣称一个民族只有牺牲别的民族才能繁荣富强。他的这些观点，充分揭露出了英国工商业资本的本性和动机。

霍布斯继承和系统化了培根的唯物主义。在《论物体》（1655）和《论人》（1658）中，霍布斯阐述了唯物主义哲学。在《论公民》（1642）和《利维坦》（1651）中，霍布斯研究了国家和社会制度问题。

霍布斯反对神学，反对经院哲学，反对唯心主义哲学。在本体论中，他认为哲学的对象是物体。物体是不依赖于人的感觉而客观存在的，物体的根本性质是广延，它充满一部分空间。但是，他否定运动是物质的固有属性，并把运动仅仅理解为位移。因此，马克思认为，在霍布斯的哲学中，“物理运动成为机械运动或数学运动的牺牲品；几何学被宣布为主要的科学”②。

在认识论上，霍布斯和培根一样也认为感觉是一切知识的源泉，人们从感觉中可以获得一切知识。但是，在他那里“感性失去了它的鲜明的色彩而变成了几何学家的抽象的感性”③。霍布斯认识到经验不能把握事物的本质，人的知识的特点是根据直接经验来进行推理，可是，他理解的“推理”是感觉经验的加或减。

在社会学说方面，霍布斯提出了“自然状态”和“自然权利”的概念。他认为，在结成社会或建立国家之前，人类处于自然状态。人的本性和本质是自私的，人人都是个人主义者和利己主义者，大家都追求私人利益而不惜损害他人利益，这就是自然权利。在自然状态中，没有任何禁令，权利也没有任何保证。“人对人像狼一样”，相互仇视，相互厮杀。私利的冲突，导致“一切人反对一切人的战争”。为了避免这种恶果，为了更好地自我保存，人们共同订立契约，结成社会，建立国家。

① 《马克思恩格斯全集》，第2卷，163页，北京，人民出版社，1957。
② 《马克思恩格斯全集》，第2卷，164页。
③ 《马克思恩格斯全集》，第2卷，164页。

这样，人类便从自然状态过渡到了社会状态或国家状态。霍布斯认为，这种过渡是理性的要求，而理性的要求则是自然规律。第一条自然规律是必须结束一切人反对一切人的战争的状态并缔结社会契约，第二条自然规律是必须遵守社会契约。霍布斯说，自然规律是永恒的、不变的。

霍布斯的自然状态和自然权利说，在一定程度上反映出了资本主义的竞争和无政府状态、人对人的剥削和压迫以及战争等现象，但他用反历史的观点把这一切硬说成人类的自然状态和自然权利。霍布斯关于国家起源的社会契约论在当时具有反封建的进步意义，但他歪曲了国家的性质，把剥削阶级的国家说成社会成员的共同意志的体现。

霍布斯也曾论述过经济问题，马克思称他是“最初研究政治经济学的”代表人物之一。① 霍布斯接触到了价值、劳动能力等概念。马克思在《资本论》中阐述劳动力这种商品的价值时，曾在注脚中引用了霍布斯的《利维坦》中的一句话：“人的价值，和其他一切物的价值一样，等于他的价格，就是说，等于对他的能力的使用所付的报酬。”② 霍布斯还接触到了生产劳动和非生产劳动的概念，并强调脑力劳动的产物即科学对技艺的重要意义。关于财富，霍布斯的著名论点是，财富就是权力。

马克思研究了培根、霍布斯的哲学同英国早期政治经济学的关系，指出：“一般说来，英国早期的经济学家都把培根和霍布斯当作自己的哲学家。”③

威廉·配第是英国早期经济学家中把培根和霍布斯当做自己的哲学家的一个典型代表。他遵循培根和霍布斯的唯物主义的经验论的路线，在经济研究中从可感知的经验事实出发，以大量的经验材料作为立论的根据。

在配第看来，经济研究不应单纯地进行思维的论证，而应研究经验材料，不应考察那些以个人的变化无常的意图、见解、爱好和情绪等为根据的原因，而应考察那些以看得见的事实为根据的原因。同培根和霍布斯一样，配第也认为感性材料和经验事实有待于进行理性的整理。在《政治算术》中，配第对自己“立论的方法和态度”做了如下的概括：

---

① 参见《马克思恩格斯全集》，第23卷，677页注。

② 《托马斯·霍布斯英文著作选》，第3卷，26页，伦敦，1839—1844；转引自《马克思恩格斯全集》，第23卷，193页。

③ 《马克思恩格斯全集》，第23卷，428页注（111）。

"我进行这项工作所使用的方法，在目前还不是常见的。因为和只使用比较级或最高级的词语以及单纯做思维的论证相反，我……只进行能诉诸人们的感官的论证和考察在性质上有可见的根据的原因。至于那些以某些人的容易变动的思想、意见、胃口和情绪为依据的原因，则留待别人去研究。这里我敢明白地说，老实说，以这些因素（容易变动的思想等）为依据（即使这些因素可以叫做依据）的原因是不能谈得透彻的。"①

培根和霍布斯的自然规律的观念也被配第应用到了政治和经济问题中来。在配第看来，人们不能违反自然规律，只有遵循自然规律，才能支配自然。在《赋税论》中，配第说："总的说来，我们应该很好地考虑一下这种情况，就是高明的医生并不乱给病人用药；相反，他们都密切注意并遵循自然的运动，而不用他们自己的猛烈药方来反抗自然的运动。同样，在政治问题及经济问题上，也必须用同样的方法。因为，Naturam expellas furca licet usque recaurrit（人虽然能一时强胜自然，但自然仍将恢复其威力）。"②配第在《赋税论》《货币略论》等著作中都论述了自然法。他反复强调，任何同自然法相抵触的成文法都是行不通的。其实，配第的自然法，正如马克思所指出的，"就是由资产阶级生产本性产生的法律"③。

霍布斯拥护君主专制政体，主张君主有权处理臣民的财产。在这一方面，配第也追随霍布斯，主张君主集权，认为君主可以处置人民的一切。

总之，培根和霍布斯的学说是英国古典政治经济学奠基者的观念的哲学根据。他们的某些观点，例如霍布斯的财富就是权力的命题，甚至一直影响到亚当·斯密。

（二）洛克哲学是以后的英国古典政治经济学一切观念的基础

洛克在政治经济学方面是配第路线的直接后继者，而在哲学方面则是培根和霍布斯路线的直接后继者。在本体论方面，洛克提出了两种性质的学说。他把一些可由力学和数学加以精确测量的机械的、空间的量的性质，诸如广延、体积、形状、机械运动、静止和数目等，称为"第

---

① 威廉·配第：《政治算术》，8页，北京，商务印书馆，1978。

② 威廉·配第：《赋税论　献给英明人士　货币略论》，57～58页，北京，商务印书馆，1978。

③ 《马克思恩格斯全集》，第26卷Ⅰ，386页。

一性质”；把颜色、声音、滋味等叫做“第二性质”。他认为前者是物体固有的，后者是主观的，是由物体的客观能力所引起的主观感觉。洛克的两种性质的学说把物体的质的多样性归结为纯粹量的不同；把色、声、味等物体的物理、化学特性归结为纯粹主观的东西，这是洛克哲学中的形而上学观点。

在认识论方面，洛克继承和发展了培根、霍布斯的唯物主义的经验论。在《人类理解论》一书中，他反驳了天赋观念说，认为人类生而具有的普遍原则，实际上是在后天的意识演进过程中获得的；天赋的道德原则是人们在接受教育和相互交往中形成的。洛克阐述了他自己的经验论原则，提出了著名的“白板说”。他说：“假定心灵像我们所说的那样，是一张白纸，上面没有任何记号，没有任何观念。心灵是怎样得到那些观念的呢？它是从哪里获得由人的忙碌而不受约束的幻想以几乎无限多的花样描画在它上面的那许多东西的呢？它是从哪里得到理性和知识的全部材料的呢？我用一句话来答复这个问题：是从经验得来的。我们的全部知识是建立在经验上面的；知识归根到底是源于经验的。”①洛克认为，人类的一切知识都是由观念构成的，经验供给理智以观念有两条途径：感觉和反省。他说：“这两种东西，就是作为感觉对象的外界的、物质的东西，和作为反省对象的我们自己的心灵的内部活动，在我看来乃是产生我们全部观念的仅有的来源。”②

洛克肯定知识来源于经验，但是没有完全坚持反映论原则。在感觉和外物的关系问题上，他认为第一性质的观念是由外物引起而和客观原型一致的；第二性质的观念虽然也是由外物引起的，但与外物根本不相似。

洛克把观念分为简单观念和复杂观念。由感觉和反省得来的观念都是简单观念。复杂观念是由简单观念构成的，是靠人心的能力的积极作用而形成的。心灵靠它自己的能力把几个简单观念改造成一个复杂观念；把两个观念联系在一起获得关系的观念；心灵还能够把这种观念和它们实际存在中的一切其他伴随的观念分开，这叫做抽象，这样就造成了概括的观念。洛克还不能认识到人的认识是从感性到理性、从个别到一般的逐渐深化的辩证运动，他所谓的人心的能力是把简单观念加以结合、联系和分离，是把简单观念机械地加或减。

---

① 《西方哲学原著选读》，上卷，450页，北京，商务印书馆，1981。

② 《西方哲学原著选读》，上卷，451页。

洛克受到牛顿力学观点的影响，和培根一样，他也把自然科学的方法移到哲学中来。恩格斯在肯定当时的自然科学方法曾在几个世纪中在认识自然界方面获得巨大进展的同时，也指出了它的局限性，说："这种做法也给我们留下了一种习惯：把自然界的事物和过程孤立起来，撇开广泛的总的联系去进行考察，因此就不是把它们看做运动的东西，而是看做静止的东西；不是看做本质上变化着的东西，而是看做永恒不变的东西；不是看做活的东西，而是看做死的东西。这种考察事物的方法被培根和洛克从自然科学中移到哲学中以后，就造成了最近几个世纪所特有的局限性，即形而上学的思维方式。"①

在《政府论》（1690）中，洛克叙述了自己的社会政治观点。和霍布斯相似，洛克也提出了自然状态和自然权利的学说。然而，和霍布斯不同，洛克的自然状态不是一切人反对一切人的战争的状态，而是自由和平等的乐土。在自然状态中，人们自由地支配自己的财产和处理自己的事情，大家都享有同等的权利，自由和平等是这种状态的特征，奴役和压迫是不存在的。在自然状态中，自由、平等和财产私有是人们的自然权利。但是，这些自然权利在自然状态中并不能得到保证，常有受到侵犯的可能。原因是，由于权利平等，人人都有权把自己看做最高主宰，这就会妨碍人们自由地支配自己的财产。为了人身和财产的安全，人们缔结契约，建立政权和国家，在建立和维持政权的必要限度内放弃一部分自由和自然权利。但是，财产私有是不能废除的自然权利。洛克反对君主专制，拥护资产阶级君主立宪政体，自然状态和社会契约学说是他维护君主立宪政体的理论武器。按照洛克的说法，君主不能滥用自己的大权，如果君主违背社会契约，不能保护公民的人身和财产安全，那么人们就可以不服从他，在某些场合，反抗君主的起义是必要的。洛克是资产阶级社会的法权观念的经典表达者，他的社会政治学说比霍布斯的更加适合当时资产阶级的要求。

洛克在感觉论的基础上建立起了自己的伦理学观点。他认为，善和恶不存在天生的区别，而是在经验的基础上产生的，经验的标准是快乐和痛苦。洛克的这种伦理学观点是资产阶级的人性论，当时在反对善恶先天论方面起过一定的作用。

马克思研究了洛克哲学同英国后来的政治经济学的关系，指出：

---

① 《马克思恩格斯选集》，第3卷，60～61页。

“洛克哲学成了以后整个英国政治经济学的一切观念的基础。”① 马克思还进一步指出：“后来洛克成了英国、法国、意大利的政治经济学的主要‘哲学家’。”②

洛克以后的英国古典经济学家，特别是斯密和李嘉图，都按照洛克的唯物主义的经验论，思考和研究经济理论问题。同洛克一样，斯密和李嘉图也认为，理论知识只能产生于材料，政治经济学是根据经验材料建立起来的。洛克反对天赋观念论，斯密在这一点上也追随洛克，说：“人们天赋才能的差异，实际上并不像我们所感觉的那么大。……例如，两个性格极不相同的人，一个是哲学家，一个是街上的挑夫。他们之间的差异，看来是起因于习惯、风俗与教育，而不是起因于天性。……就天赋资质来说，哲学家与街上挑夫的差异，比猛犬和猎狗的差异，比猎狗与长耳狗的差异，比长耳狗与牧畜家犬的差异，小得多。”③ 当然，作为经济学家，斯密无意于简单重复洛克的哲学观点，而是旨在用洛克哲学来研究经济问题。斯密反对天赋才能论，是为了论证作为《国民财富的性质和原因的研究》的开篇的分工学说。他用洛克的经验论证明，人们在不同职业上表现出来的极不相同的才能，与其说是分工的原因，不如说是分工的结果。

在洛克的经验哲学的影响下，斯密、李嘉图等人重视经济领域的经验材料。从一方面来说，斯密、李嘉图等人正因为重视经验材料，所以才在政治经济学的许多重要问题上得出了符合事实或基本符合事实的结论。然而，从另一方面来说，他们受到经验论的束缚，在一些重大问题上停留在经验材料面前，只反映了客观存在的现象，而没有反映出客观存在的经济本质。马克思指出，斯密等人“都是粗略地抓住现成的经验材料，只对这些材料感兴趣”④。

洛克把自然界质的多样性归结为量的不同，与此相似，斯密、李嘉图等人认为经济问题只是量的问题。他们把注意力放在经济关系的量的方面，而不注意它们的质的方面。例如，在价值问题上，他们的注意力被价值量的分析所吸引，而把为什么劳动表现为价值、为什么劳动量表

---

① 《马克思恩格斯全集》，第26卷Ⅰ，393页。

② 《马克思恩格斯全集》，第23卷，428页。

③ 亚当·斯密：《国民财富的性质和原因的研究》，上卷，15页，北京，商务印书馆，1972。

④ 《马克思恩格斯全集》，第26卷Ⅰ，72页。

现为价值量的问题看成完全无关紧要的东西，似乎这是存在于商品本性之外的东西。在分配问题上，他们的注意力被工资量、利润量、地租量的分析所吸引，被三者的分割比例所吸引，而把为什么劳动创造的价值必须在各阶级之间分配的问题看成无须说明的东西。例如，李嘉图的《政治经济学及赋税原理》的第一句话就是：土地产品——通过劳动、机器和资本联合运用而从地面上得到的一切产品——在社会三个阶级之间，也就是在土地所有者、耕种土地所必需的资金或资本的所有者和以自己的劳动耕种土地的工人之间进行分配。李嘉图接着说，但在不同的社会发展阶段，这些阶级中的每一个阶级在地租、利润和工资的名义下分到的全部土地产品的份额是极不相同的。他宣布：确定调节这个分配的规律是政治经济学的主要问题。① 只重视量的分析而忽视质的分析，这是资产阶级经济学家的通病。古典经济学家在许多关键性理论问题上表现得软弱无力和陷入混乱状态，其根本原因之一就在这里。

英国古典经济学家差不多都从17世纪英国唯物主义者的自然状态和社会契约学说中汲取营养。斯密关于资本积累以及土地所有权出现以前的社会原始不发达状态和资本积累以及土地所有权出现以后的社会状态的学说，实际上就是把唯物主义哲学家们的自然状态和社会状态的学说从政治领域移植到经济领域中来。斯密还多次直接用社会契约来说明经济问题。

17世纪英国唯物主义哲学家的自然规律观念，对英国古典政治经济学的影响是深刻的。斯密、李嘉图等人把自然规律的观念应用到经济理论中来，认为财富的生产和生产力的发展是按照自然规律进行的。所谓自然规律，在古典经济学家们看来，就是不受时间影响而且永远支配社会的永恒规律。其实，他们所说的自然规律，不过是在资本主义生产方式中起支配作用的经济规律。但是，在他们看来，只有资本主义制度是自然的，至于其他社会制度，如果有的话，都是违反自然的。在这方面，就像马克思不止一次地指出的那样，古典经济学家很像那些把宗教也分为两类的神学家。这些神学家认为，一切异教都是邪教，都是人们臆造的，只有他们自己的教才是神的启示。

洛克经典地表达了资产阶级社会的法权观念，斯密、李嘉图等人则为洛克表达的这个法权观念做了经典的经济论述。在斯密、李嘉图的著

① 参见李嘉图：《政治经济学及赋税原理》，3页。

作中，最主要的权利是资产阶级的所有权，自由是指商品买卖的自由，平等是指等价交换的平等。恩格斯指出："李嘉图的价值定义……以不可抗拒的威力诉诸他们（资产者——引者）的公平感。权利的公平和平等，是十八、十九世纪的资产者打算在封建制的不公平、不平等和特权的废墟上建立他们的社会大厦的基石。劳动决定商品价值，劳动产品按照这个价值尺度在权利平等的商品所有者之间自由交换，这些——正如马克思已经证明的——就是现代资产阶级全部政治的、法律的和哲学的意识形态建立于其上的现实基础。"①

洛克的"自然自由"的观念，为斯密所接受。从洛克的这一观念出发，斯密坚决反对重商主义，主张建立"最明白、最单纯的自然自由制度"②。按照斯密的意见，在"自然自由制度"下，每一个人，只要他不违反法律，就应任其完全自由，让他按照自己的方式去追求自己的利益，用他的劳动和资本去同任何别人或阶级进行竞争；在"自然自由制度"下，君主监督和指导私人产业的义务完全被解除，国家的职能只限于保卫社会、保护个人以及建立和维持那些私人经营时无利可图的公共事业和公共设施。这样，洛克的"自然自由"观念在斯密这里就成为完全有利于资产阶级的自由放任原则的理论依据。

洛克从自己的感觉论出发，认为经验的标准是快乐和痛苦。18世纪法国唯物主义哲学家爱尔维修（1715—1771）继承和发展了洛克的这一观点，宣称人的永恒不变的本性就是趋乐避苦。洛克和爱尔维修的这些观点，成为斯密、李嘉图以及后来几乎所有资产阶级经济学家普遍接受的伦理信条，并以此来分析人的经济行为。例如，斯密认为，狗和狗之间没有交换的倾向，因而不能通过交换增进它们各自的幸福和福利。和狗不同，或者说，和动物不同，人类有一种交换倾向。人们出于利己心，出于自私自利的打算，互相交换自己的产品，以增进各自的幸福和福利。资产阶级哲学家和经济学家把趋乐避苦和自私自利说成抽象的人的本性，实际上，他们恰好道出了资产阶级的阶级本性。洛克、爱尔维修以及斯密、李嘉图等人的理论虽然在当时起过反封建的进步作用，但这毕竟是建立在历史唯心主义之上的资产阶级的人性论。

资产阶级哲学家和经济学家把人的多样化的相互关系归结为唯一的

---

① 《马克思恩格斯全集》，第21卷，210页，北京，人民出版社，1965。

② 亚当·斯密：《国民财富的性质和原因的研究》，下卷，252页，北京，商务印书馆，1974。

功利关系。“这种看起来是形而上学的抽象之所以产生，是因为在现代资产阶级社会中，一切关系实际上仅仅服从于一种抽象的金钱盘剥关系。”①

二、抽象和具体

英国古典政治经济学先后走过了两条不同的道路：第一条道路是，从实在和具体开始，然后从表象中的具体达到一些简单的抽象规定；第二条道路是，从抽象上升到具体。马克思对这两条道路做了十分简要的概括：“在第一条道路上，完整的表象蒸发为抽象的规定；在第二条道路上，抽象的规定在思维行程中导致具体的再现。”②

马克思指出，在从政治经济学方面考察某一国家的时候，从实在和具体开始，“似乎是正确的。但是，更仔细地考察起来，这是错误的”③。而从抽象上升到具体的方法，“显然是科学上正确的方法”④。

（一）古典政治经济学产生时期：从具体到抽象

英国古典政治经济学在自己产生的时期，在研究方法和叙述方法上，一般都从实在和具体开始，从现实的前提开始，从人口开始，或者从国家开始。马克思指出，这一条道路是“经济学在它产生时期在历史上走过的道路”⑤。

威廉·配第是英国古典政治经济学产生时期采取从实在和具体开始的研究和叙述方法的典型代表。

配第的《赋税论》从国家开始，政府和国家的公共经费是他研究和叙述经济理论问题的起点。这本著作第一章第一句话就是：“国家的公共经费，就是陆、海两方面国防所需的经费，维持国内及海外和平所需的经费，以及当其他国家侵害本国时，进行光荣报复所需的经费。”⑥按照配第及其直接后继者的国民财富观念，财富的创造仅仅是为了国家，国家的实力和财富的数量是成比例的。配第在从国家这个实在和具体开始以后，在分析过程中逐步形成了一些比较简单的概念，例如，土

---

① 《马克思恩格斯全集》，第3卷，479页，北京，人民出版社，1960。
② 《马克思恩格斯全集》，第46卷上，38页。
③ 《马克思恩格斯全集》，第46卷上，37页。
④ 《马克思恩格斯全集》，第46卷上，38页。
⑤ 《马克思恩格斯全集》，第46卷上，38页。
⑥ 威廉·配第：《赋税论　献给英明人士　货币略论》，17页。

地租金和货币租金，金银的价值和土地的价值，以及劳动的价格等。然后，配第考察了政治价格赖以波动的基础——自然价格，即价值。

在《政治算术》中，配第从若干国家开始。他一开头就对西欧的几个国家的财富和力量进行了比较，分析了它们在财富和力量方面存在差异的原因。在分析过程中，配第逐步得出了劳动、分工等比较简单的规定以及地租、工资、利息等经济范畴。

在《献给英明人士》和《爱尔兰的政治解剖》中，配第又从人口开始。按照配第及其直接后继者的财富观点，人口数量和财富是成比例的，甚至是可以等同的。这样，一国的人口总数、户数、人口的年龄构成和性别构成、劳动力总数及其在总人口中的比重、劳动力在各生产部门的分布、非劳动人口总数及其在总人口中的比重等，便常常是配第研究和说明经济问题的出发点。配第在从人口这个实在和具体开始以后，在分析过程中也逐步形成了一些比较简单的概念，例如，劳动、分工、货币、价值等。

作为配第研究和说明的起点的具体，已经不是客观的具体，而是一种感性认识形式，是感性的具体。这种感性的具体，是一个关于整体的表象，是一个没有经过分析的完整的表象，是一个混沌的表象。因此，这种感性的具体，是表象中的具体。表象中的具体，是客观对象作为一个具体的整体在头脑中的反映，是尚未理解的东西。

配第不满足于把自己的认识停留在表象中的具体上面，同培根和霍布斯一样，他也力图通过理性的方法对感性材料加以整理，把表象中的具体所包含的个别的、偶然的、现象的因素舍弃掉，抽取出一般的、必然的、本质的因素，以便得到一些简单的、有决定意义的、抽象的规定。配第事实上已经意识到，现象和本质是不一致的。他在确定了“各种价值相等和权衡比较的基础”之后说：“我承认，就这一点而言，在基础上面的做法和具体实践中，该问题是变化多端、极其错综复杂的。”① 配第经常表示，他的任务是要透过错综复杂的现象来寻求事物的本质。例如，在研究货币时，他表示要深入货币的神秘之海以揭示货币所具有的神秘的性质；在研究价格时，他表示要区分决定价格的偶然的原因和必然的原因；在研究土地租金时，他表示要揭示土地租金的真正的实质。

---

① 威廉·配第：《赋税论　献给英明人士　货币略论》，42页。

“政治算术”和“政治解剖”是配第在经济理论领域中对培根和霍布斯的整理经验材料的理性方法的创造性应用。

为了透过经济现象寻求本质，配第就像英国唯物主义哲学家把自然科学的方法搬到哲学中一样，也把数学中的数量研究的方法搬到经济学中来。霍布斯关于经验知识要经过理性整理也就是要经过数量计算的观点，引起了熟悉数学的配第的强烈共鸣。配第根据霍布斯关于一切事物都可以进行数量计算的论点，认为经济领域的感性材料和经验事实最终都能表述为数量的概念和用语，对这些感性材料和经验事实进行理性整理就是进行数量的计算。按照配第的看法，这种计算不是普通算术，而是“政治算术”。配第说：“我……采用了这样的方法（作为我很久以来就想建立的政治算术的一个范例），即用数字、重量和尺度的词汇来表达我自己想说的问题。”①

配第在经济研究中采用的政治算术的方法，实际上就是由个别到一般的推理方法，也就是培根创立的归纳的方法。按照配第的看法，要获得关于社会经济问题的可靠的知识，就必须以对社会的各种经济现象进行数量计算为基础。只有通过对大量的感性材料和经验事实的数量考察和比较，才能从许许多多的个别材料和个别事实中，找出一般的和真实的东西。配第说：“用数字、重量和尺度（它们构成我下面立论的基础）来表示的展望和论旨，都是真实的，即使不真实，也不会有明显的错误。……最低限度它们足可使我进行推论，借以指出如何得到我所追求的那种知识。”②

为了透过经济现象寻求本质，配第就像英国唯物主义哲学家把自然科学的方法搬到哲学中一样，也把解剖学的方法搬到了经济学中来。培根关于要认识自然必须首先对复杂的自然现象进行分解和分析的观点，特别是培根从这些观点出发对人体和国家所进行的类比，引起了深谙医学和解剖学的配第的浓厚兴趣。配第在从实在和具体出发时，首先对实在和具体进行了解剖和分析。按照配第的看法，研究人体必须借助解剖学，研究国家和社会问题也必须借助解剖学。不同的是，研究国家所采用的解剖学不是普通解剖学，而是“政治解剖”，解剖的对象不是普通动物，而是“政治动物”。

配第十分赞赏培根对人体和国家的类比，非常强调解剖学对经济分

① 威廉·配第：《政治算术》，8页。

② 威廉·配第：《政治算术》，8～9页。

析的重要意义。在《爱尔兰的政治解剖》中，配第说："弗兰西斯·培根爵士在其所著的《学术的进步》一书中，曾从许多方面把人体和国家做了恰当的对比，也把保持这二者强健的方法做了恰当的对比。解剖学是前者的最好的基础，也是后者的最好的基础，这种说法是十分合理的。要搞政治工作而不了解国家各个部分的组织和比例关系，那就和老太婆与经验主义者的办法一样荒唐了。"①

配第在经济研究中采用的解剖方法，实际上就是要对表象中的具体进行分析，把表象中的具体分成简单的组成部分，把其中个别的、偶然的和现象的因素同一般的、必然的和本质的因素区分开来，舍弃前者而把握后者，以便从表象中的具体逐步上升到简单的抽象规定。配第强调解剖，这表明他已经认识到分析在科学认识中的地位和作用。在他看来，只有通过解剖，也就是说，只有通过分析，才能认识社会经济机体的各个部分的"组织和比例关系"。

配第认为，他所使用的解剖方法虽然由于解剖工具的简陋而不能详尽地观察社会经济机体的每一个细微的部分，但是已经足以找出这个机体的各个主要组成部分以及它们所在的位置。配第说："的确，做这种精密的解剖必须有各种各样的适当工具，可是我只有一把普通的小刀和一条破布，而没有任何其他为这一工作所需要的东西。但是，我的肤浅的研究虽然不能分清淋巴管、神经丛、脉络膜、睾丸中的血管组织，却也足以找出肝、脾、肺的位置了。"② 配第十分重视自己在经济理论领域所做的这一项开创性工作，说："尽管我还不知道我在这方面所做的工作是不是为人所重视，也不知道人们是不是认为它有些用处，但我也要大胆地开始一项新的工作；如果这项工作由更能干的人们加以指正和扩充，那么我相信它一定会有助于我国的安宁和富庶。"③

马克思主义创始人没有完全否定英国唯物主义经验论哲学家关于用归纳、分析等理性方法去整理感性材料的意义，而是把他们的这种方法放在当时的历史条件下来评价，既指出其对科学研究的积极作用，又指出其形而上学的消极影响。同样，马克思主义创始人也没有完全否定早期古典政治经济学家的经济研究和叙述方法的意义，而是把他们的这种方法也放在当时的历史条件下来认识，既指出其在政治经济学史上的功

---

① 威廉·配第：《爱尔兰的政治解剖》，5页，北京，商务印书馆，1964。

② 威廉·配第：《爱尔兰的政治解剖》，5～6页。

③ 威廉·配第：《爱尔兰的政治解剖》，6页。

绩，又指出这种方法的错误性质。

从认识论的角度看，配第等人从实在和具体开始，遵循了培根和霍布斯的唯物主义的经验论路线。要认识整体的各个部分，要认识事物的本质，事物的整体就必须始终作为前提浮现在表象面前。因此，客观的实在和具体在认识过程中是实际的起点，因而也是直观和表象的起点。配第没有完全停留在感性材料上，而是用他所特有的“政治解剖”和“政治算术”的理性方法来整理感性材料，最后从表象中的具体达到了一些抽象的、一般的规定。

可以说，如果没有17世纪的经济学家的这些抽象的一般的规定，那么就不可能有18世纪的从抽象上升到具体的古典政治经济学各种体系的出现。配第等人的历史功绩正在于此。马克思指出：“十七世纪的经济学家总是从生动的整体，从人口、民族、国家、若干国家等等开始；但是他们最后总是从分析中找出一些有决定意义的抽象的一般的关系，如分工、货币、价值等等。这些个别要素一旦多少确定下来和抽象出来，从劳动、分工、需要、交换价值等等这些简单的东西上升到国家、国际交换和世界市场的各种经济学体系就开始出现了。”①

但是，从政治经济学的方法论的角度看，配第等人在经济学的历史上所走过的道路是错误的。这种错误就性质来说，同培根的错误颇为相似。在《新工具》中，培根提出了一条寻求和发现真理的道路：先从感觉和特殊事物中引申出公理，然后不断地上升，最后达到最普遍的公理。培根认为，他的这种从感觉和特殊事物出发而止于最高概括的道路，是科学上唯一正确的道路。配第等人从实在和具体出发最后得出一些抽象规定的道路，实际上就是培根所主张的从感觉和特殊事物出发经过逐步上升而止于最高概括的道路在经济研究中的具体应用。把从实在和具体出发得到个别的抽象规定当做科学研究的终点，这是唯物主义的经验论者的形而上学观点。古典政治经济学产生时期的经济学家都不同程度地受到这种形而上学观点的支配。

配第等人的错误在于，他们在找出一些有决定意义的抽象的一般的关系之后，没有在思维行程中从这里回过头来，没有回到实在和具体。也就是说，他们没有在思维行程中从已经达到的简单的抽象的规定出发来掌握具体，因而未能使混沌的表象中的具体成为理解了的思维中的具

① 《马克思恩格斯全集》，第46卷上，38页。

体，也就是未能使感性具体成为理性具体。同英国唯物主义的经验论者一样，配第等人也是直观的唯物主义者。他们都不懂得，具体虽然是实际的起点，因而也是直观和表象的起点，但是在思维中却表现为结果，而不表现为起点。

由于以上的错误，配第等人不是正确地把已经达到的一些简单的抽象的规定作为科学的真正的出发点，而是把其作为认识的结果和终点。以配第由以出发的人口为例。人口是一个实在和具体。要认识资本主义社会的人口的本质，就必须分析人口的阶级构成。要分析人口的阶级构成，就要分析雇佣劳动和资本等决定阶级的因素。而要分析这些因素，又必须先分析产生这些因素的前提。配第面临着国家、人口等实在和具体，面临着浑沌的关于整体的表象，在分析中不得不对分工、劳动、价值、货币等做出一些简单的抽象的规定。他以为，这样就完成了科学研究的任务。配第没有从这些简单的抽象的规定回到人口上来，研究和说明作为一个具有许多规定和关系的整体的人口。

在政治经济学的最初探索中，配第等人始终没有能够从抽象上升到具体，没有建立起从抽象上升到具体的政治经济学体系。他们关于政治经济学的一些观点，是一部分一部分地、零零碎碎地提出来的，未能构成完整的体系。当然，这首先是由于时代的限制。在配第等人开始探索经济理论的时代，资本主义生产还不够发展。除了时代的限制，从方法论来说，配第等人由于未能从抽象上升到具体，因而就没有可能建立起政治经济学体系。他们只是把复杂的整体分解成若干个部分，对一个一个的部分做出了一个一个的简单的抽象的规定，而没有把一个一个的简单的抽象的规定加以综合，并按照资本主义经济的固有矛盾把它们联系起来，形成思维中的整体，在思维行程中全面地掌握具体。培根等人的思维受到形而上学的阻碍，这种阻碍堵塞了自己从了解部分到了解整体和了解普遍联系的道路。现在，使配第等人不能在思维的行程中全面地掌握具体的，仍然是这种形而上学的阻碍。

同上述错误相联系，在归纳和演绎、分析和综合的关系上，配第等人也重犯了英国唯物主义的经验论哲学家的错误。就像培根一样，配第也重视从个别到一般的归纳，而忽视从一般到个别的演绎，重视把对象解剖成简单的组成部分的分析，而忽视把各个简单的组成部分联合成一个统一整体的综合。虽然配第事实上不可能完全没有演绎，也不可能完全没有综合，但是他不懂得归纳和演绎、分析和综合之间的联系和转化的辩证关系，明显地表现出形而上学的局限。

配第的错误还在于，他在把自然科学的方法搬到政治经济学领域来的时候，忽视了自己的研究对象的特殊性。经济关系的特殊性，不能不使配第的“政治算术”和“政治解剖”方法的应用受到很大的限制。这种限制，不在于由于计算技术不够发达而未能从大量经验事实中归纳出精确的数量关系，也不在于像配第自己所说的那样由于解剖工具不足而未能更仔细地分析经济社会机体的各个微小组织。配第不懂得，即使用最先进的计算技术，也算不出资本主义的经济关系，即使在显微镜下解剖，也找不到资本主义经济的细胞。马克思指出：“分析经济形式，既不能用显微镜，也不能用化学试剂。二者都必须用抽象力来代替。”① 事实上，配第在政治经济学领域中进行尝试时所取得的成就，还是依靠了他的一定的抽象力。这种抽象力使他从复杂的、具体的经济现象中，得出了一些有决定意义的一般的关系。

（二）古典政治经济学发展和完成时期：从抽象到具体

英国古典政治经济学在自己发展和完成的时期，在研究方法和叙述方法上，一般都不再像17世纪的经济学家那样从实在和具体开始，而是走的从抽象上升到具体的道路。

从抽象上升到具体的方法，用马克思的话来说，就是“思维用来掌握具体并把它当作一个精神上的具体再现出来的方式”②。在这里，抽象在思维中表现为起点，而具体则表现为结果。但是，从抽象到具体，绝不像唯心主义哲学家黑格尔说的那样，是实在和具体产生的过程，而是实在和具体在思维中再现的过程，是思维掌握具体的过程。在从抽象上升到具体的过程中作为起点或出发点的抽象，是从表象中的具体达到的一些有决定意义的简单的、一般的规定。在这一过程中表现为结果的具体，是理解了的思维中的具体，是理性的具体。这个具体，正像马克思说的那样，已不是一个混沌的关于整体的表象，而是一个具有许多规定和关系的丰富的总体。

从古典政治经济学走过的道路中可以清楚地看到客观的具体、表象中的具体、思维中的具体三者之间的关系。客观的具体独立地存在于人们的头脑之外，它始终作为前提浮现在表象面前；表象中的具体是客观的具体作为一个混沌的整体在头脑中的反映，是尚未被理解的具体；思

① 《马克思恩格斯全集》，第23卷，8页。

② 《马克思恩格斯全集》，第46卷上，38页。

维中的具体是在理论思维过程中对表象的具体加工的产物，是思维所掌握的具体，是被理解了的具体。

从政治经济学的理论方法来说，客观的具体是实际的起点，它总是作为前提浮现在表象面前，因而是表象的起点。然而，它不是科学的真正出发点。表象中的具体，是古典政治经济学在自己的产生时期的出发点。我们已经看到，在17世纪，配第等人在以表象中的具体为出发点时受到了多么严重的局限。到了18世纪，当各种经济学体系出现的时候，古典经济学家一般不再把表象中的具体作为出发点，而是把17世纪以来已经多少确定下来并抽取出来的一些有决定意义的、最简单的抽象规定作为政治经济学这门科学的真正出发点。一般说来，他们走的道路是从抽象上升到具体的道路。马克思肯定了从抽象上升到具体的方法，指出这种方法“显然是科学上正确的方法。具体之所以具体，因为它是许多规定的综合，因而是多样性的统一。因此它在思维中表现为综合的过程，表现为结果，而不是表现为起点，虽然它是实际的起点，因而也是直观和表象的起点”①。

在政治经济学史上，一些古典经济学家对问题还没有在简单的形式下解决之前，就先在复杂的形式上进行讨论。例如，重农学派在尚未弄清楚什么劳动创造价值之前，就先争论什么劳动创造剩余价值。从理论方法来说，这是由于他们没有找到科学的真正的出发点，因而不可避免地走了弯路。马克思在论述重农学派走过的这一弯路时说：“正如一切科学的历史进程一样，在到达它们的真正出发点之前，总要经过许多弯路。科学和其他建筑师不同，它不仅画出空中楼阁，而且在打下地基之前就造起大厦的各层住室。”② 一个一个的最简单的抽象规定，可以看做大厦的各层住宅，作为许多规定的综合的具体，则可以看做由各层住宅构成的大厦。科学的真正的出发点不是后者，而是前者。

18世纪60年代，斯图亚特建立了英国资产阶级政治经济学的第一个体系。在他的体系中，政治经济学的抽象范畴还处在从他们的物质内容中分离出来的过程。斯图亚特已经开始形成关于商品、价值、劳动、货币等的一系列重要的经济范畴，然而这些抽象范畴还不太清晰，也不太确定。斯图亚特的体系多少还带有17世纪经济学家从实在和具体出发的痕迹。

---

① 《马克思恩格斯全集》，第46卷上，38页。

② 《马克思恩格斯全集》，第13卷，47页。

到了18世纪70年代，亚当·斯密的政治经济学体系正式问世。斯密建立的政治经济学体系，是英国古典政治经济学中第一个从抽象上升到具体的理论体系。他不再从人口或国家这样的实在和具体开始，而是从劳动、分工等一般的抽象规定开始。斯密的经济学巨著《国民财富的性质和原因的研究》中的第一句话，就是宣布劳动一般是一切财富的源泉。他说："一国国民每年的劳动，本来就是供给他们每年消费的一切生活必需品和便利品的源泉。"① 从工业劳动、商业劳动、农业劳动等比较具体的范畴中抽象出劳动这一简单范畴，并把它作为出发点，这在政治经济学史上具有十分重要的意义。马克思指出："亚当·斯密大大地前进了一步，他抛开了创造财富的活动的一切规定性，——干脆就是劳动，既不是工业劳动、又不是商业劳动、也不是农业劳动，而既是这种劳动，又是那种劳动。有了创造财富的活动的抽象一般性，也就有了被规定为财富的对象的一般性，这就是产品一般，或者说又是劳动一般，然而是作为过去的、物化的劳动。"②

在从劳动、分工这样简单的经济范畴开始以后，斯密接着对货币、价值、交换价值等做了一般的抽象和规定，之后研究了工资、利润、地租三种收入以及资本主义社会的三个社会阶级，然后研究了资本积累问题和其他问题，最后才研究国家，考察税收和公债。因此，总的说来，斯密的体系从抽象的东西开始，然后逐步地上升到作为许多规定的综合的具体，从具有决定意义的一般的、最简单的东西开始，然后逐步地上升到作为多样性的、统一的复杂的东西。

斯密著作的巨大吸引力，以及斯密在经济理论方面的巨大成就，同上述方法是分不开的。斯密的从抽象上升到具体的政治经济学体系的意义在于，他一开始就尝试着抽掉资本主义经济在竞争中表现出来的现象，力图寻求决定这些现象的事物的本质，也就是深入研究资本主义制度的生理学，探讨这一制度的内在联系。

但是，斯密远未自觉地、一贯地坚持这一方法，而是经常陷入矛盾之中。在《国民财富的性质和原因的研究》中，一方面，他试图深入研究资本主义制度的生理学，探讨这一制度的内在联系，另一方面，他又试图描写资本主义制度的经济现象，叙述这一制度的外在联系，在思维过程中用经济学语言把资本主义经济的现象和外在联系再现出来。这双

---

① 亚当·斯密：《国民财富的性质和原因的研究》，上卷，1页。

② 《马克思恩格斯全集》，第46卷上，41页。

重任务，决定了斯密的著作的双重结构：一方面是著作的内在部分，另一方面是著作的外在部分。前者是他的著作中真正科学的部分，后者是他的著作中肤浅的和庸俗的部分。从斯密的著作的内在部分和外在部分可以明显地看出，斯密有双重的理解方法、考察方法和表达方法。关于这一点，马克思做了深刻的揭示："这是两种理解方法，一种是深入研究资产阶级制度的内在联系，可以说是深入研究资产阶级制度的生理学，另一种则只是把生活过程中外部表现出来的东西，按照它表现出来的样子加以描写、分类、叙述并归入简单概括的概念规定之中。这两种理解方法在斯密的著作中不仅安然并存，而且相互交错，不断自相矛盾。……因为两个任务是各自独立进行的，所以这里就出现了完全矛盾的表述方法：一种方法或多或少正确地表达了内在联系，另一种方法同样合理地，并且缺乏任何内在关系地，——和前一种理解方法没有任何联系地——表达了外部表现出来的联系。"① 马克思又指出："斯密起初是从事物的内部联系考察事物，后来却从它们在竞争中表现出来的颠倒了的形式去考察事物。他天真地把这两种考察方法交织在一起，而且没有觉察到它们之间的矛盾。"②

当斯密用第一种理解方法、考察方法和表述方法的时候，他用科学的研究者的眼光来研究资本主义经济关系和相应的经济范畴。作为科学的研究者，他渴求理解现象的内在联系，而且在一定程度上揭示出了这种内在联系、隐蔽联系或隐蔽结构，为理解资本主义的生活过程奠定了基础，也为他的后继者进一步研究资本主义制度的生理学提供了科学基础。斯密通过从抽象上升到具体的方法所获得的科学成就，集中地表现在他的这样一种正确思路上：他先研究商品的价值，在一些地方对商品价值做了比较正确的规定，然后由商品的价值推出工资、利润和地租，认为利润和地租来源于剩余劳动，来源于工人再生产他自己的工资的那部分劳动以外加到劳动对象上去的剩余劳动。这样，在比较正确的价值规定的基础上，斯密大体上找到了剩余价值及其特殊形式的源泉。

当斯密用第二种理解方法、考察方法和表述方法的时候，他用非科学的观察者的眼光，用同资本主义生产过程有实际利害关系的资本主义生产当事人的眼光，来看待资本主义经济关系和相应的经济范畴。作为非科学的观察者，他满足于了解现象自身。这时他看到的只是资本主义

① 《马克思恩格斯全集》，第 26 卷Ⅱ，182 页。
② 《马克思恩格斯全集》，第 26 卷Ⅱ，111～112 页。

经济的外在现象，是在竞争中表现出来的假象，这种外在现象或假象掩盖了事物的真相。这时他提出的联系只是资本主义经济的外在联系，这种外在联系掩盖了内在联系。斯密背离从抽象上升到具体的方法所造成的理论上的错误和混乱，突出地反映在这样一种错误思路上：他忘记了自己做出的比较正确的价值规定，不再从这种抽象的价值规定出发，而是从竞争所表现出来的颠倒着的现象出发，从工资、利润和地租表现为价值的构成要素这一假象出发，错误地把工资价格、利润价格和地租价格假定为某种既定的东西，把它们规定为独立的量，从工资、利润和地租的自然价格的相加数来推出商品的价值。

斯密有时遵循从抽象到具体的道路，有时又背离从抽象到具体的道路。这种情况表明，斯密不懂得抽象同直观的经验现象之间的区别。他把抽象直接等同于具体，而且用经验论的观点看待具体和抽象在认识中的作用。虽然斯密意识到了抽象的重要性，但是他更相信经验材料。斯密说："对一个极其抽象的问题，即使殚精竭虑，期其明了，恐也难免有些不明白的地方。"① 又说，具体"是一个可以看得到和接触得到的物体"，而"抽象概念，纵能使人充分理解，也不像具体物那样明显、那样自然"②。这就不难理解，为什么斯密在大体上找到了剩余价值及其特殊形式的源泉时，又被竞争所表现出来的假象所迷惑。斯密在抽象和具体问题上表现出来的混乱，显然是受到英国唯物主义经验论者的影响。恩格斯在评论经验论者的有关观点时说：先从可以感觉到的事物造成抽象，然后又希望从感觉上去认识这种抽象的东西，希望看到时间，嗅到空间。经验论者深深地陷入了体会经验的习惯之中，甚至在研究抽象的东西的时候，以为自己还是在感性的认识的领域内。恩格斯对经验论者的这一评语，完全适用于亚当·斯密。

斯密有相当强的科学的抽象力。这种抽象力使他在政治经济学领域中的科学成就大大超出了他的理论前辈。前面说的劳动这一简单范畴的提出，就是一个典型的例子。重商学派和重农学派都不能抽象掉创造财富的活动的具体形式，甚至配第在某种情况下也是如此。斯密比他们前进了一大步。他抛开了创造财富的活动的一切规定性，得到了这种活动的抽象一般性。当然，斯密之所以能够在经济理论上从这种简单性上来把握劳动，这首先是由于在他所处的历史时代产生了这个简单范畴的客

① 亚当·斯密：《国民财富的性质和原因的研究》，上卷，25～26页。

② 亚当·斯密：《国民财富的性质和原因的研究》，上卷，28页。

观的经济关系。但是，从方法论来讲，斯密如果没有相当强的科学的抽象力，那么仍然不可能在理论上得出劳动这样一个简单的抽象概念。

不过，就政治经济学的科学研究而言，斯密的抽象力是不够的。最明显的例证是，他事实上已经研究了剩余价值，可是他从未用一个特定的范畴来阐明他研究的剩余价值这个抽象形式或一般形式，从未对剩余价值的抽象形式或一般形式同它的更发展的具体形式做出必要的理论区分。这就不难理解，为什么事实上已经研究了剩余价值的亚当·斯密，后来又不通过任何中介环节，直接把剩余价值同利润、地租等同起来。马克思指出："仅仅这一点本来就应当使他意识到，决不能不通过任何中介环节，而把一般的抽象形式同它的任何一个特殊形式混淆起来。不论是斯密，还是后来所有的资产阶级经济学家，照例都缺乏对于阐明经济关系的形式差别所必要的理论认识。"[①]

英国古典政治经济学从抽象到具体的方法，在李嘉图的主要著作《政治经济学及赋税原理》中得到了最充分的运用。

李嘉图在《政治经济学及赋税原理》一书的开头，就"从分散的各种各样的现象中吸取并集中了最本质的东西，使整个资产阶级经济体系都从属于一个基本规律"[②]。这个基本规律就是价值决定于劳动时间的规律。配第在对资本主义机体进行"政治解剖"时，虽然提出了劳动价值理论的若干基本之点，但他是从实在的具体出发，最后才得出一些抽象的规定的。和配第不同，斯密在研究资本主义的生理时，已经注意到从价值等抽象规定上升到具体，然而他的内在观察法往往同外在观察法交织在一起，这就大大妨害了他的逻辑思维的正常进程。李嘉图同斯密的内在观察法和外在观察法的矛盾断然决裂，维护亚当·斯密的内在部分，而反对亚当·斯密的外在部分，有意识地、明确地把价值决定于劳动时间这一规定，看做资本主义经济制度的生理学的基础和出发点，看做理解这一经济制度的内在联系和生活过程的基础和出发点。他把发展了的资本主义生产关系，把其他各种经济范畴，同价值决定于劳动时间这一规定进行对证，同资本主义经济制度的生理学的基础和出发点进行对证，考察前者与后者适合到什么程度或者矛盾到什么程度，也就是考察资本主义经济的表面运动同它的实际运动之间的偏离程度。

在政治经济学史上，李嘉图的研究方法"具有科学的合理性和巨大

① 《马克思恩格斯全集》，第26卷Ⅰ，72页。

② 《马克思恩格斯全集》，第26卷Ⅱ，186页。

的历史价值”①。从抽象到具体的方法，使李嘉图能够在一开始就抛开掩盖资本主义经济的内在联系和生活过程的那些表面的复杂现象，在竞争造成的经济现象的背后找出这些经济现象的同一本质，透过资本主义经济的各种偶然的现象找出决定资本主义生理过程的必然的、规律性的东西，从特殊的、个别的东西抽出一般的、本质的东西。一句话，就是从资本主义经济的外在联系中发现内在联系。李嘉图的这一方法是英国古典学派的科学方法的最高发展。李嘉图运用科学的抽象法，“对深处与表面完全不同的资产阶级经济作了非常深刻的理论上的分析”②，从而在英国古典政治经济学史上取得了最高的理论成就。

但是，必须看到，李嘉图的研究方法在科学上仍然存在严重缺陷。关键的问题是，李嘉图的抽象并不都是科学的抽象，而是科学的抽象和错误的、形式上的抽象并存。

李嘉图的《政治经济学及赋税原理》第一章“论价值”，第五章“论工资”，第六章“论利润”，看起来完全是沿着从抽象到具体的过程前进的。然而，缺乏足够的科学抽象力的李嘉图，在考察普遍规律本身时，一开始就受到了各种具体关系的干扰。在第一章中，他事实上已经假定了尚待在第五、六章中揭示的规律的存在。这样，李嘉图在讨论商品时，已经不是单纯地讨论商品，而是讨论作为资本的产物的商品。在本来只有商品的地方，就拉扯上平均利润和由比较发达的资本主义生产关系所产生的一切前提。也就是说，李嘉图一开始就把抽象的规定同具体混淆起来。马克思在给库格曼的信中指出：“如果想一开头就‘说明’一切表面上和规律矛盾的现象，那就必须在科学之前把科学提供出来。李嘉图的错误恰好是，他在论价值的第一章里就把尚待阐明的所有一切范畴都预定为已知的，以便证明它们和价值规律的一致性。”③

李嘉图的研究方法在科学上的缺陷，决定了他的理论著作在结构上的缺陷。李嘉图在《政治经济学及赋税原理》的开头不仅假定了商品的存在，而且还假定了资本的存在，假定了工资、利润、地租的存在，甚至还假定了平均利润和生产价格的存在。李嘉图的进一步阐述不是从抽象逐步上升到具体，而是简单地把一些原则运用于各种具体场合，形式地证明这些原则同资本积累和土地私有制的产生并不矛盾，同平均利润

① 《马克思恩格斯全集》，第26卷Ⅱ，183页。

② 《马克思恩格斯全集》，第13卷，51页。

③ 《马克思恩格斯全集》，第32卷，541页，北京，人民出版社，1975。

和生产价格并不矛盾，甚至同国际市场价格也并不矛盾。他满足于这类简单的证明、重复或补充，而没有研究在从抽象到具体的过程中存在的那些中介环节，没有研究抽象是如何通过这些必要的中介环节上升到具体的，没有使抽象的规定在思维过程中导致具体的再现。

当李嘉图把发展了的资本主义经济关系和经济范畴同作为资本主义经济生理学的基础的价值规定进行对证时，他不是从这个基础出发，去研究这个基础的发展，而是总想简单地证明发展了的经济关系和经济范畴同劳动价值理论没有矛盾。正如马克思指出的那样，当李嘉图试图证明价值规律并不因土地私有制和资本积累的出现而受到破坏的时候，实际只是试图把同价值规律矛盾或似乎矛盾的现象从理论中排除出去。① 李嘉图想用强制的抽象把价值和生产价格直接等同起来，把剩余价值和利润直接等同起来，把剩余价值率同利润率直接等同起来。李嘉图不懂得，从价值到生产价格，从剩余价值到利润，从剩余价值率到利润率，存在转化过程，存在中介环节。他总想通过强制的抽象，跳过中介环节，把不能直接等同的东西硬性地直接等同。

强制的抽象，或粗暴的抽象，只是形式上的抽象，同科学的抽象是相悖的。它硬把抽象同具体强制地、直接地等同起来，硬使比较具体的关系去适应简单的价值关系。因此，这种抽象是一种虚假的抽象。

强制的抽象是理论软弱的表现，是抽象力不够的表现。庸俗经济学家的鼻祖萨伊责备李嘉图以“赋予过分普遍意义的抽象原则”作为基础和出发点。在他们看来，李嘉图的理论是同现实相矛盾的抽象。其实，李嘉图作为基础和出发点的理论不在于过分抽象，而在于抽象不足。马克思指出：“如果说人们责备李嘉图过于抽象，那末相反的责备倒是公正的，这就是：他缺乏抽象力，他在考察商品价值时无法忘掉利润这个从竞争领域来到他面前的事实。”②

不过，也应当看到，李嘉图的强制的抽象，在一定程度上是他本能地坚持客观经济规律的一种表现。例如，为了坚持价值决定于生产商品

---

① 例如，李嘉图和他的学派认为绝对地租的存在是同价值规律矛盾的，因此他们否认绝对地租，硬把绝对地租从他们的理论体系中排除出去。关于这一点，马克思指出：“统计学家和实践家全都坚持说有绝对地租存在，而（李嘉图派的）理论家则企图通过非常粗暴的和理论上软弱的抽象来否认绝对地租的存在。直到现在，我始终确信，在所有这一类争论中，理论家总是不对的。”——《马克思恩格斯〈资本论〉书信集》，167 页，北京，人民出版社，1976。

② 《马克思恩格斯全集》，第 26 卷Ⅱ，211 页。

的必要劳动量的规律，他企图用强制的抽象使生产价格规律去简单地适应价值规律。为了坚持价值规律，在地租问题上，李嘉图想通过强制的抽象，把形成级差地租的各种各样的情况只归结为一种情况，甚至否定绝对地租这一明显的经济事实的存在。又例如，李嘉图本能地坚持价值量同预付的可变资本量成正比的规律，企图用强制的抽象把这个规律从现象的矛盾中拯救出来。这是一方面。另一方面，更应当看到，不将抽象的规定经过中介环节上升到具体，而是强制地使具体直接等同于抽象规定，这本身就使李嘉图的理论体系包含了无法克服的矛盾。当李嘉图学派用非常粗暴的抽象来解决李嘉图体系的矛盾时，他们比李嘉图反对者的一切攻击更严重地破坏了李嘉图理论的全部基础。

三、逻辑和历史

英国古典经济学家在自己的研究过程中不同程度地接触到了逻辑认识过程和历史发展过程的关系问题。历史是实在事物自身的运动过程，逻辑是人们的头脑对实在事物的运动过程的理论反映。因此，一般说来，逻辑和历史应当是一致的，历史应当是逻辑的基础，逻辑的东西应当是排除了历史形式的偶然性的历史的东西。但是，在英国古典经济学家那里，除了个别例外，逻辑和历史往往不相一致。古典经济学家由于阶级利益的限制，多数都不能正确地处理逻辑和历史的关系。

这里说的个别例外主要是指斯图亚特。他虽然也是资产阶级经济学家，但由于出身贵族，特别是由于游历欧洲大陆时留心考察了没落的封建主义生产方式，因而比较多地站在历史的基础上，在较大程度上避免了自己的理论前辈和后辈在逻辑和历史的关系上所产生的混乱。

斯图亚特善于看出各种生产方式的社会特征，他以自己特有的历史感来研究社会劳动分别在资本主义生产、封建制生产和奴隶制生产中表现出来的特殊历史形式。通过比较，斯图亚特认识到资本主义经济是以自由的生产者为主体的商品经济，同以强制劳动或不自由劳动为特征的经济具有根本的区别。

斯图亚特认真研究了社会劳动从在封建制生产中表现出来的特殊历史形式到在资本主义生产中表现出来的特殊历史形式的过渡，觉察出生产条件和劳动力的分离是资本主义生产的前提，并考察了这个分离过程本身。在这一方面，斯图亚特远远高出了斯密和李嘉图。即使有某种历史感的亚当·斯密，也不过是把生产条件和劳动力分离过程的完成作为既定的前提，而没有研究过这个分离过程。至于缺乏历史感的李嘉图，甚至根本不知道曾经发生过这种分离。

就大多数古典经济学家而论，他们在逻辑上考察的是社会劳动在资本主义生产中表现出来的特殊的历史形式，然而他们都普遍地把这种特定的历史形式说成绝对的、自然的形式。在英国唯物主义经验论者的自然规律观念的支配下，大多数古典经济学家都把资本主义生产方式特有的经济关系当做历史上最初的经济关系。例如，资本主义土地所有制是资本主义生产方式的结果和产物，可是李嘉图却把它看做历史上最初的土地所有制形式。马克思指出："李嘉图把现代社会中存在和表现出来的这个事实也看成历史上最初的东西……这是一种误解，资产阶级经济学家们在考察资产阶级社会的一切经济规律时都陷入这种误解，在他们看来，这些规律是'自然规律'，因而也表现为历史上最初的东西。"①

最有典型意义的逻辑和历史的不一致是古典经济学家关于单个的、孤立的经济人的观念。在斯密的《国民财富的性质和原因的研究》中，孤立的个人被当做出发点。在那里，扮演主要角色的是单个的、孤立的猎人和渔夫：捕鹿的人和捕海狸的人。② 他们各自按照自己捕鹿和捕海狸所需要的劳动时间来决定劳动产品的交换比例，由此引出了斯密体系的全部理论问题。同样，在李嘉图的《政治经济学及赋税原理》中，被当做出发点的也是孤立的个人。李嘉图讲的也是单个的孤立的猎人和渔夫的故事。③ 李嘉图的全部政治经济学原理也是从孤立的个人的生产和交换中产生的。马克思指出："被斯密和李嘉图当作出发点的单个的孤立的猎人和渔夫，属于十八世纪的缺乏想象力的虚构，这是鲁滨逊一类的故事。"④

斯密从孤立的个人出发，是受了18世纪法国启蒙学派的影响。而李嘉图从孤立的个人出发，则是直接受了斯密的影响。启蒙学派用人的本性来论证自己的唯理论。与此相似，英国古典经济学家也用人的本性来论证自己发现的生产和交换的规律。按照启蒙学派关于人的本性的观点，合乎自然的个人是一种理想。这样的个人是自然造成的，而不是历

① 《马克思恩格斯全集》，第26卷Ⅱ，168页。

② 参见亚当·斯密：《国民财富的性质和原因的研究》，上卷，42页。

③ 参见李嘉图：《政治经济学及赋税原理》，9、17～19页。

④ 《马克思恩格斯全集》，第46卷上，18页。

史产生的。这样的个人是历史的起点，而不是历史的产物。与此相似，古典经济学家也把自己的理论中的孤立个人看做自然产生的，看做历史的起点。

古典经济学家的理论是他们的时代的经济关系的理论表现，是他们所处的时代的需要的表现，可是他们却像启蒙学派的学者那样认为其理论是同人的本性相符合的理性的表现。古典经济学家所发现的经济规律是历史地规定的资本主义的经济规律，可是他们却像启蒙学派的学者那样认为其是同人的本性相符合的永恒的自然规律。启蒙学派没有超出时代所给予的限制，其所说的理性，实际上不过是正好在那时发展成为资产阶级的中等市民的理想化的悟性。其所要建立的理性的王国，实际上不过是资产阶级的理性化的王国。与此相似，古典经济学家也没有超出时代所给予的限制。斯密在 18 世纪所说的个人，实际上不过是正好在那时发展为资产者的中等市民。斯密所说的人的本性，实际上不过是那时在历史地形成的资本主义经济关系中从事生产和交换的资产者的本性。而李嘉图在 19 世纪初期所说的个人，则是已经从中等市民演变而来的资产者。

事实上，被启蒙学派的学者和古典经济学家看做历史的起点的孤立个人，并不是自然造成的，而是历史的产物："一方面是封建社会形式解体的产物，另一方面是十六世纪以来新兴生产力的产物。"① 生产是社会个人的生产，而不是孤立个人的生产。孤立个人在社会之外进行生产，这是不可思议的。在资本主义以前的生产方式中，进行生产的个人都明显地附属于一定的社会集团。只有在资本主义的自由竞争中，进行生产的社会个人才表现为摆脱旧时代那种联系的单个的、孤立的经济人。只有在资本主义生产方式中，社会个人的生产，才具有孤立个人的生产的外观。这就是启蒙学派的学者和古典经济学家形成关于合乎自然的孤立个人的观念或错觉的时代的和历史的原因。

多少有些历史感的亚当·斯密觉察到价值规律和生产规律有矛盾，因而认为单个的、孤立的猎人和渔夫之间的交换关系只存在于资本积累和土地私有制产生以前的社会原始不发达状态。他感觉到人类社会有一条重要的历史分界线，这条分界线的界标是资本积累和土地私有制。正是这样的界标把人类社会历史分成了两大阶段：一个阶段是资本积累和

① 《马克思恩格斯全集》，第 46 卷上，第 18 页。

土地私有制产生之前的社会状态，另一个阶段是资本积累和土地私有制产生之后的文明商业社会。由于有这种历史感，所以斯密感到有必要回答他发现的自然规律究竟适用于人类社会的哪一个历史阶段。斯密所感觉的历史阶段的区别，实际上是简单商品生产和资本主义商品生产的区别。斯密的历史感压过了他的逻辑性。他从自己的历史感出发，认为支配商品生产和交换的价值规律只适用于简单商品生产的历史阶段，而不适用于资本主义商品生产的历史阶段。他维护历史感，却牺牲了逻辑。

和斯密不同，李嘉图完全生活在他那个时代的历史焦点上，缺乏对过去的历史感。他偶尔提到过斯密的社会原始不发达状态，但是他根本没有感到有什么历史界标的存在。他偶尔提到过欧文理想的公有制社会，但是他根本不认为在这类乌托邦背后隐藏着人类社会历史发展的现实趋向。李嘉图的阶级成见，使他自己不懂得资本主义生产形式只是社会生产的一种特殊形式，而认为这种生产形式是唯一可能的生产形式，是社会生产的唯一形式。这样，缺乏历史感的李嘉图硬让原始的猎人和渔夫直接作为资本主义的商品生产者发生关系。李嘉图断言，这些猎人和渔夫捕猎的"野物的价值不仅要由捕猎所需的时间和劳动决定，而且也要由制备那些协助猎人进行捕猎工作的资本（武器）所需的时间和劳动决定"①。对于李嘉图的这种非历史的观点，马克思不无讽刺地说："在这里他犯了时代的错误，他竟让原始的渔夫和猎人在计算他们的劳动工具时去查看 1817 年（李嘉图《政治经济学及赋税原理》出版于这一年——引者）伦敦交易所通用的年息表。看来，除了资产阶级社会形式以外，'欧文先生的平行四边形'是他所知道的唯一的社会形式。"②资产阶级视野限制了斯密，更限制了李嘉图。由于李嘉图把社会劳动的资本主义形式误认为是社会劳动的永恒的自然形式，所以他在《政治经济学及赋税原理》中一开始就让原始猎人和原始渔夫扮演了资本主义商品所有者的角色。在这一点上，李嘉图比斯密更接近于启蒙学派。在启蒙学派那里，原始人的思考和行动从来都是同 18 世纪的启蒙学派的学者一模一样的。

如果说，李嘉图把资本主义生产方式看做最有利于生产、最有利于创造财富的生产方式，那么这对于他那个时代来说是正确的，但把资本主义生产方式看做最有利于生产、最有利于创造财富的唯一的生产方

① 李嘉图：《政治经济学及赋税原理》，18 页。

② 《马克思恩格斯全集》，第 13 卷，50 页；参见《马克思恩格斯全集》，第 23 卷，93 页。

式，则无论如何都是错误的。这种错误的观点，正是李嘉图的资产阶级成见的表现。李嘉图的逻辑性强于历史感，他批判了斯密关于劳动价值理论只适用于简单商品生产的观点，坚持劳动价值理论的普遍适用性，从斯密的思想混乱中挽救了逻辑，然而却牺牲了斯密的历史感。

可见，逻辑和历史的方法不一致，逻辑性和历史感相互排斥，这是斯密和李嘉图的方法的一个共同点。不同的只是各自有各自的偏颇。

有意思的是，把资本主义的生产形式不是看做社会生产的历史形式而是看做它的自然形式的英国古典政治经济学，在自己的分析进程中却为消除这种见解开辟了道路。英国古典政治经济学的后期代表拉姆赛和琼斯，不再像李嘉图等人那样把资本主义生产方式看做唯一的、绝对的、自然的、永恒的社会生产形式，而是在不同程度上历史地看待这种生产方式。他们在不同程度上理解到，资本主义生产方式不是绝对的，资本主义生产关系不是永恒的，而只是社会生产发展过程中的一种过渡性的生产关系。马克思高度评价了拉姆赛和琼斯的观点，并指出："在这里我们看到，政治经济学这门实际科学是怎样结束的：资产阶级生产关系被看作仅仅是历史的关系，它们将导致更高级的关系，在那里，那种成为资产阶级生产关系的基础的对抗就会消失。"① "自从资产阶级生产方式以及与它相适应的生产关系和分配关系被认为是历史的以来，那种把资产阶级生产方式看作生产的自然规律的谬论就宣告破产了，并且开辟了新社会的远景，开辟了新的经济社会形态的远景，而资产阶级生产方式只构成向这个形态的过渡。"②

最后，有必要说一下古典经济学家的方法和他们的阶级立场之间的关系。虽然这些人的方法和立场并非始终是绝对一致的，但是二者之间确实存在内在的联系。当英国古典经济学家采取比较正确的研究方法的时候，他们在价值、货币、资本等一系列问题的研究上取得了自己的科学成果。然而，资产阶级的立场限制了他们，使他们不能自觉地、科学地揭示出资本主义经济关系的本质。马克思深刻地指出："古典政治经济学几乎接触到事物的真实状况，但是没有自觉地把它表述出来。只要古典政治经济学附着在资产阶级的皮上，它就不可能做到这一点。"③

---

① 《马克思恩格斯全集》，第26卷Ⅲ，472～473页。

② 《马克思恩格斯全集》，第26卷Ⅲ，473～474页。

③ 《马克思恩格斯全集》，第23卷，593页。

英国古典经济学家的剩余价值理论*

一、英国古典经济学家有没有剩余价值理论

英国古典经济学家有没有剩余价值理论？马克思主义政治经济学的创始人对这个问题的回答是肯定的。在资本主义社会，剩余价值的生产是一个客观存在，它不能不在资产阶级经济学家的头脑中有所反映。恩格斯指出："资本主义制度下的人类生产剩余价值已经有几百年了，他们渐渐想到剩余价值起源的问题。"① 马克思指出："在资产阶级经济学中，剩余价值的存在本来是不言而喻的。"②

最能表明马克思主义经典作家的观点的是马克思的《1861—1863年经济学手稿》中的历史批判部分。马克思在这部篇幅浩繁的手稿第Ⅵ本至第ⅩⅤ本的每一稿本的封面上，都加上了"剩余价值理论"的标题。③ 这清楚地说明，马克思这部手稿的历史批判部分是以批判资产阶级政治经济学的剩余价值理论为中心的。正如恩格斯所说，"手稿的主体部分"，"即《剩余价值理论》"，首先是一部关于"政治经济学核心问题即剩余价值理论的详细的批判史"④。

在资本主义生产领域中，就像马克思生动而形象地指出的那样，"资本先生和土地太太，作为社会的人物，同时又直接作为单纯的物，在兴妖作怪"⑤。资本主义经济关系被神秘化了，人和人的关系变成了物和物的关系。剩余价值好像不是直接同经济关系联系着，而是直接同生产过程的物质要素联系着。这样，剩余价值的源泉被掩盖了。资本—利润（或利息），土地—地租，劳动—工资，似乎成了不言而喻的事。

难能可贵的是，英国古典经济学家没有完全被资本先生和土地太太

---

* 原载《马克思主义来源研究论丛》第4辑，253～257页，北京，商务印书馆，1983。

① 《马克思恩格斯全集》，第24卷，13页，北京，人民出版社，1972。

② 《马克思恩格斯全集》，第24卷，366页。

③ 参见《马克思恩格斯全集》，第26卷Ⅰ，3～6页。

④ 《马克思恩格斯全集》，第24卷，4页。

⑤ 《马克思恩格斯全集》，第25卷，938页。

兴妖作怪造成的虚幻的假象所迷惑。他们力图找出经济现象的内在联系，试图在劳动价值理论的基础上说明剩余价值问题。把剩余价值的起源问题从流通领域转到生产领域，这是英国和法国古典政治经济学的共同功绩。然而，和法国古典政治经济学相比，英国古典政治经济学的剩余价值理论有一大优点，这就是把剩余价值理论建立在劳动价值理论的基础之上，因而比较接近于理解剩余价值的性质和源泉。

诚然，英国古典经济学家不是就剩余价值的一般形式，而是就剩余价值的特殊形式来考察剩余价值的。他们谁都没有有意识地把剩余价值的一般形式同剩余价值的各种特殊形式区分开来。但是，他们事实上既论述了前者，又论述了后者。因此，在研究英国古典经济学家的理论时，就必须把他们没有区分的东西加以区分，分出哪些是剩余价值理论，哪些是有关剩余价值的特殊形式的理论。在这方面，马克思为我们树立了典范。例如，在《1861—1863年经济学手稿》第Ⅻ本稿本的目录中，马克思用了两个标题："李嘉图的剩余价值理论"和"李嘉图的利润理论"。马克思指出："我们在批判李嘉图的时候，应该把他自己没有加以区别的东西区别开来。[第一,]是他的剩余价值理论，这个理论在他那里当然是存在的，虽然他没有把剩余价值确定下来，使之有别于它的特殊形式利润、地租、利息。第二是他的利润理论。"① 马克思提出的这一原则，对于研究英国其他古典经济学家的剩余价值理论具有普遍的指导意义。在配第、斯密等人那里，剩余价值理论也是存在的，虽然他们同样没有把剩余价值的一般形式和它的各种特殊形式区分开来。

二、配第及其后继者对剩余价值所做的理论分析的开端

在英国古典经济学家中，配第第一次研究了剩余价值问题。作为英国古典政治经济学的草创者，配第对剩余价值问题的论述，就像对劳动价值理论的论述一样，是不严谨的，在一定程度上甚至是杂乱无章的。然而，配第第一次把剩余价值起源的分析从流通领域转到生产领域，并把自己的劳动价值理论作为这一分析的出发点。配第按照自己的方式对剩余价值问题进行了认真的探索，其见解是中肯的。在寻求适当的表达方式的过程中，配第散见于一些著作中的观点，仍然构成了某种有联系

① 《马克思恩格斯全集》，第26卷Ⅱ，187页。

的整体。

配第没有认识到剩余价值的一般形式，而是在租金的特殊形式上看到了剩余价值的存在。配第所说的租金，包括两种形式：土地的租金和货币的租金。而租金的含义，在一些场合是指雇主在产品形式上收回的劳动量或价值量超过在工资形式上支出的劳动量或价值量的余额，即剩余价值；在另一些场合是指地租或利息，即剩余价值的特殊形式。在这里，我们关心的不是地租或利息这个意义上的租金，而是剩余价值这个意义上的租金。

在配第的著作中，土地的租金和货币的租金这两种形式的剩余价值的关系是：货币的租金是从土地的租金推出来的。或者说，货币的租金是土地的租金的派生形式。因此，在配第那里，土地的租金是剩余价值的真正形式。

配第把土地的租金看做剩余价值的真正形式，是有深刻的历史原因的。配第是离封建时代比较近的资产阶级经济学家，在他所处的时代，农业人口还占英国人口的绝大部分，土地所有权还表现为生产的主要条件，土地所有者凭借对土地所有权的垄断还能够直接占有直接生产者的剩余劳动。在这种情况下，配第还不可能从资本主义生产方式的观点来研究土地所有权怎么会把已被资本直接占有的剩余价值的一部分夺去。相反，对配第来说，利润却来自土地的租金，表现为资本从土地所有权那里强取的剩余价值的一部分。

配第说，土地的租金和货币的租金具有某种神秘性，他的任务就是要揭示租金“所具有的神秘的性质”①。在 1662 年发表的《赋税论》中，配第就已经清楚地表达了土地的租金表现为一般剩余价值的观念。他说：“假定一个人能够用自己的双手在一块土地上面栽培谷物；即假定他能够作为耕种这块土地所需要的种种工作，如挖掘、犁、耙、除草、收刈、将谷物搬运回家、打脱筛净等；并假定他有播种这块土地所需的种子。我认为，这个人从他的收获之中，扣除了自己的种子，并扣除了自己食用及为换取衣服和其他必需品而给予别人的部分之后，剩下的谷物就是这块土地一年的自然的、真正的地租”②。由此可以看出：从收成中扣除种子，就是从劳动产品中扣除不变资本的等价物；从收成中扣除劳动者的食物、衣服和其他必需品，或者说扣除工资，就是从劳

① 威廉·配第：《赋税论　献给英明人士　货币略论》，43 页。
② 威廉·配第：《赋税论　献给英明人士　货币略论》，43 页。

动产品中扣除可变资本的等价物；从收成中扣除不变资本和可变资本的等价物之后，剩下的谷物，即包括利润在内的地租，就是全部剩余价值的等价物。正如马克思所说："在配第看来，因为谷物的价值决定于它所包含的劳动时间，而地租等于总产品减去工资和种子，所以地租等于剩余劳动借以体现的剩余产品。"① 又说，在配第那里，"地租表现为一般剩余价值"②。

在1672年前后写成、1690年出版的《政治算术》中，配第又对剩余价值的性质进行了探索。他说，假定1蒲式耳小麦的价格为60便士，地租占三分之一，那么在60便士中有20便士归土地占有者，40便士归土地耕种者。但是，在小麦价格不变的情况下，如果土地耕种者的工资提高八分之一，那么在60便士中归土地耕种者的就会从40便士增加到45便士，归土地占有者的就会从20便士下降为15便士。③ 在这里，配第对剩余价值的性质做了正确的猜测。配第并不理解他所猜测的问题，而是把这一问题当做地租下降的原因来论述的。然而，由于配第把地租看做劳动者的劳动产品扣除工资以后的余额，即全部剩余价值，所以，他在这里讨论的并不真的是地租的变动和工资变动之间的关系，而是剩余价值变动和工资变动之间的关系。他事实上已经发现，剩余价值的变动和工资的变动是对立的。在价格不变的情况下，如果工资提高，那么地租即剩余价值就会降低。反之，如果工资降低，那么地租即剩余价值就会提高。

关于剩余价值量和雇佣工人人数的关系，配第做了有意义的叙述。他说，雇主"雇用较多劳动者的时候，要比雇用较少劳动者的时候更为富裕"④。这表明，配第已经初步意识到，在剥削率已定的情况下，剥削量视雇佣工人人数而定。受雇用的工人越多，剥削量就越大。

关于剩余价值量和劳动生产率的关系，配第也做了有意义的叙述。他说："如果……花费比现在更多的劳动来改良土地，使土地丰产……那么地租就会因收成的增加超过所用劳动的增加，而成比例地上涨。"⑤ 这里说的"劳动的增加"，是指劳动力价格即工资的上涨。配第的意思

① 《马克思恩格斯全集》，第26卷Ⅰ，381页。
② 《马克思恩格斯全集》，第26卷Ⅰ，175页。
③ 参见威廉・配第：《政治算术》，34页。
④ 威廉・配第：《赋税论 献给英明人士 货币略论》，53页。
⑤ 威廉・配第：《赋税论 献给英明人士 货币略论》，53～54页。

是，在劳动生产率提高的情况下，即使工资有所增长，但是由于增加的收成超过增加的工资，因而地租量即剩余价值量也仍然增长。劳动生产率越高，增加的收成超过增加的工资越多，地租量即剩余价值量也就增加得越多。

把关于剩余价值源泉问题的研究从流通领域转到生产领域，这是配第的历史性的功绩。代表商业资本利益的重商主义者始终企图在流通领域中解释剩余价值，利润被他们说成商品以高于价值的价格出售的结果。配第从生产领域来探寻剩余价值的源泉，这就表明他已经摆脱了“以它那种粗浅的现实主义，形成了当时真正的庸俗经济学”① 的重商主义，向“科学的资产阶级经济学”② 迈出了决定性的一步。

配第探讨剩余价值的性质和源泉时，是从劳动是价值的源泉这一正确命题出发的。他的劳动和土地二者都是价值的源泉这一错误命题，并没有搅乱他在剩余价值问题上的思路。马克思肯定了配第这一功绩，指出，在配第那里，“地租，作为全部农业剩余价值的表现，不是从土地，而是从劳动中引出来的，并且被说成劳动所创造的、超过劳动者维持生活所必需的东西的余额”③。

配第把地租看做剩余价值的一般形式，把利润包括在地租之中，把利息当做地租的特殊形式，把剩余价值和可变资本的关系看做地租和工资的关系，这一切，都是他的理论所带有的特殊的时代烙印。英国古典政治经济学的剩余价值理论在它的产生初期就是以这样的历史路标形式表示出来的。

作为配第的直接后继者，洛克也只在土地的租金和货币的租金两种形式上看到剩余价值的存在，利润还模糊地和工资混在一起。马克思说：“在洛克那里，剩余价值只表现为利息和地租这两种特定形式。”④

洛克是同封建社会相对立的资产阶级社会的权利观念的经典表达者，他对利息和地租这两种特定形式的剩余价值起源的说明是从自然权利开始的。按照洛克的说法，土地是一切人所共有的，而每个人的人身则是他自己的所有物。“他把他从自然创造并提供给他的东西中取得的一切，同自己的劳动融合起来，同一种属于他的东西融合起来；他以这

① 《马克思恩格斯全集》，第 25 卷，884 页。
② 《马克思恩格斯全集》，第 23 卷，17 页。
③ 《马克思恩格斯全集》，第 26 卷Ⅰ，383 页。
④ 《马克思恩格斯全集》，第 26 卷Ⅰ，390 页。

种方式使这一切为自己所有。”① 这样，洛克就从自然权利论过渡到了他的劳动所有权论。对原来属于公有的自然界的东西，人们通过劳动取得了所有权。当洛克把这一论点用到土地上来时，他认为，开垦和耕种土地的劳动为占有土地提供了权利，个人劳动创造了个人所有权。这种所有权有两个界限：一是个人劳动的界限，二是储存的东西不能多于他能够使用的东西的界限。但是，货币出现以后，储存的界限被货币所突破，这就扩大了个人所有权。货币分配的不均等，造成了包括土地在内的全部财产的不均等。

洛克把剩余价值的占有同生产条件的分配联系起来。他说，一些人占有了多于他能够耕种或愿意耕种的土地，另一些人只能占有少于他能够耕种或愿意耕种的土地，后者便只有从前者那里租种土地，而前者则凭借占有的土地从后者的劳动成果中收取地租。洛克指出，地租是把作为一个人的劳动报酬的“利润”转入另一个人的口袋。②

同样，洛克说，一些人占有的货币多，另一些人占有的货币少，后者便只有从前者那里借用货币，而前者则凭借占有的货币从后者的劳动成果中收取利息。因此，和地租一样，利息也是把作为一个人的劳动报酬的“利润”转入另一个人的口袋。

从洛克的上述议论中可以看出，洛克已经模糊地意识到，生产资料和劳动者的分离是人类社会的历史现象而不是自然现象。洛克所说的货币，是作为资本的货币，而不是作为货币的货币。因此，他所说的土地和货币，实际上是土地和资本。洛克比配第在分析上进步的地方在于他明确地把地租和利息这两种形式的剩余价值“都归结为对劳动的剥削”③，指出二者都是在劳动者同劳动条件分离之后土地所有者和资本所有者所占有的无偿劳动。马克思在评价洛克的剩余价值理论时说：“如果我们把洛克关于劳动的一般观点同他关于利息和地租的起源的观点（因为在洛克那里，剩余价值只表现为利息和地租这两种特定形式）对照一下，那末，剩余价值无非是土地和资本这些劳动条件使它们的所有者能够去占有的别人劳动，剩余劳动。”④

同洛克一样，诺思关于剩余价值的观点，也是以配第为依据的。马

---

① 约翰·洛克：《政府论》（下篇），19页，北京，商务印书馆，1964。

② 参见约翰·洛克：《政府论》（下篇），32页。

③ 《马克思恩格斯全集》，第26卷Ⅰ，395页。

④ 《马克思恩格斯全集》，第26卷Ⅰ，390页。

克思指出："达德利·诺思爵士……是配第路线的第三个代表。"①

在诺思那里，租金也表现为剩余价值的原始形式。就这一点来说，诺思并没有超出配第和洛克。但是，配第和洛克把租金区分为土地的租金和货币的租金，而诺思则把租金区分为土地的租金和资本的租金。就这一点来说，诺思比配第和洛克前进了一步。

像配第、洛克那样，诺思力图论证利息和地租具有相同的性质。他说：正如土地所有者出租他的土地一样，资本所有者出借他们的资本。他们从中得到的东西叫做利息，但是，利息不过是资本的租金，就像土地所有者的收入是土地的租金一样。因此，当一个地主和当一个资本家是一回事。② 不仅如此，诺思还进而论证了资本的租金应当高于土地的租金。他说，地主有利的地方，在于他的佃户不能把土地带走，而资本的债户却很容易把资本带走。"因此，土地提供的利润应当比冒较大风险借出的资本所提供的利润少。"③

诺思已不像配第那样从地租推出利息，也不像洛克那样把利息和地租相并列，而是把利息和地租相对立，把资本家和地主相对立。配第及其直接后继者的理论，是资本起来反抗土地所有权的最初形式。然而，只是在诺思这里，这种形式才得到更充分的表现。

康替龙在剩余价值理论方面提出了新的思想因素。他认为，工人为补偿自己的生活费用所需要的劳动和他所提供的劳动，是两个不同的量。他说，一个身强力壮的奴隶的劳动，估计有两倍于他的生活费用的价值，而一个身体最弱的工人的劳动所具有的价值，也不会比身强力壮的奴隶的劳动少。康替龙的这一论点为以后英国古典剩余价值理论的发展提供了新的思想材料。不过，在康替龙本人的著作《试论一般商业的性质》中，他仍然和配第一样把地租看做剩余价值的正常形式，利润被包括在地租之中。马克思在分析这种认识的历史根源时说："老一辈的经济学家只是刚开始分析当时还不发达的资本主义生产方式，对他们来说，地租的分析或者毫无困难，或者困难的性质完全不同。配第、康替龙，总之，那些离封建时期比较近的著作家们，都把地租看成是一般剩余价值的正常形式，而对他们来说，利润还模糊地和工资混在一起，充

① 《马克思恩格斯全集》，第26卷Ⅰ，395页。

② 参见达·诺思：《贸易论》，18页，北京，商务印书馆，1976。

③ 达·诺思：《贸易论》，19页。

其量也不过表现为这个剩余价值中由资本家从土地所有者那里强取的部分。”①

在英国古典政治经济学产生时期，如果说离封建时期较近的经济学家易于把地租看做剩余价值的正常形式，那么，生活在18世纪中叶工场手工业发达时期的经济学家就有可能在利润形式上觉察到剩余价值的存在。在18世纪30年代至50年代，范德林特、马西和休谟先后对利润这一范畴进行了探索。范德林特在1734年发表的《货币万能，或试论怎样才能使各阶层人民都有足够的货币》中，提出了“利润……是经营的唯一目的”② 这一著名论断。他诚实地、无顾虑地揭露出了资产者灵魂深处的真实动机，说出了利润是资本主义生产的唯一目的。范德林特还说，资本家抱怨工人懒惰，其秘密不过在于，他们想用同样的工资使4个工作日变成6个工作日。这表明，他多少已经看出，资本家想用同样的可变资本占有更多的剩余劳动。

马西在1750年发表的《论决定自然利息率的原因。对威廉·配第爵士和洛克先生关于这个问题的见解的考察》中，对配第和洛克的有关观点进行了批判。马西强调利润这个范畴的重要性，指出利润是利息的基础。他发现，利息率是由工商企业的利润率决定的，利息是利润的一部分。马西写到，富人“不是自己使用自己的货币，而是把自己的货币借给别人去营利，让别人把这样得来的利润拿出一部分交给货币所有者”③。又说：“既然借债人为所借货币支付的利息，是所借货币能够带来的利润的一部分，那末，这个利息总是要由这个利润决定。”④

和配第、洛克等人的观点相比，马西的功绩在于他把工商企业的利润看做利息的基础，把利息看做利润的派生形式。

继马西之后，休谟在1752年出版的《政治辩论》中也研究了利润和利息的关系。他认为，利息率的高低取决于借贷资本的供求，但是它

---

① 《马克思恩格斯全集》，第25卷，883页。

② 杰·范德林特：《货币万能，或试论怎样才能使各阶层人民都有足够的货币》，11页，伦敦，1734。引自《马克思恩格斯全集》，第23卷，368页注（20）。

③ 约·马西：《论决定自然利息率的原因。对威廉·配第爵士和洛克先生关于这个问题的见解的考察》，23页，伦敦，1750。引自《马克思恩格斯全集》，第26卷Ⅰ，402页。

④ 约·马西：《论决定自然利息率的原因。对威廉·配第爵士和洛克先生关于这个问题的见解的考察》，49页。引自《马克思恩格斯全集》，第26卷Ⅰ，403页。

本质上取决于“从商业中产生出来的利润”的高低。[①] 在这里，休谟也把利润看做利息的基础，把利息看做利润的派生形式。

随着工场手工业的发展，利息不是取决于地租，而是取决于利润，利息不是地租的一部分，而是利润的一部分这一事实，已经日益明显地表现出来。然而，当时占统治地位的观念是，货币资本或生息资本是真正的资本，货币资本或生息资本是独立于产业资本的，利息也是独立于利润的。在这种情况下，说明利息是利润的一部分，仍然具有重要的理论意义。马克思指出：“直到十八世纪中叶，利息只是总利润的一部分这个事实，才（被马西，在他之后又被休谟）发现，而且竟然需要有这样一种发现。”[②]

由此可以看到，在英国古典政治经济学的产生时期，剩余价值理论每前进一步是多么艰难，而既有的经济观念对思想家们的束缚又是多么严重。从配第由地租推出利息，到马西、休谟由利润推出利息，竟相隔90年之久。

三、亚当·斯密的剩余价值理论

在剩余价值问题上，斯密的见解超越了自己所有的理论前辈。斯密看到，价值的源泉不是某种特殊形式的具体劳动，而是一般社会劳动，是必要劳动的量。由此，斯密看到，剩余价值来源于剩余劳动。

斯密在从研究商品所有者之间的交换转到研究资本所有者和劳动力所有者之间的交换时，提出了利润的源泉问题，实际上是剩余价值的源泉问题。斯密的说法是：一旦资本在个别人手中积累起来，其中某些人自然就利用它使勤劳者去劳动，向他们提供材料和生活资料，以便从他们的劳动产品的出售中，或者说，从这些工人的劳动加到那些加工材料价值上的东西中，取得利润。[③] 斯密接着说，工人加到材料上的价值，这时分成两部分，一部分支付工人的工资，另一部分支付企业主的利润，作为他预付工资和加工材料的资本总额的报酬。[④]

---

① 参见达·休谟：《若干问题论丛》，第1卷第2部分，329页，伦敦，1764。引自《马克思恩格斯全集》，第26卷Ⅰ，401页。

② 《马克思恩格斯全集》，第25卷，422～423页。

③ 参见亚当·斯密：《国民财富的性质和原因的研究》，上卷，43页。

④ 参见亚当·斯密：《国民财富的性质和原因的研究》，上卷，43页。

从斯密的论述可以看出，斯密已经意识到，第一，劳动力和劳动条件的分离，是剩余价值生产的前提条件。他所说的“一旦资本在个别人手中积累起来”，指的是生产条件集中到个别人或少数人手中；他所说的“利用它使勤劳者去劳动”，指的是生产条件所有者凭借对生产条件的占有迫使失去生产条件的劳动者进行雇佣劳动。第二，资本主义生产的目的是“取得利润”，也就是取得剩余价值。这种利润不是从劳动产品的出售中产生的，不是高于价值出售而获得的“让渡利润”①，而是在生产中产生的；不是从资本家的预付资本中产生的，而是在新的生产过程中“从这些工人的劳动加到那些加工材料价值上的东西中”产生的，是“工人加到材料上的价值”的一部分，是工人新创造的价值的一部分，是没有支付任何代价就被资本家拿去“出售”的那一部分。

斯密还进而直接通过工人必须在用来补偿工资的劳动量之上进行追加的劳动，来说明利润也就是剩余价值的源泉。他说，在这种情况下，劳动者的全部劳动产品并不总是属于劳动者。在大多数场合，他必须同雇用他的资本所有者一起分享劳动产品。在这种情况下，通常为获得或生产某一商品所耗费的劳动量，不再是决定用这个商品通常可以买到、支配或换得的那个劳动量的唯一条件。显然，这里还应当有一个劳动的追加量，作为预付工资和给工人提供材料的资本的利润。② 这就更明确地把剩余价值归结为工人在生产工资等价物所用劳动之外的劳动追加量，即归结为无偿的剩余劳动。马克思在评论斯密的这一观点时说：“这完全正确。如果我们谈的是资本主义生产，那末，表现为货币或商品的物化劳动所买到的，除了它本身包含的劳动量之外，总还有一个活劳动的‘追加量’，‘作为资本的利润’，但是，换句话说，这不过意味着，物化劳动无偿地占有，不付代价地占有一部分活劳动。”③

在斯密看来，利润是剩余价值的一种形式，地租则是剩余价值的另一种形式。斯密把地租归结为工人在生产工资等价物所用劳动之外的另一个劳动追加量，即归结为被土地所有者占有的无偿的剩余劳动。他说，一旦一个国家的土地全部变成了私有财产，土地所有者就会像所有

---

① 关于“让渡利润”，恩格斯说：“最早的见解是从商人的直接的实践中产生的：剩余价值产生于产品价值的追加。这种见解曾在重商主义者中间占统治地位……然而它被亚·斯密从古典科学中赶出去了。”——《马克思恩格斯全集》，第24卷，13页。

② 参见亚当·斯密：《国民财富的性质和原因的研究》，上卷，44页。

③ 《马克思恩格斯全集》，第26卷Ⅰ，59页。

其他人一样，喜欢在他们未曾播种的地方得到收获，甚至对土地的自然成果也索取地租。斯密接着说，劳动者必须把用自己的劳动收集或生产的东西让给土地所有者一部分，这一部分，或者说，这一部分的价格，就构成地租。① 可见，在斯密这里，地租和工业利润一样也是“工人加到材料上的价值”的一部分，是被无偿占有的剩余劳动的一部分。斯密意识到，同劳动相分离并且同劳动相对立的作为地产的土地，或者说，资本主义的土地所有权，是土地所有者无偿占有“工人加到材料上”的一部分劳动量或价值量所凭借的经济条件。

至于利息，斯密认为，只要不是工资本身的扣除部分，便都是从利润或地租中支付的，也就是用劳动者在生产工资等价物以上的劳动追加量支付的。

以上就是斯密的一般剩余价值理论。

发达的工场手工业为斯密发展英国古典剩余价值理论提供了较为有利的客观经济条件，范德林特、马西和休谟又为斯密发展剩余价值理论提供了新的思想资料。在这种情况下，斯密摆脱了从配第到康替龙把地租看做剩余价值的正常形式的旧观点，提出了利润和地租是剩余价值的基本形式的新观点，从而把配第以来的英国古典剩余价值理论提高到了一个新的水平。

对于利润和地租这两种形式的剩余价值，斯密并没有等量齐观。他强调利润的首要性，而把地租看做剩余劳动扣除利润之后的余额。他说，土地几乎在任何情况下都能生产出较大量的食物，也就是说，除了以当时最优厚的条件维持使食物进入市场所必需的全部劳动外还有剩余。这个余额又始终超过那个足够补偿推动这种劳动的资本并提供利润的数量。所以这里始终有一些余额来向土地所有者支付地租。② 这种说法，如果撇开重农学派的色彩，那么，主要是强调在剩余劳动产品中先要扣除利润，然后才扣除地租。这反映出斯密对资本比土地所有权表现为更为主要的生产条件的认识，而不再像配第等人那样把土地所有权看做生产的主要条件，以为资本从土地所有权那里强取了一部分剩余价值。但是，斯密的这一进步还是不稳固的，他在总结自己的剩余价值理论时又把地租看做耕种土地的劳动所生产的产品的第一个扣除，而把利

---

① 参见亚当·斯密：《国民财富的性质和原因的研究》，上卷，44 页。

② 参见亚当·斯密：《国民财富的性质和原因的研究》，上卷，139 页。

润看做第二个扣除。[①] 在这里，我们又一次看到，英国古典经济学家在剩余价值理论方面每前进一步是何等不易。

马克思十分重视斯密的剩余价值理论，多次给予很高的评价，认为斯密分析了“剩余价值的真正的本质”[②]，“认识到了剩余价值的真正起源”[③]。又说：“亚·斯密把剩余价值，即剩余劳动……理解为一般范畴，而本来意义上的利润和地租只是这一般范畴的分枝。”[④]

四、李嘉图的剩余价值理论

李嘉图首尾一贯地坚持劳动价值理论，他从实现在商品中的劳动量决定价值的原理出发，对剩余价值理论进行了新的探索。恩格斯指出：“李嘉图比亚·斯密已经前进了一大步。李嘉图关于剩余价值的见解是建立在一种新价值理论的基础上的。”[⑤]

李嘉图在利润形式上看到了剩余价值的存在。在李嘉图那里，利润有两个含义：一是本来意义上的利润，二是剩余价值。因此，他的利润理论既是关于利润的理论，又是关于剩余价值的理论。我们在这里考察的不是前者，而是后者。

在研究利润时，李嘉图经常把用在生产资料方面的资本即不变资本撇开不谈，而只观察用在工资方面的资本即可变资本同利润的关系。他认为，劳动加到材料上的价值量，或在生产过程中加进商品中的新价值，可以分割为两个部分：工资和利润。李嘉图说，工资和利润加在一起具有同一价值。[⑥] 又说：“商品的全部价值只分成两部分：一部分构成资本利润，另一部分构成劳动工资。”[⑦] 李嘉图的意思是说，工资与利润之和总是等于工人在生产过程中新创造的价值量，反过来说，工人在生产过程中新创造的价值量总是分割为工资和利润两个部分。可见，李嘉图在这里所说的利润，不是本来意义上的利润，而是剩余价值，是全部剩余价值量。马克思指出：“他是这样考察问题的：似乎全部资本

① 参见亚当·斯密：《国民财富的性质和原因的研究》，上卷，59～60页。
② 《马克思恩格斯全集》，第26卷Ⅱ，247页。
③ 《马克思恩格斯全集》，第26卷Ⅰ，58页。
④ 《马克思恩格斯全集》，第26卷Ⅰ，60页。
⑤ 《马克思恩格斯全集》，第24卷，16页。
⑥ 参见李嘉图：《政治经济学及赋税原理》，346、352页。
⑦ 李嘉图：《政治经济学及赋税原理》，92页。

都直接花费在工资上了。因此，就这一点说，他考察的是剩余价值，而不是利润，因而才可以说他有剩余价值理论。”①

李嘉图生活在机器大工业时代，他不像离封建时代较近的配第等人那样把地租看做剩余价值的正常形式，也不像处于发达工场手工业时代的斯密那样把利润和地租看做剩余价值的两种形式，而是把地租归结为超额利润，把利息归结为利润的一部分，把利润看做剩余价值的唯一形式。李嘉图的这一认识，是英国古典政治经济学对剩余价值理论进行了长达一个半世纪的研讨的结果。

李嘉图没有研究绝对剩余价值。在讨论剩余价值问题时，他把工作日长度的不变量作为出发点。按照他的看法，不论劳动生产率如何变化或产量如何变化，工人一天的劳动总是生产出一个工作日的产品，总是包含同一劳动时间，具有相同的价值。这一说法，只有在工人劳动的外延量和内涵量均为已定时才是正确的。李嘉图没有看到，除了同一正常工作日以外，还可以有各种各样的工作日长度。在同一正常工作日之内，也可以有各种各样的劳动强度。既然李嘉图把工作日既定作为前提，那么这就决定了他不会去研究绝对剩余价值，不会去考察在必要劳动时间不变的条件下绝对地延长工作日来增加剩余价值的生产这种情况。

李嘉图考察了相对剩余价值，也就是考察了在工作日既定的情况下通过缩短必要劳动时间相应地延长剩余劳动时间来增加剩余价值的生产的问题。他用生产必要生活资料的社会劳动生产率的提高或降低来说明剩余价值的增加或减少。李嘉图认为，利润取决于工资的高低，工资取决于必要生活资料的价格。生产的改良实质上就是使生产商品所需要的劳动量比以前减少，这种减少必定使必要生活资料的价格下降。他由此推论，工资的提高或降低同社会劳动生产率成反比，利润率的降低或提高同社会劳动生产率成正比。可见，相对剩余价值实际上是李嘉图在利润名义下研究的剩余价值的唯一形式。在李嘉图看来，生产的一切改良，缩短生产商品的必要劳动的一切方法，只要能降低工资，也就是只要能降低劳动力价值，就都会增加利润即剩余价值。马克思指出：“李嘉图总的说来正确地阐明了相对剩余价值。”②

分析工资和剩余价值的对立，是李嘉图的科学功绩。李嘉图把商品

① 《马克思恩格斯全集》，第26卷Ⅱ，424页。

② 《马克思恩格斯全集》，第26卷Ⅱ，470页。

的价值只分解为利润和工资两个部分，由此得出结论说："假定谷物和工业制造品总是按照同一价格出售，利润的高低就会与工资的高低成反比。"① 这里说的利润和工资的关系，就是剩余价值和劳动力价值的关系。李嘉图看出，劳动力价值和剩余价值是按反方向变化的。

分析工资变动和剩余价值变动的因果关系，是李嘉图的又一功绩。他正确地认为，工资变动是因，剩余价值变动是果。李嘉图说："如果工资继续不变，那么制造业者的利润就会维持不变；但如果工资由于谷物腾贵而上涨……那么他们的利润就必然会下落。"② 又说："工资增加时，总是牺牲利润；工资跌落时，利润总会提高。"③

马克思和恩格斯很重视李嘉图关于工资和剩余价值的关系的分析。恩格斯说，李嘉图"甚至确立了关于工资和剩余价值（在利润形式上理解的剩余价值）的相互关系的一些主要规律，尽管他的理解过于一般化"④。马克思在《资本论》中阐述在工作日长度和劳动强度不变而劳动生产力可变这一假定下劳动力价值和剩余价值的关系时，提到了三条规律：第一，不论劳动生产率如何变化，从而不论产品量和单个商品的价格如何变化，一定长度的工作日总表现为相同的价值产品。第二，劳动力的价值和剩余价值按照相反的方向变化。劳动生产力的变化，它的提高或降低，按照相反的方向影响劳动力的价值，按照相同的方向影响剩余价值。第三，剩余价值的增加或减少始终是劳动力价值相应地减少或增加的结果，而绝不是这种减少或增加的原因。马克思指出："李嘉图第一个严密地表述了上述三个规律。"⑤

在李嘉图之后，拉姆赛继续研究剩余价值问题，并且取得了一定的成就。马克思说："拉姆赛确实接近于正确地理解剩余价值。"⑥ 然而，总的说来，资产阶级经济学家在渐趋尖锐的阶级斗争面前，不再研究剩余价值问题。阶级本能使他们懂得，研究这个爆炸性问题是非常危险的。

---

① 李嘉图：《政治经济学及赋税原理》，92 页。
② 李嘉图：《政治经济学及赋税原理》，92～93 页。
③ 李嘉图：《政治经济学及赋税原理》，346 页。
④ 《马克思恩格斯全集》，第 24 卷，16 页。
⑤ 《马克思恩格斯全集》，第 23 卷，571 页。
⑥ 《马克思恩格斯全集》，第 26 卷Ⅲ，363 页。

五、英国古典剩余价值理论的功绩和局限

英国古典政治经济学在一个半世纪以上的历史时期中对剩余价值进行了理论上的分析。从配第等人把地租看做剩余价值的基本形式，把利润包括在地租之内，把利息看做地租的派生形式，到斯密把利润和地租看做剩余价值的基本形式，把利息看做利润的一部分，再到李嘉图把利润看做剩余价值的基本形式，把地租看做超额利润，把利息看做利润的一部分，英国古典经济学家在剩余价值形式的分析方面有了几个历史路标。英国古典政治经济学在直接生产过程中把价值归结为劳动，从而把剩余价值归结为剩余劳动，这就在一定程度上揭穿了资本主义在竞争中形成的拜物教的假象。马克思十分重视古典经济学家在分析剩余价值方面所取得的成就，指出“这是古典经济学的伟大功绩”①。马克思说：“古典政治经济学力求通过分析，把各种固定的和彼此异化的财富形式还原为它们的内在的统一性，并从它们身上剥去那种使它们漠不相关地相互并存的形式；它想了解与表现形式的多样性不同的内在联系。因此，它把地租还原为超额利润，这样，地租就不再作为特殊的、独立的形式而存在，就和它的虚假的源泉即土地分离开来。它同样剥去了利息的独立形式，证明它是利润的一部分。于是，它把非劳动者借以从商品价值中获取份额的一切收入形式，一切独立的形式或名义都还原为利润这一种形式。但是利润归结为剩余价值，因为全部商品的价值都归结为劳动；商品中包含的有酬劳动量归结为工资；因此，超过这一数量的余额归结为无酬劳动，归结为在各种名义下被无偿地占有的、然而是由资本引起的剩余劳动。”②

尽管英国古典经济学家在剩余价值分析方面取得了以上的科学成果，但是，由于资产阶级立场的限制，由于把资本主义生产看做社会生产的自然形式、把剩余价值看做这种生产方式所固有的，由于缺乏足够的抽象力，他们谁都没有真正彻底地揭示出剩余价值的性质和源泉，都没有研究不同于剩余价值的各种特殊形式的剩余价值的一般形式，并把剩余价值的一般形式同它的各种特殊形式区分开来。至少，他们谁都没有有意识地并且前后一贯地这样去研究问题。相反，他们都把剩余价值

---

① 《马克思恩格斯全集》，第25卷，939页。

② 《马克思恩格斯全集》，第26卷Ⅲ，555～556页。

的特殊形式和它的一般形式直接等同起来，而不经过任何中介环节。配第就地租这种特殊形式考察剩余价值，斯密就利润和地租这两种特殊形式考察剩余价值，李嘉图就利润这种特殊形式考察剩余价值，他们的共同错误在于都没有就剩余价值的纯粹形式或一般形式考察剩余价值，都没有真正超出利润和地租的概念把劳动产品的无酬部分作为整体来考察，因而不可能真正清楚地认识各种不同形式的源泉的同一性。因此，英国古典经济学家有时又被资本先生和土地太太兴妖作怪所造成的假象所迷惑，对剩余价值的特殊形式做了肤浅的、庸俗的解释。对此，马克思指出："甚至古典经济学的最优秀的代表，——从资产阶级的观点出发，必然是这样，——也还或多或少地被束缚在他们曾批判地予以揭穿的假象世界里，因而，都或多或少地陷入不彻底性、半途而废和没有解决的矛盾中。"①

英国古典剩余价值理论是马克思的剩余价值理论的来源之一。但是，马克思的剩余价值理论不是英国古典剩余价值理论的简单继续，而是对资产阶级古典理论的批判和革命。马克思第一次研究了剩余价值的一般形式，创立了"好像晴天霹雳震动了一切文明国家"② 的真正科学的剩余价值理论，使全部政治经济发生了革命的变革。英国古典经济学家认为已有答案的地方，马克思认为只是问题的所在。

为了揭示剩余价值的生产，马克思首先研究了劳动力这种商品的买和卖。古典经济学家无一例外地混同了劳动和劳动力，以为工人出卖的是劳动，因而陷入了无法解脱的矛盾之中，排除了科学地说明剩余价值的源泉的可能性。马克思第一次区分了劳动和劳动力，指出工人出卖的不是劳动，而是劳动力，指出劳动力商品也具有二重性。这样，马克思就从古典经济学陷入的资本和劳动交换同价值规律矛盾的绝境中找到了出路。

为了说明劳动力在价值增殖过程中的作用，揭示剩余价值的来源，马克思第一次按照资本的不同部分在价值增殖过程中的不同作用研究了资本的分类，提出了不变资本和可变资本这对范畴，指出不变资本购买的生产资料在生产过程中只是转移价值，而可变资本购买的劳动力在生产过程中不仅再生产出劳动力价值，而且生产出剩余价值。这样，马克思就为科学地揭示剩余价值形成的实际过程创立了关键的理论。

---

① 《马克思恩格斯全集》，第 25 卷，939 页。

② 《马克思恩格斯全集》，第 24 卷，20 页。

在上述理论的基础上，马克思第一次区分了剩余价值的一般形式和特殊形式，首先阐明了剩余价值的一般形式，研究了剩余价值的生产，然后，在分析剩余价值的一般形式的基础上，通过一系列中间环节，论证了剩余价值转化为利润，利润转化为平均利润，阐述了剩余价值分割为工业利润、商业利润、利息和地租即剩余价值的各种特殊形式。这样，马克思就在剩余价值的考察中发现了剩余价值规律是资本主义生产方式的绝对规律，找到了剩余价值的真正源泉，揭示了资本主义剥削的秘密，剖析了资本主义社会的阶级关系，指出了资本主义产生、发展和灭亡的规律性。

剩余价值理论是马克思经济理论的基石。这一学说的建立，就像历史唯物主义的建立一样，是社会主义从空想发展为科学的一个关键。恩格斯说："这个问题的解决是马克思著作的划时代的功绩。它使社会主义者早先像资产阶级经济学者一样在深沉的黑暗中摸索的经济领域，得到了明亮的阳光的照耀。科学的社会主义就是从此开始，以此为中心发展起来的。"①

① 《马克思恩格斯选集》，第3卷，243页。

古典货币理论*

——斯图亚特和亚当·斯密的比较

英国古典经济学家是货币理论的科学探索者。威廉·配第第一个"跳进充满货币神秘的深海"，探索"关于货币的秘密"①。继配第之后，洛克、诺思、康替龙、范德林特和休谟等人也先后对货币理论的这些或那些方面进行了研究。从配第到休谟，古典政治经济学产生时期的代表人物关于货币问题的认识，和他们的整个经济理论一样，也是点点滴滴地、零零碎碎地积累起来的。他们的货币思想，无论是正确的因素或错误的成分，后来都对"敢于无情地从纯粹形式上描述生产关系的斯图亚特、斯密和李嘉图的古典政治经济学"② 产生了深刻的影响。

在英国古典政治经济学发展时期，詹姆斯·斯图亚特和亚当·斯密对货币问题的认识有了显著的深化，他们对古典货币理论的发展作出了重要的贡献。但是，斯图亚特的货币理论在政治经济学史或经济学说史著作中至今没有获得应有的评价，他的包括货币理论在内的全部经济理论仍被当做重商主义学说而遭到贬损。同样，斯密的货币理论在英国古典货币理论中的历史地位问题到现在也没有得到正确的解决。例如，有的著作断言，"严格说来，在斯密的著作中是没有货币理论的"③。另一些著作认为，斯密的货币理论是放在分工理论之后和价值理论之前叙述的，因而不可能了解货币的起源和本质，不可能了解货币作为流通手段之外的职能。前一论断缺乏根据，后一论断也只有片面的理由。

本文试图通过对斯图亚特和亚当·斯密的货币理论的分析和比较，说明他们在理论上的联系以及他们各自的理论功绩。

一、货币的起源和本质

货币的本质问题，对资产阶级经济学家来说，是一个难解之谜。马

---

* 原载《马克思主义来源研究论丛》第8辑，1～31页，北京，商务印书馆，1987。

① 《配第经济著作选集·赋税论》，83页，北京，商务印书馆，1981。

② 《马克思恩格斯全集》，第46卷下，479页。

③ 卢森贝：《政治经济学史》，第1卷，282页。

克思曾经引证格莱斯顿的话说："受恋爱愚弄的人，甚至还没有因钻研货币本质而受愚弄的人多。"①

斯图亚特和亚当·斯密继承和发展了古典政治经济学产生时期货币分析中的积极因素，各自对货币的本质进行了新的探索。

斯图亚特关于货币的本质的看法，同他的价值理论有着密切的联系。斯图亚特对英国古典价值理论的最大贡献，是他关于生产商品的劳动具有二重性的天才猜想。他说："那种通过自身转移（alienation）而创造出一般等价物（universal equivalent）的劳动，我称之为产业。"②斯图亚特称之为"产业"的劳动或"创造一般等价物的劳动"，实际上就是有别于实在劳动的特殊社会劳动，也就是有别于具体劳动的抽象劳动。马克思给斯图亚特以极高的评价，指出："斯图亚特比他的前辈和后辈杰出的地方，在于他清楚地划分了表现在交换价值中的特殊社会劳动和获取使用价值的实在劳动之间的区别。"③

斯图亚特正确地把分工和交换价值的生产看做一回事，他感到了价值范畴同商品的物质内容的区别，并力图把价值这一抽象的经济范畴从它的物质内容中分离出来，变化不定地采用一些不准确的术语来表示他在经济理论思维中正在形成然而还是动摇不定的关于一般交换价值的见解。斯图亚特清楚地知道，在资本主义生产以前，产品就采取过商品的形式，商品也采取过货币的形式。但是他详细地证明，只是在资本主义生产中，这才成为基本的和主导的形式。

和这种价值理论相适应，斯图亚特对货币的性质做了如下的规定："货币……是一切可让渡物的最适当的等价物。"④ 在这里，斯图亚特不仅看出货币是"最适当的等价物"，而且看出货币是"一切可让渡物"的最适当的等价物。当他说货币是"一切可让渡物"的"最适当的等价物"时，他实际上是把货币看做商品的一般等价物。但是，斯图亚特对货币是商品的一般等价物这一性质只限于一般议论，而没有对价值形式进行历史的分析。

当斯图亚特提出货币是"一切可让渡物"的"最适当的等价物"的时候，斯密也在以自己的方式探索货币的起源和本质的问题。

① 《马克思恩格斯全集》，第13卷，54页。
② 斯图亚特：《政治经济学原理研究》。转引自：《马克思恩格斯全集》，第13卷，48页。
③ 《马克思恩格斯全集》，第13卷，48页。
④ 斯图亚特：《政治经济学原理研究》。转引自：《马克思恩格斯全集》，第46卷下，302页。

在《亚当·斯密关于法律、警察、岁入及军备的演讲》(以下简称《演讲》)中,斯密就已经对货币的一系列理论问题发表了自己的见解。在《国民财富的性质和原因的研究》中,他进一步探讨了这些问题。在《演讲》中,斯密先讨论了分工,接着讨论了商品价格,然后讨论了货币。在《国民财富的性质和原因的研究》中,斯密把叙述货币理论的顺序做了改变:先讨论分工,接着讨论货币,然后讨论商品价格。在讨论了商品价格之后,又在许多章节中进一步讨论了货币问题。那种把斯密的货币理论局限在《国民财富的性质和原因的研究》第一篇第四章的观点,是很不全面的。事实上,斯密关于货币的观点并不仅仅包括在这一章中,甚至主要的观点也并没有都包括在这一章中。在其他若干篇章中,特别是在第一篇第十一章、第二篇第二章,以及第四篇第一章和第六章中,都可以看到斯密的许多有价值的货币观点。

关于货币的起源和本质问题,斯密比较明确地认为,货币是随着商品交换的发展逐渐从"许多种类货物"中分离出来作为"共同衡量标准"或"共同价值标准"的一种商品。①

斯密是这样说货币的出现的。他说,如果进入交换过程的只有三种商品,例如,只有牛、羊和小麦,那么人们便不难记住它们的相对价值。因为在这三种商品中,每一种商品只有两个相对价值。但是,如果进入交换过程的有一百种商品,那么,人们就很难记住它们的相对价值。因为在这一百种商品中,每种都有九十九个相对价值。斯密的这一说明是饶有兴味的。当他说进入交换过程的只有牛、羊和小麦三种商品因而每一种商品只有两个相对价值时,他研究的基本上是简单的价值形式。这时交换还没有成为经常现象,一种商品(例如一头牛)只同一两种商品(例如羊和小麦)相交换,用一两种商品作为表现自己价值的材料。这种价值形式,也就是斯密著名的一只海狸等于两头鹿的简单价值形式。当他说进入交换过程的有一百种商品因而每一种商品都有九十九个相对价值时,他研究的实际上已经是扩大的价值形式。这时社会分工的发展已经使交换成为经常现象,每一种商品都可以同一系列商品相交换,以一系列商品作为表现自己价值的材料。斯密关于相对价值多得难以记住的说法,实际上接触到了在扩大的价值形式中人类劳动还没有获得统一的表现形式的问题。但是,斯密只是朴素地提出了每个商品只有

---

① 参见《亚当·斯密关于法律、警察、岁入及军备的演讲》,197页,北京,商务印书馆,1962。

两个相对价值容易记住，每个商品有九十九个相对价值就难以记住的问题，而没有意识到这是简单的价值形式和扩大的价值形式之间的质的区别，更没有对它们进行任何分析。

在说明有一百种商品进入交换过程时相对价值就会多得令人难以记住之后，斯密便进而说明了“共同价值标准”或“共同衡量标准”产生的必然性。他说：“由于这么多［相对］价值不容易记忆，人们自然会想到把其中之一作为‘共同衡量标准’，通过它来对其他货物进行比较。”① 斯密的正确之处，在于认识到了“共同衡量标准”或“共同价值标准”的出现是商品交换发展的客观要求。但是，由于他不了解价值形式的发展，因而不懂得他在这里实际上已经涉及了从扩大的价值形式向一般的价值形式过渡的必然性问题。

斯密还讨论了从“共同衡量标准”或“共同价值标准”过渡到“最准确标准”的问题。实际上，这是从一般的价值形式向货币形式过渡的问题。斯密比较详细地叙述了这个过程，他说：随着进入交换过程的商品的增多，为了克服交换的困难或为了便于交换，人们在各种商品中确定了一种商品作为“共同衡量标准”或“共同价值标准”。“被人们先后想到并用过的物品可能有种种”②，而“首先选做这种标准的自然是人们最熟悉的货物”③。根据文献和传说，斯密确认了不少商品充当过“共同衡量标准”或“共同价值标准”的历史事实。他说，在“牧人时代”，牛和羊曾被人们用做“共同衡量标准”或“共同价值标准”。例如，在古希腊，黑牛是“共同价值标准”。在意大利，一切商品都同羊比较，因为当时羊是意大利的主要商品。在不同国家的不同历史阶段上，盐、贝壳、烟草、干鱼丁、糖、兽皮以至铁钉等，都曾经被人们用做“共同衡量标准”或“共同价值标准”。但是，这些商品有的不易分割，有的在分割后不易复原，有的不易长期保存，因而都不理想。“由于需要这样的一般标准，使得同一的数量具有同一的价值，所以金属似乎最适合这个条件。”④ 后来，“不论在任何国家，由于种种不可抗拒的

① 《亚当·斯密关于法律、警察、岁入及军备的演讲》，197页。

② 亚当·斯密：《国民财富的性质和原因的研究》，上卷，21页。

③ 《亚当·斯密关于法律、警察、岁入及军备的演讲》，197页。在另一场合，斯密又说：“自分工确立以来，各时代各社会中，有思虑的人，为了避免这种不便，除自己劳动生产物外，随时身边带有一定数量的某种物品，这种物品，在他想来，拿出和任何人的生产物交换，都不会拒绝。”——《国民财富的性质和原因的研究》，上卷，20～21页。

④ 《亚当·斯密关于法律、警察、岁入及军备的演讲》，198页。

理由，人们似乎都终于决定使用金属而不使用其他货物作为媒介”①。这样，金属便成为“共同衡量标准”或“共同价值标准”。最后，由于商品交换的进一步发展，要求“共同衡量标准”或“共同价值标准”必须是一种“最准确标准”，因此金银成了货币。“在各种金属中，金银的价值最易确定。钢的品质不能精密地加以确定，但金银中含有多少贱金属成分，却能够准确地化验出来。因此，人们把金银规定为比较各种货物的最准确标准。”② 金银最后充当货币的原因，除了“价值最易确定”外，还在于金银不会损耗，不会损坏，有耐久性，能被任意分割和还原，便于携带，以及色泽美观等。

斯图亚特和斯密都肯定了货币的商品性质，这是他们在货币的起源和本质问题上取得一定成就的关键。他们关于货币的商品性质的观点，是同他们的价值理论中的科学因素联系在一起的。斯图亚特把创造价值的抽象劳动叫做创造一般等价物的劳动，把货币叫做一切可让渡物的最适当的等价物。斯密说明了货币的商品性质，并进而认为：“以货币或货物购买物品。就是用劳动购买……它们含有一定劳动量的价值。”③斯密还认为：“金银价值对其他货物价值的比例……取决于一定数量金银上市所需要的劳动量对一定数量他种货物上市所需要的劳动量的比例。”④ 斯密在坚持货币的商品性质时，看出了交换关系的发展导致了货币的产生，看出了金银作为一般商品能同一切特殊商品相交换的原因在于它们都有价值，看出了一定数量的金银能同一定数量的其他商品相交换的原因在于它们包含了同等的劳动量。

马克思指出：“只要理解了货币的根源在于商品本身，货币分析上的主要困难就克服了。”⑤ 斯图亚特和斯密对于货币的商品性质的分析，为克服这一主要困难做了有益的努力。但是，马克思后来又指出：“人们已经知道货币是商品，这在货币分析上是跨出很大一步的开端，但终究只是开端而已。困难不在于了解货币是商品，而在于了解商品怎样、为什么、通过什么成为货币。”⑥ 由于斯图亚特和斯密没有深入地分析

① 亚当·斯密：《国民财富的性质和原因的研究》，上卷，21页。
② 《亚当·斯密关于法律、警察、岁入及军备的演讲》，198页。
③ 亚当·斯密：《国民财富的性质和原因的研究》，上卷，26页。
④ 亚当·斯密：《国民财富的性质和原因的研究》，上卷，302页。
⑤ 《马克思恩格斯全集》，第13卷，54页。
⑥ 《马克思恩格斯全集》，第23卷，110页。

商品的矛盾，没有看到价值的货币形式同商品的矛盾的内在联系，没有能力从商品的矛盾和交换过程的矛盾对货币的起源和本质进行理论的和历史的分析，而只是从扩展了的物物交换所遇到的外部困难来说明货币出现的原因，因而未能真正克服货币分析上的困难。斯图亚特的例子告诉我们，只要没有分析商品的内在矛盾及其发展，即使区分了抽象劳动和具体劳动，也不可能认识到货币是这一矛盾展开的结果。斯密的例子则告诉我们，只要没有分析商品的内在矛盾及其发展，即使实际上接触到了简单的价值形式、扩大的价值形式和一般的价值形式，也不可能真正意识到它们是什么。

二、货币的职能

斯图亚特对货币的职能做了古典的分析。正如马克思所说的，斯图亚特"实事求是地从商品交换本身的各种因素中来说明货币的各种职能"①。斯密把斯图亚特的研究成果接了过来，在某些方面进行了发挥，但在另外一些方面则有逊于斯图亚特。

（一）价值尺度

斯图亚特研究了货币作为价值尺度的职能。他说："货币是衡量价值的标准。"② 但是，由于在价值概念上的动摇不定，他的价值尺度也是含混不清的。他并没有真正认识到，货币作为价值尺度，是商品内在的价值尺度即劳动时间的必然表现形式。

斯图亚特清楚地知道，作为价值尺度，货币不必是实际的货币，而只是想象的货币。基于这一认识，他提出了"观念货币"的概念③，对观念货币的计量单位学说进行了充分的发挥。斯图亚特说："计算货币不过是为了衡量可售物品的相对价值而发明的任意的等分标准。计算货币与铸币完全不同，铸币是价格，而计算货币即使在世界上没有一种实体作为一切商品的比例等价物的情况下，也能够存在。"④ 斯图亚特把

---

① 《马克思恩格斯全集》，第13卷，155～156页。

② 斯图亚特：《政治经济学原理研究》。转引自：《马克思恩格斯全集》，第46卷下，305页。

③ 参见斯图亚特：《政治经济学原理研究》。转引自：《马克思恩格斯全集》，第46卷下，305页。

④ 斯图亚特：《政治经济学原理研究》。转引自：《马克思恩格斯全集》，第13卷，69页；第46卷下，305页。

计算货币对商品价值所起的作用，比喻成度、分、秒对角度的作用和标尺对地图的作用。他认为，这一切发明都是采用一个名称作为单位，其用途不过是指出比例，货币单位的用途也是这样。斯图亚特说："因此，货币单位不能同任何一部分价值有固定不变的比例，也就是说，它不能固定在任何一定量的金、银或任何其他商品上。"①

对货币在流通中充当价格标准和计算货币的现象，斯图亚特又进一步做了如下的说明："因为商品的价值决定于对商品发生影响的环境的总的结合以及人们的癖性，所以应当把商品价值看作只是在它们的相互关系中变动着的。凡是用共同的、一定的、不变的标准妨碍和扰乱确切规定比例变动的做法，必定对贸易发生有害的影响。"② 他认为，应当把作为价值尺度的价格和作为价值等价物的价格严格区分开来，金属执行这两种职能中的每一种职能的情况是不同的。斯图亚特说："货币是观念的等分标准。如果有人问：一个部分的价值的标准应当是什么，我就用另一个问题来回答：度、分、秒的标准大小是什么？它们没有标准大小；但是，只要一个部分已经确定，依据标准的本质，其余的必定全都依比例确定下来。"③

斯图亚特关于货币在流通中充当价格标准和计算货币的议论表明，他注意的不是货币所包含的一定金量或银量，也不是货币单位的法定名称，而是抽象的量的比例。他既想撇开金银，又想撇开货币单位的法定名称。他只看到各种商品的价值转化为价格时只存在同名的量，而看不到使各种商品成为同名尺度的质。他只看到观念货币执行价值尺度的职能，而看不到执行价值尺度职能的观念货币具有非常实在的客观基础。他只看到无须做出规定贵金属的一定重量单位便自然地成为货币单位，而看不到这种重量单位本身是习惯地规定或约定俗成的衡量单位。他只看到价值尺度和价格标准之间的区别，而看不到它们之间的联系。因此，斯图亚特所充分发挥的观念货币和观念货币计量单位学说是片面的学说。

问题不仅如此。斯图亚特的观念货币或观念尺度，实际上是一团混乱的观念。由于作为价值尺度的货币只是观念的或想象的比较标准，由

① 斯图亚特：《政治经济学原理研究》。转引自：《马克思恩格斯全集》，第13卷，69页；第46卷下，305页。

② 斯图亚特：《政治经济学原理研究》。转引自：《马克思恩格斯全集》，第13卷，70页。

③ 斯图亚特：《政治经济学原理研究》。转引自：《马克思恩格斯全集》，第46卷下，305页。

于作为价值尺度的货币只是以计算单位的形式出现，由于商品价格所表示的只是它们相互交换所依据的比例，斯图亚特因而认为，充当计算单位的货币名称不是一定量金或银的一定名称，不表示一定量的价值，不表示一定量的劳动时间，而只是任意的比较标准。在他看来，观念货币或观念尺度纯粹是一种比例，这种比例可以用任何一种没有内容的名称来表示。就是说，可以用单纯数字的名称来表示，而不涉及它所固有的内容。斯图亚特不知道，至少是没有弄清楚，只有各种不同的量具有同一单位时才能进行比较和通约，这个同一单位就是劳动时间，就是物化在商品中的劳动时间。因此，马克思称斯图亚特的价值尺度学说是“关于价值尺度的奇怪观点”①。

斯密也研究了货币作为价值尺度的职能。有的著作批评斯密把货币的职能只归结为流通手段，这一批评不符合事实。实际上，斯密不仅在《国民财富的性质和原因的研究》中多次论及货币作为价值尺度的职能②，而且早在《演讲》中就已经几次提到货币的这一作用。③ 例如，斯密在分析重商主义关于财富由货币或金银构成这一见解产生的原因时，就曾指出过货币作为价值尺度的职能。他说：“因为它是价值的尺度，我们使用各种商品所能换得的货币量，来估计其他各种商品的价值。”④

在价值尺度问题上，斯密的认识比斯图亚特有进步之处。斯密比较明确地认识到，货币之所以能成为一切商品的价值尺度，是因为货币本身有价值。他写道：“金银价值对其他货物价值的比例……取决于一定数量金银上市所需要的劳动量对一定数量他种货物上市所需要的劳动量的比例。”⑤ 在这里，斯密把金银和其他商品“上市所需要的劳动量”以及它们之间的比例看做货币执行价值尺度职能的客观基础，这一观点是深刻的，虽然他还缺乏社会必要劳动量的概念。不过，在有些场合，斯密又被表面现象所迷惑，时而认为金银的价值由金银所能买到或支配的劳动量决定，时而认为金银的价值由工资、利润、地租三种收入构成，时而又认为金银的价值主要来自金银的稀缺性。斯密的这些庸俗观

① 《马克思恩格斯全集》，第13卷，155页。

② 参见亚当·斯密：《国民财富的性质和原因的研究》，上卷，34、41页；下卷，1、2页。

③ 参见《亚当·斯密关于法律、警察、岁入及军备的演讲》，197、198、199、203页。

④ 亚当·斯密：《国民财富的性质和原因的研究》，下卷，2页。

⑤ 亚当·斯密：《国民财富的性质和原因的研究》，下卷，302页。

点同他的科学观点是格格不入的。

和斯图亚特相似，斯密也区分了价值尺度和价格标准。他所说的“价值的自然标准”实际上是指价值尺度，“数量的自然标准”实际上是指价格标准。前者使一切商品有了共同的价值尺度，后者“使得同等的数量能有同等的价值”①。斯密研究了历史上各个国家的货币名称同作为价格标准的贵金属重量名称之间的关系。他说：“一切国家的铸币，似乎都是以相当于金银的重量的名称为名，而且含有所表示的重量单位。英国的镑，最初似乎含有一磅重的纯银。”② 斯密还指出，世界各国的君主都很贪婪，他们不断削减货币最初所含的金属的实际分量，致使货币名称同作为价格标准的重量名称相分离。他的这些论述，是符合历史事实的。

在上述分析的基础上，斯密正确地区分了“货币价值”的“两种变动”：一是由于同一名称铸币在各个时代所含金银分量不同而产生的变动，二是由于同一分量的金银的价值在各个时代各不相同而产生的变动。③ 但是，斯密不懂得，金银价值的变动既不妨碍它们执行价值尺度的职能，又不妨碍它们执行价格标准的职能。他竟错误地认为，金银价值本身会不断变动，因而也不是计量其他商品的准确的价值尺度。由此，他企图寻找“不变的”价值尺度。这种企图，同他关于货币的商品性质的观点是相违背的。在资产阶级政治经济学史上，斯密关于“不变的”价值尺度的错误观点，流传了很久，影响很深。

斯密在研究货币的价值尺度职能时，注意到价值尺度的多重化同货币作为价值尺度之间的矛盾。在铸造铜币、银币和金币的三种金属中，一种金属价值的变动，特别是金的价值的变动，会带来很大的麻烦。例如，当本国金的价值提高时，银就会外流，因为金在本国比在外国可以买到更多的银。斯密认为，在此情况下，本位金属和非本位金属的区别具有重要意义。在价值尺度三重化的国家中，人们事实上都在金币、银币、铜币三种价值尺度中选定一种作为主要的价值尺度。

---

① 《亚当·斯密关于法律、警察、岁入及军备的演讲》，197页。

② 《亚当·斯密关于法律、警察、岁入及军备的演讲》，199页。斯密还说过：“那些铸币的名称，看来原要表明内含的重量或数量。……苏格兰币一镑，自亚历山大一世至布鲁斯时代止，都含有与一镑英币同重量同纯度的一镑银。英格兰、法兰西和苏格兰的货币一便士，最初都含有重一便士的银，即一盎司的1/20的银，或一镑的1/240的银。先令最初似亦系重量名称。”——《国民财富的性质和原因的研究》上卷，23～24页。

③ 参见亚当·斯密：《国民财富的性质和原因的研究》，上卷，30页。

(二) 流通手段和支付手段

货币作为流通手段和支付手段的职能，引起了斯图亚特的注意。他知道，作为价值尺度，货币可以是观念货币，然而，货币无论是作为流通手段，还是作为支付手段，都必须是实际的货币。因此，斯图亚特把流通手段和支付手段放在一起讨论，说："货币在国内流通中的用途可以归结为两个要点：用来支付债务和用来购买所需要的东西。"① 他提出，流通中的货币量就是由作为支付手段和流通手段的需要量这两个组成部分构成的。

对于货币作为流通手段的职能，斯密做了比较充分的论述。斯密的高明之处在于，他事实上是把价值尺度和流通手段作为货币的基本职能来说明的。在《演讲》中，斯密"把货币首先作为价值的尺度，其次作为交易的媒介"② 来叙述。关于货币的两个基本职能的关系，他说："由于金银成为价值的尺度，它也就成了交易的工具。……人们把已经看做价值的尺度的东西，同时用做交易的手段。"③ 在《国民财富的性质和原因的研究》中，斯密又把货币的两个基本职能叫做货币的"两重作用"："货币是交易的媒介，又是价值的尺度"④。

关于货币作为流通手段的职能，斯密写到，货币"成为一切文明国商业上的通用媒介。通过这媒介，一切货物都能进行买卖，都能相互交换"⑤。没有货币这个流通手段，人们交换时十分困难。卖肉的、酿酒的和烤面包的，如果各自只有自己的产品，而没有一种交易的媒介，那么他们之间的交易就可能无法进行。有了货币这个流通手段，卖肉的需要酒和面包，就不用再把肉直接拿到酿酒的和烤面包的那里去换，而是拿到市场上卖，换成货币，再用货币去买酒和面包。对酿酒的和烤面包的来说，也是如此。斯密看到货币解决了物物交换的困难，热烈赞许货币是流通的大车轮，商业上的大工具。⑥ 但是，斯密只看到货币是商品交换的"媒介"，而没有看到货币同时又是使物物交换分解为两个相互独立的、在时间和空间上相互分离的行为的"媒介"。斯密不知道，在工场手工业时期也还不可能知道，流通之所以能够打破产品交换的时

① 斯图亚特：《政治经济学原理研究》。转引自：《马克思恩格斯全集》，第13卷，156页。

② 《亚当·斯密关于法律、警察、岁入及军备的演讲》，197页。

③ 《亚当·斯密关于法律、警察、岁入及军备的演讲》，198页。

④ 斯密：《国民财富的性质和原因的研究》，下卷，1页。

⑤ 斯密：《国民财富的性质和原因的研究》，上卷，25页。

⑥ 参见斯密：《国民财富的性质和原因的研究》，上卷，267页。

间、空间和个人的限制，正是因为它把物物交换的直接的同一性，分裂成了卖和买的对立，而危机的形式上的可能性已经孕育在这种对立之中。

斯密详细地研究了作为流通手段的贵金属成为铸币的过程。他说，贵金属充当交易媒介物，遇到了两大麻烦：一是称重量，二是检验纯度。“所以，进步国家，为了避免此种弊害、便利交易、促进各种工商业发达起见，都认为有必要，在通常用以购买货物的一定分量的特定金属上，加盖公印。于是就有了铸币制度和称为造币厂的官衙。”① 斯密指出，各国君主常常有意削减铸币的金属含量，以不足值的轻币偿还债务和履行各种契约。其他债务人当然也就可以像国家那样以贬值的轻币偿还旧债。这有利于债权人而有损于债务人。

为了比较斯图亚特和斯密对重币债务轻币偿还的态度，这里有必要提一下英国 17 世纪末著名的洛克和朗兹论战。威廉三世即位时，1 盎司银的造币局价格为 62 便士，而 1 盎司银的市场价格却高达 75 便士。这就是说，银币的实际重量小于它的名义重量。在决定普遍重铸时，财政部秘书朗兹声称，由于 1 盎司银的“价值”已经提高，因此它不能再铸成以前的 62 便士，而应当铸成 75 便士。对于朗兹的挑战，洛克起来应战。他力主新铸币保持原有的法定含银量，坚决反对朗兹提出的降低新铸币的法定含银量的主张。这是一场很有意思的论战。朗兹从作为债务人的国家的立场出发，在坚持货币计算名称或货币名目的形式下维护货币的金属含量。洛克从作为债权人的金融贵族的立场出发，在反对货币计算名称或货币名目的形式下维护货币的金属含量。前者的理论形式是错误的，然而，他维护货币的金属含量是为了坚持国债债务人用轻币借的债不能用重币归还这一正当的实际要求；后者的理论形式比较正确，然而他维护货币的金属含量则是为了坚持国债债权人用轻币放的债要用重币收回这一不正当的实际要求。这场论战以洛克对朗兹的胜利而告终，实际上是以国债债权人对国债债务人的胜利而告终。

对于 17 世纪末洛克和朗兹的论战，在 18 世纪中期，斯图亚特直接表达了自己的态度，而斯密则间接地表达了自己的态度。

斯图亚特明确指出，朗兹提出问题的立场是错误的。这是因为，第一，朗兹断言，他的方案不是降低过去的标准；第二，朗兹把金银条块

① 亚当·斯密：《国民财富的性质和原因的研究》，上卷，22 页。

涨价说成是银的内在价值造成的，而不是用来购买银的那种铸币重量不足造成的。说到洛克，斯图亚特认为，洛克只提出了朗兹的方案是否包括降低标准的问题，而没有研究签订了长期契约的人的利益。斯图亚特对论战双方的总的评论是：朗兹和洛克只是十分肤浅地分析了改变标准对于债务人和债权人的相互关系的影响。他讽刺地总结这场交易，说：由于提高了标准，政府在赋税上大占便宜，债权人在资本和利息上大占便宜，而承担主要损失的国民也很满意，因为他们的标准没有降低。因此，这三方皆大欢喜。斯图亚特对这场论战所做的评论，可以说是具有某种历史性的。

斯密没有直接对洛克和朗兹的论战进行评论，但他对以不足值的轻币偿还债务的社会后果深感不安。斯密说，有意削减铸币的金属含量以便用轻币偿还债务的措施，显然有利于债务人而有损于债权人，因而“产生了比公共大灾祸所能产生的大得多、普遍得多的个人财产上的革命”①。虽然斯密和洛克一样维护作为国债债权人和其他债权人的利益，但是他只坚持以重币借的债不应当用轻币来还这一正当要求，而不像洛克那样坚持国债债权人以轻币放的债要以重币归还这一不正当的要求。斯图亚特比较多地站在历史的基础上，因而能够比较客观地对洛克和朗兹的论战做出相当有深度的论述，而斯密只从债权人的利益出发来观察问题，对债权人“个人财产上的革命”深表忧虑，因而不大可能得出斯图亚特得出的具有某种历史性的评论。

关于纸币问题，斯图亚特和斯密都有所论述。斯图亚特认为，象征性的货币可以代替金银币进入流通。他说：“如果金和银的数量低于流通所需要的水平，人们会用象征性的货币或其他辅助手段来代替金银。”② 又说：“至于纸币，只要它达到第一个目的，即满足了借钱人的需要，就会回到债务人手里而被实现。”③ 但是，斯图亚特还没有把象征性的货币和信用货币这两种货币形式区分开。和斯图亚特不同，斯密事实上是把纸币作为流通手段的货币符号来研讨的。既然货币是流通的大车轮，商业的大工具，那么斯密就必然从逻辑上认为纸币是流通的新车轮，商业的新工具。这种新车轮和新工具不同于旧车轮和旧工具的一

---

① 亚当·斯密，《国民财富的性质和原因的研究》，上卷，24页。

② 斯图亚特：《政治经济学原理研究》。转引自：《马克思恩格斯全集》，第13卷，156页注③。

③ 斯图亚特：《政治经济学原理研究》。转引自：《马克思恩格斯全集》，第13卷，156页。

个显著特点，是造价和维持费用低廉。而纸币给流通带来的方便，并无异于金银币。

斯密认为，纸币代替金银币成为流通手段，有利于经济的发展。他的理由是这样的。假定一国流通中的货币原来为 100 万镑金银币，正好满足商品流通的需要。现在银行系统发行纸币 100 万镑，要留 20 万镑金银币作为准备金。这样，在流通渠道中一共注入 180 万镑货币（其中纸币 100 万镑，金银币 80 万镑），超过了需要。多余的 80 万镑货币就会溢出流通渠道，流往国外，以寻求国内所没有的有利用途。纸币在国外是不能流通的，因此，流到国外的必然是 80 万镑金银币，充满国内流通渠道的则是 100 万镑纸币。斯密说："所以，这巨量的金银，就像新创的基金一样，可用以开办新的事业。国内事业，现由纸币经营，金银就移转过来，作为这种新事业的基金。"① 又说："如果以纸币代替，流通所需要的金银量减少到等于原先的五分之一，那么，其余那五分之四，若有大部分是加在维持产业的基金内，那当然会大大增加产业的数量，因而会大大增加土地和劳动的年产物的价值。"② 在《演讲》中，斯密曾经把货币比做公路，说虽然公路本身并不生产谷物和草，但它能促进谷物和草在国内流通。③ 在《国民财富的性质和原因的研究》中，斯密继续运用这一比喻，进一步说，纸币代替金银币，使不生产谷物和草的公路变成了良田和牧场，从而大大增加了土地和劳动的年产量。④ 后面在讨论斯密关于纸币流通规律的学说时就会看到，他尽管如此颂扬纸币的神奇作用，但是对于失去控制的纸币发行可能引起的社会灾难，是十分害怕的。

斯图亚特曾经提到货币作为支付手段的职能，可是斯密对此几乎没有论述。斯图亚特对象征性货币和信用货币未做区分，与此相似，斯密在一些场合也把纸币和银行券混为一谈。他们都不知道，信用货币是从货币充当支付手段的职能中产生的，而纸币则是从货币充当流通手段的职能中产生的。

（三）贮藏手段

关于货币充当贮藏手段的职能，斯图亚特的论述值得注意。他说，

---

① 亚当·斯密：《国民财富的性质和原因的研究》，上卷，270 页。

② 亚当·斯密：《国民财富的性质和原因的研究》，上卷，272 页。

③ 参见《亚当·斯密关于法律、警察、岁入及军备的演讲》，204 页。

④ 参见亚当·斯密：《国民财富的性质和原因的研究》，上卷，295 页。

流通中多余的铸币会锁起来，“当作贮藏货币堆积起来”①。斯图亚特已经懂得，货币贮藏可以像蓄水池一样自行调节货币流通量。他这样写道：“商品的市场价格是由需求和竞争（demand and competition）的复杂作用决定的，需求和竞争同一国中存在的金银数量完全无关。那末，不需要用作铸币的金银又怎样呢？它们当作贮藏货币积累起来，或当作奢侈品的原料被加工。如果金和银的数量低于流通所需要的水平，人们会用象征性的货币或其他辅助手段来代替金银。如果一个有利的汇率使国内货币过剩，同时又切断了把它运出国外的需要，那末货币常常就会在保险箱里堆积起来，就像躺在矿山里一样无用。”② 不过，他只说到货币贮藏蓄水池的一方面的作用，即超过流通需要的金银可以退出流通，成为贮藏货币，而没有论及货币贮藏蓄水池的另一方面的作用，即现有金属货币不能满足流通需要时，部分贮藏货币又可以进入流通，成为流通手段。

斯密没有能够继承和发展斯图亚特关于贮藏手段职能的思想。他除了提到一个国家的一部分金银当做贮藏货币用来平衡国际支付之外，甚至几乎没有论述贮藏手段这一职能。他在说到流通中的金属货币过多或不足时，想到的只是过多的部分会全部流出国外，不足的部分会全部从国外流入，而没有首先想到会流进或流出货币贮藏的蓄水池。

（四）世界货币

关于货币充当世界货币的职能，在斯图亚特和斯密的著作中都有颇为精彩的说明。斯图亚特明确地指出，金银的特征是世界货币。他知道，纸币只能在国内流通领域中充当流通手段和支付手段，但不能充当世界货币。只有金银，才能越出国内流通领域，在世界市场上充当一般等价物。斯图亚特的名言是：纸币是“社会的货币”（money of the society），而金银是“世界的货币”（money of the world）。③

斯密用自己的语言表述了斯图亚特提出的世界货币学说。他把整个世界市场叫做“大商业共和国”，把世界货币叫做“大商业共和国的货币”④。斯密说：“在一切大商业国中，还有大量金银块交替地输入和输

① 斯图亚特：《政治经济学原理研究》。转引自：《马克思恩格斯全集》，第13卷，157页。

② 斯图亚特：《政治经济学原理研究》。转引自：《马克思恩格斯全集》，第13卷，156页。

③ 参见斯图亚特：《政治经济学原理研究》。转引自：《马克思恩格斯全集》，第13卷，157页。

④ 亚当·斯密：《国民财富的性质和原因的研究》，下卷，15页。

出，以经营国外贸易。这种金银块像国币在国内流通一样地在各商业国之间流通，可以被看做大商业共和国的货币。国币的流动及其方向，受流通本国境内的商品的支配，大商业共和国的货币的流动及其方向，则受流通于各国间的商品的支配。二者都用来便利交换，一则用于同一国家的不同个人之间，一则用于不同国家的不同个人之间。”① 斯密清楚地知道，执行世界货币职能的，必须是金银。纸币只能在一国社会上通用，金银则能在世界上通用。

三、货币流通规律

斯图亚特对古典货币理论的一个重要贡献，是他在批判货币数量理论的基础上，发现了货币流通的一般规律，也就是发现了商品流通过程中货币需要量的一般规律。

斯图亚特是货币数量理论的坚决反对者，他的货币理论是从批判休谟等人的货币数量理论开始的。休谟等人机械地把商品放在一边，把货币放在另一边，得出了一直影响到李嘉图的货币数量理论。斯图亚特把休谟的理论概括为：（1）一国中商品的价格决定于国内存在的货币量，包括实在的货币和象征性的货币；（2）一国中流通着的货币代表国内现有的所有商品，货币数量不同，每一单位货币代表的商品数量也就不同；（3）如果商品增加，那么商品的价格就降低，货币的价值就提高，反之，如果货币增加，那么商品的价格就提高，货币的价值就降低。和休谟不同，斯图亚特不是把商品和货币机械地分别放在两边，而是通过商品交换本身的各种因素来说明货币问题。

斯图亚特有意识地把自己的货币理论同数量理论对立起来，在政治经济学史和货币理论史上第一个提出了是流通中的货币数量决定于商品价格，还是商品价格决定于流通中的货币数量的问题。他认为，流通中的货币数量必须同进入市场的商品价格相适应。如果流通中的货币数量太少，同进入市场的商品价格不相适应，那么人们就会用象征性的货币作为补充手段来代替金银。如果金属货币太多，超过了进入市场的商品流通的需要，那么多余的金银就会成为贮藏手段，不会引起价格的上涨。斯图亚特写道：“每个国家的流通，必须同生产投入市场的商品的

① 亚当·斯密：《国民财富的性质和原因的研究》，下卷，15～16页。

居民的生产活动相适应……因此，如果一国的硬币太少，与提供销售的产业活动的价格不成比例，人们就会想出象征性的货币之类的办法为此创造一个等价物。但是，如果金属货币在比例上超过了产业活动的规模，它就不会使价格提高，也不会进入流通：它将当作贮藏货币堆积起来……一国的货币数量不论比世界上其他部分大多少，留在流通中的只能是同富者的消费和贫者的劳动和产业活动大致成比例的数量。"① 类似的话，斯图亚特不止一次地讲过。

由此可见，斯图亚特不仅提出而且正确地解决了问题：不是流通中的货币数量决定商品价格，而是商品价格决定流通中的货币数量。金属货币数量的多少同商品价格水平的高低没有关系。这就是斯图亚特对流通中的货币数量和商品价格二者的关系所做的结论。这样，英国议会和经济学界长期争论的商品价格与货币流通量的关系问题，在斯图亚特的著作中就有了明确的答案。英国古典货币理论，在经历了一段曲折的发展道路之后，现在在斯图亚特这里朝着正确的方向迈出了决定性的一步。

在正确地解决商品价格和货币数量的关系的基础上，斯图亚特探讨了流通中所需的货币数量问题。他说，支付债务和购买商品"两者合在一起构成对现金的需要（ready money demands）……商业和工业的状况，居民的生活方式和日常开支，这一切加在一起，调节并决定所需现金的数量，即转移的数量。为了实现这各种各样的支付，必须有一定比例的货币。这个比例虽然在转移的数量不变的情况下，又可以依照情况不同而增减……无论如何，一国的流通只能吸收一定量的货币"②。虽然斯图亚特在这里没有提到货币流通速度，但他实际上已经看出，在货币流通速度不变的情况下，流通中的货币量取决于商品价格总额。他还看出，在存在信用制度的情况下，用现金购买的商品的总额和在规定期限内必须偿还的债务的总额，构成了本期的货币需求量。与此相适应，斯图亚特区分了两种货币流通："自愿的流通"和"非自愿的流通"。前者指用现金购买商品的自愿性支付，后者指债务人在规定期限内必须偿还债款的强制性支付。两种支付的总和就是全部流通所需的货币数量。

斯图亚特从批判数量理论着手研究货币流通规律，这是他的理论的一大优点。和斯图亚特不同，斯密对自己的挚友休谟的数量理论态度暧

---

① 斯图亚特：《政治经济学原理研究》。转引自：《马克思恩格斯全集》，第13卷，157页。

② 斯图亚特：《政治经济学原理研究》。转引自：《马克思恩格斯全集》，第13卷，156页。

昧，甚至一度表示赞赏。他曾经说："休谟……非常巧妙地证明：在一切国家，货币的数量必得和货物的数量维持一定的比例。无论什么时候，如果货币的数量超过上述比例，那么物价就会上涨，使外国人能以较廉于我们的价格在国际市场出售货物。结果货币就将流往外国。反之，无论什么时候货币的数量要是少于上述比例，那么物价就会下跌，使我们能以较廉于外国的价格在国际市场出售货物，结果，大量货币将流入我国。由此可见，在任何国家，货币或货物的数量，总不能和某一定水平相差太多。"① 在《国民财富的性质和原因的研究》中，斯密避开了斯图亚特批判休谟的数量理论的锋芒②，只是把斯图亚特关于货币流通规律的研究成果的结论接了过来。

但是，和斯图亚特不同，斯密只把注意力放在流通中的货币量取决于商品价格总额上，而没有像斯图亚特那样同时注意在规定期限内必须偿还的债务的总额。他这样做，是同他没有认真研究货币作为支付手段的职能相一致的。斯密说，每一个国家的铸币量都取决于该国靠铸币而流通的商品的价值。③ 每一个国家每年买卖的商品的价值，要求有一定量的货币来使商品流通，并把它们分配给真正的消费者，但不能使用比这更多的货币。流通的渠道必然会吸收一个使自己达到饱和的数量，但绝不会容纳更多的数量。④ 如果一国流通的商品减少，那么流通所需的货币量也就减少。⑤ 反之，如果一国流通的商品增加，那么流通所需的货币量也就增加。⑥

斯密在研究流通中所需的货币量时，把一个国家的流通分成两个不同的领域：一是实业家（指全体商人、制造业者、手工业者等）之间的流通，一是实业家和消费者之间的流通。他认为，即使同一些货币，也可以时而用于这个流通领域，时而用于那个流通领域，但这两个流通过

---

① 《亚当·斯密关于法律、警察、岁入及军备的演讲》，209 页。

② 马克思在评论斯密时说过："当明确的表述迫使他同前辈清算的时候，他不止一次地避开了问题的锋芒。在货币理论上就是这样。"——《马克思恩格斯全集》，第 13 卷，158 页。在个别场合，斯密不得不对数量理论进行批判。例如，他写道："有人说，纸币增加，由于增加通货总量，从而减低全部通货价值，所以，必会提高商品的货币价格。这话，不见得可靠，因为有多少纸币加进来，就有多少金银会改做他用，所以，通货的总量，不一定会增加。"——《国民财富的性质和原因的研究》，上卷，298～299 页。

③ 参见亚当·斯密：《国民财富的性质和原因的研究》，下卷，12 页。

④ 参见亚当·斯密：《国民财富的性质和原因的研究》，下卷，13 页。

⑤ 参见亚当·斯密：《国民财富的性质和原因的研究》，上卷，312 页；下卷，13 页。

⑥ 参见亚当·斯密：《国民财富的性质和原因的研究》，上卷，181、313 页。

程是不断同时进行的，因此，要使流通进行下去，就各自都需要一定量的货币。各种实业家之间流通的商品的价值，绝不能超过实业家和消费者之间流通的商品的价值，因为无论实业家购买什么，最终必然会卖给消费者。斯密认为，实业家之间的交易往往是批发，所以每次都要有大量货币，实业家和消费者之间的交易往往是零售，所以每次只要少量货币。

在讨论实业家之间的流通以及实业家和消费者之间的流通时，斯密提出了货币流通速度和流通中所需的货币量的关系问题。诚然，他曾经以不可知论的观点对待这一问题，说："一国流通的货币，对于靠它而流通的货物的价值，究竟保持着什么比例，也许没有确定的可能。有人说是一比五，又有人说是一比十、一比二十、一比三十。"① 但是，当他比较深入地观察问题时，他发现，货币流通速度直接影响流通中的货币量。斯密写道："少量货币流通得比大量货币快得多。一先令比一几尼流转得快，半便士又比一先令流转得快。因此，以年计算，全部消费者所购买的价值，虽至少应等于全部商人所购买的价值，但消费者每年购买所需的货币量，比较起来却少得多。由于流通速度较快，同一枚货币，作为消费者购买手段的次数，比作为商人购买手段的次数多得多。"②

在斯密的上述议论中，正确的因素是，他看出了一定期间内商品流通所需的货币量除了取决于流通中的商品价格外，还取决于货币流通速度。但是，斯密在这里提出的全部消费者所购买的价值应等于全部实业家所购买的价值的命题是错误的，这是根据他的全部产品分解为收入的错误观点引申出来的错误结论。斯密的信条有时甚至使他做出"一国每年所能通用的货币量，取决于每年在国内流通的消费品的价值"③ 这一极端片面的结论。后来，追随古典学派的英国资产阶级经济学家托马斯·图克在《对货币流通规律的研究》一书中，根据斯密关于实业家之间流通的商品价值不能超过实业家和消费者之间流通的商品价值的错误论断，研究了关于实业家之间流通的货币量同实业家和消费者之间流通的货币量的比率，得出了实业家之间的交换总额必须由实业家和消费者之间的交换总额决定并受它限制的错误结论。事实上，实业家之间的贸易规模绝不会等于实业家和消费者之间的贸易规模，只要不忘记不变资

① 亚当·斯密：《国民财富的性质和原因的研究》，上卷，272页。

② 亚当·斯密：《国民财富的性质和原因的研究》，上卷，296页。

③ 亚当·斯密：《国民财富的性质和原因的研究》，上卷，312页。

本，就不难发现，实业家之间流通的价值总额同实业家和消费者之间流通的价值总额是两个不等的量。

斯密在探讨纸币流通规律方面作出了开创性的贡献。尽管斯密称颂纸币的神奇作用，但是，约翰·罗在法国的历史教训以及英国银行过多发行纸币引起混乱的现实，使斯密对纸币过剩的问题还是深表忧虑。在对英国纸币过剩的事实进行了大量论述之后，斯密说："必须承认，有了这种设施（指以纸币代替金银——引者），国内工商业，固然略有增进，但用比喻来说，和足踏金银铺成的实地相比，这样由纸币的飞翼飘然吊在半空，是危险得多的。管理纸币，若不甚熟练，则不用说了，即使熟练慎重，恐也仍会发生无法制止的灾祸。"①

这样，探索纸币流通量的规律，便成为斯密的一项十分迫切的任务。在探索过程中，斯密得出了一个十分重要的结论："任何国家，各种纸币能毫无阻碍地到处流通的全部金额，绝不能超过其所代替的金银的价值，或（在商业状况不变的条件下）在没有这些纸币的场合所必须有的金银币的价值。"② 这就是李嘉图所说的斯密规律。这一见解是相当精辟的，它表明斯密已经初步看出纸币流通量的规律取决于金银币流通量的规律。

斯密认为，由于银行不够"谨慎"，由于所有银行未必都理解自身的"利益"，所以，流通中纸币过剩的现象就常常发生。过剩的纸币，既不能在国内流通，又不能输出国外，唯一的出路就是回到银行兑换金银。斯密试图用银行自身的利益来规劝银行谨慎从事，不要发行过多的纸币。他说，如果银行发行的纸币过多，超过了国内流通的需要，那么过剩的部分就会倒流进银行来兑换金银。这时，银行不仅要按照纸币过剩的比例准备金银铸币，而且要按更大的比例准备金银铸币，因为纸币倒流进银行的速度将比纸币超额发行量增长的速度更快。这样就会大大增加银行的费用。例如，银行发行四万镑纸币，通常需要准备一万镑金银。现在超额发行四千镑纸币，银行就不是必须准备一万一千镑金银，而是必须准备一万四千镑金银。这样，过剩纸币的发行不但无益，而且有害，因为它使银行的费用大为增加。斯密就这样用银行自身的利益规劝银行不要超额发行纸币，而他的社会目标则是避免滥发纸币造成的无法制止的灾祸。

① 亚当·斯密：《国民财富的性质和原因的研究》，上卷，295页。
② 亚当·斯密：《国民财富的性质和原因的研究》，上卷，275页。

四、信用货币

在信用货币理论方面，斯密远远超出了斯图亚特。斯图亚特说过，当金银币不足时，人们会用“象征性的货币”和其他“辅助手段”来代替。他发现，以信用为基础的流通会回到自己的出发点。对于象征性的货币或其他辅助手段的形式、作用，象征性货币和信用货币的区别等，斯图亚特并未做充分的研究。亚当·斯密在信用货币理论方面是颇有建树的。他研究了信用货币的基础，讨论了他那个时代的信用货币的形式和发行方法，分析了信用货币的作用和流通。马克思高度评价了斯密的信用货币理论，指出：“亚当·斯密关于信用货币的观点是独创的而且深刻的。”①

在把纸币作为流通手段的货币来论述的过程中，斯密又往往把纸币和信用货币等同起来，也就是把作为流通手段的货币和作为支付手段的信用凭证等同起来。例如，斯密在说“纸币有好几种，各不相同”②时，就把银行券看做最普通、最适用的纸币。

斯密正确地认为，信用货币之所以能够代替货币进入流通，是因为它以信用为基础，能够随时兑换现金。在论及银行券这种信用货币的基础时，斯密写道：“一国人民若相信某银行家资产雄厚、行为诚实、处事谨慎，换言之，相信他有随时兑换现金的能力和意思，那银行家发行的钞票，便可在社会上通用，无异于金币银币。”③ 这样，银行券这种信用货币便成了以信用为基础的货币符号。

斯密研究了银行券这种信用货币的发行方式。他看到，银行发行这种信用货币的主要方法是对未到期的期票办理贴现，另一种方法是对实业家发放贷款。斯密称前者是“贴现汇票”，称后者是“现金结算”。关于“贴现汇票”，斯密解释说，这种方法就是，银行“垫付货币，收买未满期的汇票。汇票不等期满，即可持票往银行预贷现金。银行方面，就计算到期应收的利息，在全部贷款额中扣除。到期后，汇票的兑付，既可偿还银行预贷出去的价值，还会带来利息形式的纯利润。银行贴现

① 《马克思恩格斯全集》，第13卷，158～159页。

② 亚当·斯密：《国民财富的性质和原因的研究》，上卷，268页。

③ 亚当·斯密：《国民财富的性质和原因的研究》，上卷，268页。

汇票，是以本银行发行的钞券支付，并不是以金银支付”①。关于“现金结算”，斯密解释说，这种方法就是，“随便哪一个人，只要他找到两个有确实信用并有确实地产的保证人担保，并允诺在银行要求偿还时即如数还清所借金额及其法定利息，就可向银行借一定数额的款项……可以随时分期还款……银行方面就从每次收款的日期起，至全数偿清的日期止，计算每次所收回的数额，并在全部金额的利息中，减少相应数目的利息。……在顾客借货币时，银行大都以本银行的钞票付给”②。斯密看到，银行办理贴现，使实业家的票据债权变成现金，给实业家带来便利。银行向实业家发放信用贷款，使实业家迅速增加资本，给实业家带来更大的便利。因此，信用货币可以有力地推动资本主义经济的发展。

但是，斯密担心，银行券这种信用货币有可能超额发行。为了防止银行券过剩，斯密提出，银行办理贴现的票据，必须是实际债权人向实际债务人开出的、到期就立即兑现的票据。“要是银行只和这类顾客来往，银行的金柜，就像一个水池，虽有水不断流出，但也有水不断流入，出入数量相等，因此，积水常常一样充满，或几乎一样充满，无须时刻留神。”③ 相反，如果办理贴现的票据不是这种实际票据，而是套取贷款的“循环汇票”即融通票据，那么，银行必然流出多而流入少，贷出数额大于偿还数额，结果是，银行券发行过多，超过了国内在没有这种信用货币时流通所需的金银的价值。这时，超额发行的银行券就会流回银行，要求兑换金银币。

为了防止银行券过剩，斯密还提出，银行给予贷款的实业家，必须是向银行偿还的数额和银行贷给的数额通常相等的实业家。“在相当期间内，顾客偿还的数额，若大多等于贷出的数额，那就可证明银行贷给他的纸币额，并没有超过他在无银行贷借的场合为应付不时之需所必须保留的金银量，从而可以证明发出去的纸币额，也未曾超过国内在无纸币的场合所应流通的金银量。”④ 相反，银行同样会流出多而流入少，贷出数额大于偿还数额，造成银行券过剩。过剩的银行券同样会流回银行，要求兑换金银币。

---

① 亚当·斯密：《国民财富的性质和原因的研究》，上卷，273～274页。
② 亚当·斯密：《国民财富的性质和原因的研究》，上卷，274页。
③ 亚当·斯密：《国民财富的性质和原因的研究》，上卷，280页。
④ 亚当·斯密：《国民财富的性质和原因的研究》，上卷，281页。

斯密的上述议论表明，他已经知道以信用为基础的流通的特点，即，在商业票据流通的基础上出现的以银行信用为基础的银行券，在数量上要受交易需要的限制和调节，超过交易需要的部分都会回到它的发行者银行那里去。

五、斯图亚特和斯密的货币理论的关系

斯密的货币理论同斯图亚特的货币理论之间的关系，是政治经济学史上一个耐人寻味的问题。斯密熟悉洛克、休谟和坎蒂隆等人的货币理论，更熟悉斯图亚特的货币理论。然而，值得注意的是，斯密在自己的著作中公开引证过洛克、休谟和坎蒂隆，唯独只字不提斯图亚特。

马克思仔细地比较了斯密和斯图亚特的货币理论，发现斯图亚特的理论是斯密的理论的秘密源泉。斯图亚特 1767 年出版的《政治经济学原理研究》被斯密 1776 年出版的《国民财富的性质和原因的研究》盖了过去。英国经济学界和公众的注意力开始从曾经最有威望的经济学家斯图亚特转向亚当·斯密。此后，斯图亚特逐渐被公众甚至经济学家所遗忘，甚至被当做一条“死狗”，而斯密却被看做斯图亚特的货币理论的创立者。关于这一数典忘祖的情况，马克思写道：“法的历史学派所说的‘历史’发展的民族有一个特点，就是经常忘记自己的历史。因此，虽然商品价格对流通手段量的关系这个争论问题，在这半个世纪中一直惊动着议会，在英国为它出版了成千种大大小小的书刊，但是斯图亚特依然是‘死狗’，有过于莱辛时代的莫泽斯·门德尔森眼中的斯宾诺莎。连最新的《currency》［‘通货’］史家麦克拉伦都把亚当·斯密看作斯图亚特学说的创立者，正如把李嘉图看作休谟学说的创立者一样。”①

在比较斯密和斯图亚特、李嘉图和休谟之后，马克思认为，李嘉图曾使休谟的学说更加完善，而斯密却只把斯图亚特的研究成果当做死的事实记录下来。马克思指出，斯密“偷偷地采用了斯图亚特的理论”，他“把他的苏格兰格言‘得到了一点，就不难得到许多，但是困难就在于得到这一点’，也用到精神财富上，因而小心翼翼地隐瞒了他实际上借以得到许多的那一点的来源”②。

① 《马克思恩格斯全集》，第 13 卷，157～158 页。

② 《马克思恩格斯全集》，第 13 卷，158 页。

斯密是一位治学态度严肃的学者，按说不应当隐瞒自己的理论来源。他这样做，也许是出于这样的考虑：斯图亚特同觊觎王权的查理·爱德华·斯图亚特有瓜葛，而斯密本人的政治倾向使他自己感到有必要同斯图亚特划清政治界限。他这样做，也许还出于这样的考虑：斯图亚特在一定程度上主张国家干预和保护主义，而斯密本人则坚决主张自由放任和自由贸易。

在货币理论方面，斯密的《国民财富的性质和原因的研究》和斯图亚特的《政治经济学原理研究》之间确实存在马克思所揭露的那种秘密联系。不过，我们在理解马克思的这一论述时，有一个情况也应加以考虑。这个情况就是，《国民财富的性质和原因的研究》中的货币理论除了来源于斯图亚特之外，还部分地来源于斯密本人在格拉斯哥大学发表的关于法律、警察、岁入和军备的演讲。尽管现在对这一演讲发表的时间存在意见分歧，但是有一点各方的看法是一致的，这就是，斯密的演讲和斯图亚特的《政治经济学原理研究》中的经济理论，是他们各自独立地创立的，没有证据可以证明他们之中谁受了谁的影响，或者他们之间存在相互影响。

马克思关于斯图亚特是斯密的秘密源泉的结论，是在没有看到过斯密在格拉斯哥的演讲的情况下得出的。可以设想，马克思如果读过斯密的演讲，那么是有可能对这一结论做某种补充说明的。马克思在《政治经济学批判》的校正本和《资本论》第一卷中关于评价斯密的货币理论的注释中，为我们的这一设想提供了根据。在《政治经济学批判》中，马克思曾经批评斯密“把流通中的铸币量问题悄悄地抹掉了，因为他完全错误地把货币当作单纯的商品”①。后来，马克思进一步研读《国民财富的性质和原因的研究》，发现斯密对流通中的货币量曾经有所论述，便在《政治经济学批判》的校正本上对上面的这句话加了一个注：“这句话不确切，有些地方亚当·斯密正确地说出了这个规律。”② 之后，在《资本论》第一卷中，马克思对此又做了补充说明：“这句话只是对于亚·斯密专门论述货币的那些地方才是适用的。例如，在批评以前的政治经济学体系时，斯密偶尔说出了正确的看法。”③ 马克思紧接着从《国民财富的性质和原因的研究》第四篇“论政治经济学体系”第一章

① 《马克思恩格斯全集》，第13卷，158页。

② 《马克思恩格斯全集》，第13卷，158页注②。

③ 《马克思恩格斯全集》，第23卷，143页注（78页）。

“商业主义或重商主义的原理”中引证了斯密的两处正确的论点。马克思的这种实事求是的科学态度，为我们提供了光辉的范例。

六、斯图亚特和亚当·斯密的货币理论的历史地位

斯图亚特提出货币是一切可让渡物的最适当的等价物，通过商品交换本身的各种因素说明了货币的各种职能，第一个提出并回答了是流通中的货币量决定于商品价格还是商品价格决定于流通中的货币量的问题，发现了在流通速度不变时流通中的货币量取决于用现金购买的商品价格总额和到期的债务总额的规律，从而把威廉·配第奠基的古典货币理论提到了一个崭新的高度。斯图亚特的贡献使他在货币理论史上占据了令人瞩目的重要地位。

斯图亚特对古典货币理论的发展起了决定性作用。但是，在他的货币理论中，就像在他的全部经济理论中一样，仍然可以看到重商主义残余的影响。例如，他看到英国和欧洲大陆上的一些国家把超过流通所需要的金属货币输出到货币利息高的国家这一事实，便认为“欧洲最富的国家就流通中的金属货币而言，可以是最穷的国家”①。这说明他还没有完全摆脱金银占有量是衡量一个国家的贫富程度的标准之一重商主义观点。

斯密坚持货币的商品性质，看出了交换关系的发展导致货币的产生，研究了货币的基本职能，探讨了金属货币、纸币和信用货币的流通规律，从而使斯图亚特的货币理论得到了继承和发展。

斯密的货币理论在英国古典货币理论中也是引人注目的。那种认为斯密著作中没有货币理论的论断，难以令人信服。当然，斯密在批判重商主义关于只有货币是财富的观点时，自己往往也走向了极端。例如，他认为，商品流通中所需的货币愈多，商品的数量就愈少，一国的货币增加，贫困程度也就加深等，这就妨碍到他科学地认识货币流通问题。正如马克思在评论斯密时说：“反对重商主义幻想的激烈论战，使他不能客观地理解金属流通的现象。”② 但是，瑕不掩瑜，斯密的货币理论的古典光辉是不会因此而泯灭的。

斯图亚特的货币理论是斯密的货币理论的一个重要来源，而斯密的

---

① 斯图亚特：《政治经济学原理研究》。转引自：《马克思恩格斯全集》，第13卷，157页。

② 《马克思恩格斯全集》，第13卷，159页。

货币理论则是马克思的货币理论的一个重要来源。斯密小心翼翼地掩盖了斯图亚特的理论是他的理论的秘密来源这一情况。与此形成鲜明对照的是，马克思公开宣告："我的价值，货币和资本的理论就其要点来说是斯密—李嘉图学说的必然的发展。"①

① 《马克思恩格斯全集》，第23卷，19页。

古典优势原理及其演变*

优势原理是英国古典学派经济理论遗产的一个重要组成部分。它不仅在政治经济学史上产生过深远影响，而且至今仍然是一个重要的现实经济理论课题。

英国古典经济学家使用的“advantage”一词，可以译为“优势”、“利益”、“有利条件”。和它对应的“disadvantage”一词，可以译为“劣势”、“不利”、“不利条件”。在英国古典学派那里，优势有绝对优势和相对优势，或绝对优势和比较优势之分。也就是说，有利条件有绝对有利条件和相对有利条件，或绝对有利条件和比较有利条件之分。同样，劣势也有绝对劣势和相对劣势，或绝对劣势和比较劣势之分。也就是说，不利条件有绝对不利条件和相对不利条件，或绝对不利条件和比较不利条件之分。

在西方资产阶级经济论著中，绝对优势的概念和绝对成本的概念通常具有相同的含义，相对优势或比较优势的概念和比较成本的概念通常具有相同的含义。因此，绝对优势原理也就是绝对成本理论，相对优势原理或比较优势原理也就是比较成本理论。

一、亚当·斯密的优势原理

关于优势原理的起源问题，资产阶级经济学家常常数典而忘其祖。约翰·穆勒曾经认为，政治经济学的优势原理来自托伦斯，李嘉图的优势原理是托伦斯优势原理的直接继续，而穆勒本人的优势原理则是托伦斯—李嘉图优势原理的发展。这种看法影响较广，直至目前，在国外的一些经济学著作中仍然时有所见。有的论著把古典优势原理称为“托伦斯—李嘉图—穆勒优势原理”或“李嘉图—托伦斯—穆勒模型”①，就是这种看法的反映。

---

* 原载《马克思主义来源研究论丛》第2辑，1～43页，北京，商务印书馆，1982。

① 苏联科学院世界经济和国际关系研究所：《现代资产阶级政治经济学批判》，288页，莫斯科，1977。

和穆勒的观点不同，现代西方经济学家大多认为，他们的现代优势原理来源于李嘉图。这些经济学家和穆勒有一个共同之处，就是都不给亚当·斯密以应有的地位。目前，只有为数不多的经济学家认为，古典的和现代的优势原理或贸易理论都直接来自亚当·斯密。① 但是，这一观点的持有者又同其他许多经济学家一样，认为亚当·斯密的优势原理只是绝对优势或绝对成本原理，只有李嘉图才提出了比较优势或比较成本理论。

把斯密的优势原理仅仅归结为绝对优势原理，这种观点早已有之。哈伯勒给绝对优势和比较优势以正式定义②以后，这种观点就更为流行。在我国经济学界，也可以看到这种观点的影响。

上述这些看法，很有重新讨论的必要。

优势概念虽然在重商主义著作中，以及在英国古典政治经济学的奠基人威廉·配第的著作中就可以找到，但是只有在亚当·斯密的《国民财富的性质和原因的研究》中才第一次得到明确的论述。

有一个重要事实为政治经济学史研究者和国际贸易理论家所忽视。这个事实就是，在政治经济学史上首先把优势区分为绝对优势（absolute advantage）和相对优势（relative advantage），把劣势区分为绝对劣势（absolute disadvantage）和相对劣势（relative disadvantage）的，不是别人，正是亚当·斯密③，虽然这些术语在斯密的著作中的含义和后来的不尽相同。

斯密的绝对优势原理是在对重商主义“有利的贸易差额”理论和政策的斗争中提出来的。斯密指责重商主义政策，认为“在重商主义下，消费者的利益，几乎都是为着生产者的利益而被牺牲了，这种主义似乎

① “古典贸易理论以及实质上由古典贸易理论脱胎而来的现代贸易理论，都直接来源于亚当·斯密。”——D. P. 奥布赖恩：《古典经济学家》，170 页。

② 哈伯勒的《国际贸易理论》一书的德文版初版于 1933 年，英文译本初版于 1936 年。他在书中用两个不等式给绝对优势和比较优势分别下了定义。按照他的假设，有 1、2 两个国家，分别生产 a、b 两种商品。绝对优势是 $\frac{a_1}{a_2}<1<\frac{b_1}{b_2}$。这一不等式表明，国家 1 在商品 a 的生产方面居于绝对优势（$a_1<a_2$），国家 2 在商品 b 的生产方面居于绝对优势（$b_2<b_1$）。比较优势是：$\frac{a_1}{a_2}<\frac{b_1}{b_2}<1$。这一不等式表明，同国家 2 相比较，国家 1 在 a、b 两种商品的生产方面都居于绝对优势，然而在商品 a 的生产方面比商品 b 占有更大的优势，即比较优势。——G. 哈伯勒：《国际贸易理论》，129 页，伦敦，1959。

③ 参见亚当·斯密：《国民财富的性质和原因的研究》，下卷，165、166、170 页。

不把消费看做一切工商业的终极目的，而把生产看做工商业的终极目的"①。斯密提出了生产目的问题，他说："消费是一切生产的唯一目的，而生产者的利益，只在能促进消费者的利益时，才应当加以注意。"② 在这里，斯密用抽象的一般生产代替资本主义生产，不是把追逐利润而是把直接满足消费说成这种生产的唯一目的。然而，值得注意的是，斯密把生产目的同优势原理紧密地联系起来，认为要实现生产目的，就必须根据优势进行分工，发展生产，在国内，实行自由放任政策，在国际，开展自由贸易，以便为满足人们的消费提供更多的商品。这就是斯密的基本观点。

在论证上述基本观点时，斯密的起点是个人之间的分工和贸易，终点是国际分工和国际贸易。

当斯密从抽象的人类本性出发论证社会分工的必然性时，他注意的只是互通有无的问题。在他看来，个人之间的贸易只是个人剩余产品的交换，地区之间的贸易只是地区剩余产品的交换，国际贸易只是各国剩余产品的交换。但是，当斯密从充分利用优势出发论证社会分工的必然性时，他注意的是生产成本的降低，是社会劳动的节约。正是在后一场合，斯密提出了颇有创见的论点。他说，每一个精明的家长都知道这一格言：一件物品做比买贵，就宁买不做。裁缝不愿自己做鞋，而是向鞋匠买。鞋匠不愿自己做衣服，而是雇裁缝做。农民既不愿自己做衣服，又不愿自己做鞋，而是雇裁缝和鞋匠做。之所以如此，是因为他们都愿意充分利用自己的优势。他们都感到，为了他们自身的利益，应当把他们的全部精力集中使用到比邻人处于某种优势的方面，而以产品的一部分或同样的东西，即其一部分价格，购买他们所需要的其他任何物品。③ 由此可以看到，斯密要说的是，社会分工可以提高每个劳动者的劳动生产率，提高每个劳动者的产量，从而可以提高社会劳动生产率，提高社会总产量。

斯密直接从个人之间的分工和贸易推论到国际分工和国际贸易。他认为，同个人一样，对于同样的商品，一个国家也要把本国生产的费用和向国外购买的费用加以比较，以便决定是自己生产还是从外国进口。斯密主张："如果其他某个国家供应我们某种商品，比我们自己生产这

---

① 亚当·斯密：《国民财富的性质和原因的研究》，下卷，227页。

② 亚当·斯密：《国民财富的性质和原因的研究》，下卷，227页。

③ 参见亚当·斯密：《国民财富的性质和原因的研究》，下卷，28页。

种商品便宜，那就不如把我们自己的劳动用于我们有某种优势的部门，而用我们自己的劳动的一部分产品向这个国家购买这种商品。”①

斯密认为，一个国家的优势，有的是自然所固有的，如气候、土壤、矿藏以及其他非人力所能控制的相对固定的环境等，有的是后来获得的，如劳动熟练程度和技术等。他把前一种优势叫做自然优势，把后一种优势叫做后来获得的优势。按照斯密的看法，自然优势和后来获得的优势使一个国家在特定商品的生产方面可以节约劳动时间，形成成本优势，从而在国际市场上具有价格优势。因此，每个国家都应当专业化于生产本国拥有优势的商品，不管这种优势是自然优势还是后来获得的优势。斯密提出的原则是：“只要甲国有此优势，乙国无此优势，乙国向甲国购买，总是比自己制造有利。”② 这样可以形成国际分工，这就是以绝对优势为基础的国际分工。

斯密在这里所说的优势，是指一个国家生产某种商品的实际成本即劳动耗费绝对地小于其他国家的优势。③ 这一点，是政治经济学史研究者和国际贸易理论家早就普遍注意到的。

但是，斯密关于相对优势的论点，长期以来没有得到应有的注意。事实上，在《国民财富的性质和原因的研究》中，斯密已经提出了相对优势原理的基本论点。他说：“现在最富裕的国家，固然在农业和制造业上都优于邻国，但制造业方面的优越程度，必定大于农业方面的优越程度。……在农业方面，富国劳动生产力未必都比贫国劳动生产力大得多，至少不像制造业方面的一般情况那样大得多。……尽管贫国的耕作不及富国，但贫国生产的小麦，在品质优良及售价低廉方面，却能在相当程度上与富国竞争。但是，贫国在制造业上不能和富国竞争，至少在富国土壤、气候、位置适宜于这类制造业的场合，贫国不能和富国

① 亚当·斯密：《国民财富的性质和原因的研究》，下卷，28～29页。

② 亚当·斯密：《国民财富的性质和原因的研究》，下卷，30页。

③ 斯密对绝对优势的提法可以说是相当绝对的。他以苏格兰种植葡萄为例说明了绝对优势。在气候寒冷的苏格兰的温室里也能长出非常好的葡萄，酿出非常好的酒。但是，成本是进口同质葡萄酒的30倍。显然，在苏格兰种植葡萄是很不合算的，这样同优势作斗争是白费力气。斯密进一步认为，在生产同一种商品时，如果一个国家的成本比另一个国家多30倍固然不合算，但如果多1/30也不合算，即使只多1/300，也还是不合算。可见，斯密的绝对优势是指两国生产同一商品的绝对成本之比。甲国同乙国的成本之比为1∶30固然表明绝对优势在甲国，但$1:1\frac{1}{30}$也表明绝对优势在甲国，$1:1\frac{1}{300}$还是表明绝对优势在甲国。

竞争。”①

在斯密的这段论述中，至少隐含着这样几点：第一，富有国家的制造业和农业都居于绝对优势，贫穷国家的制造业和农业都居于绝对劣势。第二，对富有国家来说，农业和制造业虽然都居于绝对优势，但是比较而言，制造业的绝对优势比农业的更大；对贫穷国家来说，农业和制造业虽然都居于绝对劣势，但是比较而言，农业的绝对劣势比制造业的要小。因此，第三，贫穷国家只能在农业方面同富有国家竞争，而在制造业方面则不能同富有国家竞争。

斯密上述议论的实质是，富有国家的相对优势在制造业方面，应当专业化于制造业；贫穷国家的相对优势在农业方面，应当专业化于农业。这样可以形成国际分工，这就是以相对优势为基础的国际分工。

由此可见，斯密的优势原理不只是绝对优势原理，它还包含相对优势原理。在斯密的优势原理中，绝对优势概念是最重要的，然而相对优势概念也是不可忽视的。后来李嘉图继承和发展了斯密的优势原理，特别是其中的相对优势概念，系统地提出了比较优势或比较成本学说。

斯密的优势原理的提出，在当时有其理论意义和现实意义。从理论上说，斯密试图说明优势的经济意义在于节约劳动时间。他论证，如果每个人为了自身利益都专业化于生产自己拥有优势的商品，那么他们的劳动生产率就会提高，产品就会增加。这是社会分工的优越性。如果每个国家为了本国利益都专业化于本国拥有优势的商品，那么每个国家的劳动生产率就会提高，产品就会增加。这是国际分工的优越性。个人之间的贸易可以增进贸易参加者的利益，提高贸易参加者的消费水平，国际贸易可以增进贸易参加国的利益，提高贸易参加国的消费水平。从实践上说，斯密竭力反对重商主义政策，反对当时的政府管制，而优势原理正是他的理论武器。他建议各有关国家的政府排除重商主义加在国内贸易和国际贸易上的障碍，指出政府管制会使优势变成劣势。斯密说：“管制的结果是，国家的劳动由较有利的用途改到较不利的用途。其年产物的交换价值，不但没有顺着立法者的意志增加起来，反而一定会减少下去。”② 他主张，在国内实行自由放任政策，在国际实行自由贸易政策，给消费者和生产者以追求自身利益的较大自由，这样就可以消除

① 亚当·斯密：《国民财富的性质和原因的研究》，上卷，7～8页。

② 亚当·斯密：《国民财富的性质和原因的研究》，下卷，29页。

封建特权和垄断地位所造成的经济效率低和浪费现象，迅速提高经济效率，增加国民财富。当时正在同封建残余势力进行斗争并进一步发展资本主义生产的英国资产阶级，需要自由地从国外获得廉价的工业原料和粮食，需要降低工业产品的成本，需要扩大国内市场和国际市场，需要使世界上许多国家和地区主要从事农业生产，以服务于主要从事工业生产的英国的利益。斯密的优势原理和政策建议无疑反映了英国资产阶级的这种愿望。

二、李嘉图的比较优势原理

斯密的优势原理，特别是其中的相对优势概念，为李嘉图所继承和发展。李嘉图强调比较优势或比较成本原理，强调即使效率最低、成本最高的国家也有自己的比较优势，因而也能从对外贸易中得到利益，而不像斯密那样把重点放在绝对优势上，不像斯密那样把对外贸易只看做剩余产品的贸易。李嘉图的理论上的这一特点，来自机器大工业的时代特点。在新的历史阶段，国际贸易已经从资本主义生产方式产生的条件变成了这个生产方式的必然产物。英国在对外贸易中已经处于绝对优势地位。英国资产阶级迫切要求进一步扩大对外贸易。李嘉图适应了英国资产阶级的这一要求，把斯密的相对优势概念发展为系统的比较优势原理。这一原理力图证明，即使在各种商品生产中一个国家都占绝对优势而另一个国家都处于绝对劣势，也仍然存在有利于双方的国际分工和国际贸易的可能性。

和斯密相似，李嘉图也从个人之间分工和专业化的必然性引申出国际分工和专业化的必然性。

李嘉图说："如果两人都能制造鞋和帽，其中一个人在两种职业上都比另一个人强一些，不过制帽时只强五分之一或20%，而制鞋时则强三分之一或33%，那么这个较强的人专门制鞋，而那个较差的人专门制帽，岂不是对于双方都有利么?"① 这就是说，在鞋、帽两种商品的生产方面，"较强的人"都居于绝对优势，"较差的人"都居于绝对劣势。对"较强的人"来说，两种绝对优势中的最大优势在制鞋；对"较差的人"来说，两种绝对劣势中的最小劣势在制帽。换句话说，"较强

① 李嘉图：《政治经济学及赋税原理》，114页，北京，商务印书馆，1976。本篇文章所用的皆为此版本。其余各处所用的皆为商务印书馆1962年版。

的人”的比较优势在制鞋，“较差的人”的比较优势在制帽。因此，“较强的人”应当专业化于鞋的生产，“较差的人”应当专业化于帽的生产。通过交换，双方都能得到更多的鞋和帽。这样的分工和贸易对双方都有好处。

在李嘉图看来，同样的道理也适用于国际分工和国际贸易。他说：“由此看来，一个在机器和技术方面占有极大优势因而能够用远少于邻国的劳动来制造商品的国家，即使土地较为肥沃，种植谷物所需的劳动也比输出国更少，也仍然可以输出这些商品以输入本国消费所需的一部分谷物。”[①] 李嘉图的意思比斯密更为明确：发达的资本主义国家在工业生产和农业生产方面都占绝对优势，但在工业生产方面占有“极大优势”，即比较优势，因而可以出口工业品以进口农产品。很明显，这是对斯密的相对优势概念的重要发展，以潜在的形式隐含在斯密那里的思想，在李嘉图这里已经发展成为十分明确的论点。

李嘉图在说明和论证自己的比较优势原理时，用了“两个国家—两种商品”的简单的国际贸易模型。从事国际贸易的只有两个国家：英国和葡萄牙。进入国际贸易的只有两种商品：布和酒。劳动和资本在国际上不能自由流动。不考虑运输费用、生产成本变动、技术变化等因素。李嘉图比斯密更加明确地以劳动价值理论为说明和论证问题的基础。他假定，英国生产一定数量的布要耗费100人的全年劳动量，葡萄牙生产同样数量的布只要耗费90人的全年劳动量；英国生产一定数量的酒要耗费120人的全年劳动量，葡萄牙生产同样数量的酒只要耗费80人的全年劳动量。很明显，在布和酒的生产方面，英国都处于绝对劣势（$\frac{100}{90}>1$；$\frac{120}{80}>1$），葡萄牙都占据绝对优势（$\frac{90}{100}<1$；$\frac{80}{120}<1$）。对英国来说，两种处于绝对劣势的产品中劣势最小的是布（$\frac{100}{90}<\frac{120}{80}$）；对葡萄牙来说，两种占绝对优势的产品中优势最大的是酒（$\frac{80}{120}<\frac{90}{100}$）。换一个说法，英国生产布的实际成本是葡萄牙的1.1倍，生产酒的实际成本是葡萄牙的1.5倍。可见，英国在生产布方面具有比较优势。葡萄牙生产布的实际成本是英国的90%，生产酒的实际成本是英国的67%，可见，葡萄牙在生产酒方面具有比较优势。英国发现，专业化于布的生

---

① 李嘉图：《政治经济学及赋税原理》，114页。

产，出口布而进口酒，比自己二者都生产时能获得更多的布和酒；葡萄牙也发现，专业化于酒的生产，出口酒而进口布，比自己二者都生产时能获得更多的酒和布。按照比较优势进行国际分工和国际贸易，对英国和葡萄牙双方都有利。英国国内生产布和酒的劳动消耗量的比率是100∶120，即1∶1.20，葡萄牙国内生产布和酒的劳动消耗量的比率是90∶80，即1∶0.88。在英国国内市场上，1.20单位的布换取1单位的酒；在葡萄牙国内市场上，0.88单位的酒换取1单位的布。发生国际贸易以后，对英国来说，只要用来换取1单位酒的布少于1.20单位，便是有利的；对葡萄牙来说，只要0.88单位的酒换到多于1单位的布，便是有利的。两国之间的贸易正好满足了这一条件，于是双方都得到了好处，都节约了劳动。在国际市场上，假定布和酒的交换比例是1∶1。这时，英国用耗费100人的全年劳动量的布，换到了如果自己生产那么就要耗费120人的全年劳动量的酒；葡萄牙用耗费80人的全年劳动量的酒，换到了如果自己生产那么就要耗费90人的全年劳动量的布。对外贸易使英国在用1单位布换1单位酒时节约了20人的全年劳动量，使葡萄牙在用1单位酒换1单位布时节约了10人的全年劳动量。

应当注意，李嘉图在这个场合所理解的成本，是按劳动量来计量的，是指商品生产中的实际耗费。各个国家之间存在比较劳动生产率的差异，这是形成比较成本优势的基础。每个国家在特定商品的生产上都有比较成本优势，这种有比较成本优势的商品在国际市场上就有比较价格优势。

还应当注意，李嘉图的比较优势概念既指绝对优势中的最大优势，又指绝对劣势中的最小劣势。因此，斯密的绝对优势概念在李嘉图这里表现为比较优势的一种特殊情况。那种认为李嘉图的比较优势概念排斥了斯密的绝对优势的看法，是不符合李嘉图的本意的。

按照李嘉图的论述，建立在比较成本优势上的国际分工和国际贸易，主要有这样一些好处：第一，每个国家都专业化于特定商品的生产，有利于充分利用各种资源，提高劳动生产率，增加产量；第二，每个国家都可以通过贸易满足自己对其他商品的需要，在贸易中用本国一定数量的商品能够换到比自己生产时在数量上要多的外国商品，从而提高本国的消费水平；第三，从全世界来说，每个国家充分利用本国优势的结果，可以有效地提高全世界的生产总量，增进各国的共同利益。李嘉图写道："在商业完全自由的制度下，各国都必然把它的资本和劳动用在最有利于本国的用途上。这种个体利益的追求很好地和整体的普遍幸福结合在一起。由于鼓励勤勉、奖励智巧，并最有效地利用自然所赋予的各种特殊力量，它使劳动得到最有效和最经济的分配；同时，由于增加生产总额，它使人们都得到好处，并以利害关系和互相交往的共同纽带把文明世界各民族结合成一个统一的社会。”①

从比较优势原理出发，李嘉图提出了一个国际分工的模式。他说：“正是这一原理，决定葡萄酒应在法国和葡萄牙酿制，谷物应在美国和波兰种植，金属制品及其他商品则应在英国制造。”② 按照李嘉图提出的这个国际分工模式，资本主义生产发达的英国专业化于工业，其他发展水平低的国家只能专业化于农业或农产品加工工业。

以上就是李嘉图的抽象的比较优势原理以及从这一原理得出的关于国际分工的实际结论。

如何评价比较优势原理，国内乃至国际学术界长期以来都存在不同看法。美国人在几年前出版的一本《经济理论史》中承认：“说到比较优势学说，经济思想史学家存在意见分歧。”③

在西方，比较优势原理曾经流行多年。后来，“在大萧条期间，这个抽象理论被按处理价格出售”。近些年来，它的行情又重新回升。④在苏联和东欧，有的人对比较优势原理持否定态度⑤，有的人则认为“李嘉图的比较成本理论包含着一些完全正确的思想”⑥。在我国，学术界曾经多年来对比较成本理论全部否定，只是近年来才提出对比较成本理论的重新评价问题。

我们认为，对于资产阶级比较优势原理，应当把李嘉图的同约翰·穆勒的区分开来，把古典的同“新古典”的以及“现代”的区分开来，分别做出评价。对李嘉图的比较优势原理，也应当全面地加以分析，不能采取“不否定就肯定”的简单做法。

李嘉图的比较优势原理是以劳动价值理论为出发点的。同斯密相比，李嘉图更有意识地运用劳动价值理论阐述了优势问题。这是李嘉图

① 李嘉图：《政治经济学及赋税原理》，113页。

② 李嘉图：《政治经济学及赋税原理》，113页。

③ H. 兰德雷思：《经济理论史：范围、方法和内容》，102页。

④ 参见P. A. 萨缪尔森：《经济学》，11版，636页，纽约，1980。

⑤ 参见A. B. 弗鲁姆金：《现代资产阶级国际经济关系理论批判》，13～66页，莫斯科，1964；苏联科学院世界经济和国际关系研究所：《现代资产阶级政治经济学批判》，288～296页。

⑥ 鲁·施托贝尔格：《资产阶级政治经济学史》，75页，北京，商务印书馆，1963。

的比较优势原理的一个科学因素。在政治经济学史和国际贸易理论史上，它具有重要的意义。其实质，就在于把国际贸易理论建立在劳动价值理论的基础之上，使国际贸易理论有一个科学的基础。只有从劳动价值理论出发，国际贸易的一系列重大理论问题，特别是国际市场价格决定、国际贸易利益分配等问题，才有可能得到正确的解决。一些论著指责李嘉图的国际贸易理论同劳动价值理论不相容。应当说，这种指责是片面的。李嘉图在国际贸易问题上同在其他问题上一样，科学的本能使他力图坚持劳动时间决定价值的原理。马克思指出："在李嘉图的著作中这一学说（对外贸易学说——引者）只是用来证明他的价值理论，或者说明这一学说和价值理论并不矛盾。"① 西方资产阶级经济学家之所以攻击李嘉图的比较优势原理，并对它加以修正，主要原因就在于此。他们当中有人公开承认："李嘉图由于把他的比较成本理论建立在劳动价值理论之上而遭到批评。"②

由于李嘉图以劳动价值理论为出发点，所以他的比较优势原理包含这样一个较为正确的论点：比较优势或比较成本的差异，实质上是比较劳动生产率的差异。按照李嘉图的这一论点，每个国家都应当努力提高劳动生产率，节约劳动时间，用最小的劳动耗费，取得最大的经济效果。生产单位商品耗费的劳动量是衡量优势的尺度，是对进出口商品进行排序的标准。每个国家的出口应当从本国耗费劳动量最小的商品开始，进口则应当从本国耗费劳动量最大的商品开始。这样，每个国家都能从国际贸易中得到好处，从而有利于提高消费水平，提高生产力水平。

但是，应当看到，李嘉图的比较优势原理是一种纯粹的抽象推理，它抽象掉了现实的国际经济关系。这种抽象，当然是一种不合理的抽象。事实上，国际分工是一定国际经济关系下的分工，国际贸易是一定国际经济关系下的贸易。在李嘉图时代，英国工业革命的胜利使英国成为世界工业中心，在工业生产方面拥有绝对优势。同英国进行贸易的，一类是主权国家，另一类是殖民地。即使是主权国家，其工业生产也远远落后于英国。许多国家主要还是从事农业生产，甚至有的还是纯粹从事农业生产。它们一方面是英国工业品的销售市场，另一方面又是英国工业发展所需要的粮食和原料的供应基地。这样形成的国际分工和国际

① 《马克思恩格斯全集》，第26卷Ⅲ，277页。

② J. 奥色、W.C. 布兰奇菲尔德：《经济思想的演变》，100页。

贸易，必然是支配和被支配的关系：英国处于支配地位，其他国家处于被支配地位。李嘉图在以比较优势原理为基础对国际分工和国际贸易进行抽象推理时，完全回避了这种现实的国际经济关系。

可是，当李嘉图提出国际分工的具体模式时，他又不得不回到现实世界中来。李嘉图毫不掩饰地主张，英国应当专业化于各种工业产品，而美国和波兰应当专业化于谷物，法国和葡萄牙应当专业化于酒。十分明显，这个国际分工模式，完全代表了英国资产阶级的利益，反映了英国资产阶级企图使英国成为世界工厂、使世界其他国家成为英国工业品销售市场以及粮食和原料供应基地的愿望和要求。

李嘉图虽然也曾经把优势分为自然优势和人为优势，甚至也曾经讲到过优势改变的可能性，但是，在一般场合，他事实上往往把优势看做一成不变的。用这种观点看待专业化和国际分工，必然会把特定历史条件和特定国际经济关系下形成的专业化和国际分工看做自然的和永恒的。这样，特定历史条件下形成的国际分工就被看成超历史的，特定国际经济关系下的国际分工就被看成不受国际经济关系制约的。李嘉图的这种资产阶级观点当然要受到历史和现实的无情批判。就连美国较近出版的一本国际经济学通俗读物也不得不认为："在李嘉图模型的所有局限性中，这种静态假设也许是最大的局限性。今天，不发达国家认识到，它们在生产咖啡、茶叶、可可和石油方面的优势不是永久性的。它们担心，自由贸易政策会迫使它们在过长的时间内和过大的程度上专业化于一两种产品。不发达国家推理说，还没有一个国家只依靠种植咖啡或茶叶发展起富有生命力的经济。它们懂得，它们也需要钢铁、电子学和纺织厂。因此，维持经济成长的关键看来是多种经营，而不是专业化。需要增加经济的多种经营的国内工业化战略同专业化于传统的初级产品——如锡、铜、橡胶、茶叶、石油、可可或咖啡——的国际压力之间的冲突，是发展中国家面临的许多痛苦的困境之一。统治世界贸易的富有国家如美国、日本和英国无疑都是高度地发展多种经营的，不会为了生存去依赖狭隘的专业化的出口商品。"①

在资本主义国际贸易中，存在剥削和被剥削关系。这种关系不仅存在于宗主国同殖民地和附属国的贸易之中，存在于国际不等价交换之中，而且存在于主权国之间的贸易之中，存在于双方都能得到好处的贸

① J. 亚当斯：《国际经济学》，2版，40～41页，纽约，1979。

易之中。李嘉图的资产阶级局限性使他没有揭示和说明这种剥削和被剥削关系，相反却用什么“整体的普遍幸福”，什么“以利害关系和互相交往的共同纽带把文明世界各民族结合成一个统一的社会”等词句来掩盖和抹杀这种关系，虽然他也承认拥有优势的国家能以较少的劳动换回较多的劳动这一事实。

李嘉图的反映资产阶级的利益和要求的比较优势原理在当时有它的历史进步意义，这主要在于它从理论上为国际贸易的进一步扩大，为资本主义生产方式和交换方式的国际化，为国际范围内劳动生产率的提高开辟了道路。马克思指出：“如果说李嘉图的观点整个说来符合工业资产阶级的利益，这只是因为工业资产阶级的利益符合生产的利益，或者说，符合人类劳动生产率发展的利益，并且以此为限。”①

李嘉图的比较优势原理提出了一个重要的理论问题。这个问题简单说来就是，各国在生产中耗费不等量劳动的商品在世界市场上为什么具有相同的国际价格。在李嘉图之前，斯密在《国民财富的性质和原因的研究》中就已经碰到过这个问题。他看到，资本主义生产发展程度不同的国家，生产条件各不相同，但是同样的商品在国际市场上却按大致相同的价格出售。斯密写道：“如果品质同样优良，富国小麦在市场上的售价，未必都比贫国低廉。就富裕和进步的程度来说，法国远胜于波兰，但波兰小麦的价格，与品质同样优良的法国小麦同样低廉。与英格兰比较，论富裕，论进步，法国可能要逊一筹，但法国产麦省出产的小麦，其品质之优良完全和英格兰小麦相同，而且在大多数年头，两者的价格也大致相同。可是，英格兰的麦田耕种得比法国好，而法国的麦田，据说耕种得比波兰好得多。”② 斯密正确地描述了他所观察到的现象，但是他对国际贸易中这一重要现象的本质并不理解。他认为，在国内市场上，市场价格围绕着自然价格上下波动，并且经常趋向于自然价格这个中心。但是，在国际市场上，决定市场价格的，既不是出口国家的自然价格，又不是进口国家的自然价格。斯密没有能力从理论上解决这个问题，而是陷入了矛盾之中。李嘉图抓住了斯密的矛盾，说：“斯密博士曾十分精辟地证实了商品的市场价格最后由其自然价格决定这一理论，却又假设出一种情况，在这种情况下，他认为决定市场价格的既

① 《马克思恩格斯全集》，第26卷Ⅱ，125页。

② 亚当·斯密：《国民财富的性质和原因的研究》，上卷，8页。

不是出口国家的自然价格，又不是进口国家的自然价格。”①

善于抓住斯密的理论矛盾的李嘉图，自己却在另一种形式上陷入了矛盾之中。他发现，在国内市场上，不可能用 100 个英国人劳动的产品交换 80 个英国人劳动的产品；但是，在国际市场上，却能用 100 个英国人劳动的产品去交换 80 个葡萄牙人、60 个俄国人或 120 个东印度人的劳动产品。李嘉图也没有能力从理论上科学地说明这种现象，而是错误地得出了适用于国内贸易的价值规律不适用于国际贸易的结论。他说，调节一个国家中商品相对价值的同一规律，不能调节两个或两个以上国家之间相互交换的商品的相对价值。②

李嘉图的这一错误结论，反映出李嘉图思想上的矛盾。一方面，他坚持劳动时间决定商品价值的原理，力图在劳动价值理论的基础上说明优势，说明国际贸易；另一方面，国际市场上的交换比率这一具体的复杂现象又使他感到很难直接用等价交换原则来予以说明。于是，他表现出犹豫以至动摇，误以为价值规律只适用于国内贸易而不适用于国际贸易。

然而，李嘉图毕竟是一位具有深邃观察力的古典经济学家。当他说调节国内商品的相对价值的规律不能调节国际商品的相对价值时，他不是一般地犯了一个理论错误，这里面还有更为深刻的原因。生活在机器大工业时代的李嘉图已经模糊地觉察到，资本主义世界市场上调节商品交换比率的是一种有别于在国内发生作用的那种价值规律的规律，正是这一特殊的规律，能够使以 100 个英国人劳动的产品去交换 80 个葡萄牙人、60 个俄国人或 120 个东印度人劳动的产品这一矛盾的现象成为合乎规律的现象，能够使以包含一定数量本国劳动的产品去换取大于或小于这个劳动数量的外国产品这一特殊现象成为正常现象。

在矛盾面前，李嘉图进行了一次重要的理论探索，他尝试着用市场价格和自然价格的关系说明国际市场价格的形成问题。他不同意斯密关于市场价格和自然价格的关系只适用于国内市场的观点，而是明确认为这一关系同样适用于国际市场。他说，当英国自由地从法国进口谷物时，英国谷物的市场价格在长期中就会降低到等于法国谷物的自然价格。这里所说的法国谷物的自然价格，据李嘉图解释，是指“能把谷物

① 李嘉图：《政治经济学及赋税原理》，321 页。

② 参见李嘉图：《政治经济学及赋税原理》，112 页。

提供给英国市场，并且能为法国资本提供普通一般利润的价格”①。李嘉图的一般结论是：只要商品在进口国家中不是垄断对象，最后决定商品在进口国家的销售价格的就是出口国家中的自然价格。

应当说，李嘉图在这个场合所说的自然价格，实际上是指生产价格。李嘉图试图用生产价格说明国际市场价格，这是有理论意义的。然而，李嘉图的尝试是不成功的。第一，李嘉图缺乏正确的社会必要劳动时间概念，因此，当他超出一个国家的范围进入世界市场时，就不可能形成世界劳动的平均单位的概念，不可能形成国际价值的概念。这样，他就不可能懂得不同国家在同一劳动时间内生产的商品有不同的国际价值，不可能理解价值规律在国际上的应用及其发生的重大变化。第二，李嘉图在多数场合总是混淆价值和生产价格，因而无法说明价值和生产价格的区别和联系，无法说明从价值到生产价格的转化。既然如此，当他超出一个国家的范围进入世界市场时，就不可能考察国际价值和国际生产价格的区别和联系，不可能说明从国际价值到国际生产价格的转化。

可见，在李嘉图关于价值规律不适用于国际贸易这一错误提法的背后，隐藏着一个正确的思想因素，那就是认为利润平均化规律适用于国际贸易。但是，李嘉图的错误堵塞了他自己进一步分析问题的道路。

李嘉图在研究比较优势原理时还提出了另一个重要的理论问题，这就是国际贸易利益的分配问题。但是，他片面地从使用价值方面考察问题，认为对外贸易只在于增加贸易参加国的使用价值量。李嘉图把使用价值同价值绝对地对立起来，错误地以为对外贸易在增加一个国家的使用价值量时并不增大价值量。他说：“对外贸易的扩张虽然大大有助于一国商品总量的增长，从而使享受品总量增加，但却不会直接增加一国的价值总额。”② 李嘉图甚至把增大使用价值量说成资本主义国际贸易的目的。马克思指出：“因此，在李嘉图那里就出现了价值和财富之间的绝对对立。……他的国际贸易理论是错误的，他认为国际贸易只产生使用价值（他称为财富），不产生交换价值。”③ 李嘉图的这一错误妨碍了他自己对国际贸易利益分配问题的分析。

① 李嘉图：《政治经济学及赋税原理》，320页。

② 李嘉图：《政治经济学及赋税原理》，108页。

③ 《马克思恩格斯全集》，第46卷上，289页。不过，马克思也提到：“李嘉图又想到了：（1）资本家所关心的是价值；（2）从历史上看，随着生产力的发展（他也应该想到国际贸易的发展），财富本身即价值总额不断增长。……这样，李嘉图通过迂回的道路终于达到了交换价值。”——《马克思恩格斯全集》，第46卷上，320页。

三、古典比较优势原理的演变

在李嘉图以后的一百多年中，一些经济学家对古典比较优势原理做了不少修正。总的说来，这类修正有两个特点。第一，抽掉古典优势原理的劳动价值理论基础，企图把国际贸易理论建立在形形色色的庸俗价值理论的基础之上；第二，力图把抽象的比较优势原理同国际贸易中的表面经济现象衔接起来，把资产阶级关于国际贸易的日常观念理论化，使它具有科学的外表。

一百多年来，一些经济学家对古典比较优势原理的修正大致可以分为三个阶段。第一阶段是19世纪中期，古典学派的模仿者约翰·穆勒提出“相互需求原理”；第二阶段是19世纪末到20世纪前半期，“新古典学派”提出所谓的“提供曲线”（offer curve），这一理论起源于马歇尔，完成于米德；第三阶段从20世纪两次世界大战期间开始一直延续到现在，以赫克歇尔、俄林、萨缪尔森为代表的国际贸易理论的“现代学派”提出“要素比例—要素密度原理”①。

当在一般经济理论领域中，劳动价值理论早就被庸俗经济学家驱逐得一干二净的时候，在比较优势原理和国际贸易理论方面，劳动价值理论还没有被清除掉，劳动价值理论可能导致的危险结论还没有完全被排除。因此，一些经济学家便力图在这个领域中也用庸俗价值理论取代劳动价值理论。他们的手法是多种多样的。一种是暗中偷换。像约翰·穆勒这样一个古典学派的模仿者，以继承劳动价值理论为名，实际上却用折中的庸俗价值理论取而代之。一种手法是公开攻击。像俄林这样一个“现代学派”的主要代表，就公然声称现代比较优势原理的建立要从批判劳动价值理论开始。更多的经济学家采取的是第三种手法。这种手法的特点是在高度赞扬声中阉割古典优势原理的科学因素。例如，“新古典”国际贸易理论权威哈伯勒赞扬古典优势原理“非常好地保持了它自己的意义。它经历了边际革命和凯恩斯革命，而基本原理并没有受到多大损害”②。可是，就在他的代表作《国际贸易理论》中，劳动价值理

① 第二阶段和第三阶段在时间上并不完全是先后衔接，而是存在部分交叉。当“新古典学派”正在发展的时候，“现代学派”就已经形成。

② G. 哈伯勒：《现代条件下古典理论的意义》，载《美国经济评论》，1954（5），543～544页。

论竟被当做建筑物完工后的脚手架那样被“拆除”掉了。哈伯勒写道：“我们最终抛弃了这一理论（劳动价值理论——引者）及其全部前提，但没有抛弃由此得到的结果：后者仍然有用，就好像用于建筑的脚手架拆除以后房屋仍然直立着一样。”① 又例如，“现代”国际贸易理论家萨缪尔森赞扬古典优势原理，说：“老的古典比较优势理论保持了它的重要的社会意义。如果各种理论能参加选美比赛的话，那么比较优势理论肯定会得到高度评价，因为它是一座风雅精致的逻辑建筑物。……像这样的意义深远的原理，在政治经济学中是不多的。”② 但是，他马上就否定劳动价值理论是国际贸易理论的必要基础，说：“现代经济学家懂得，虽然无须假设一种劳动价值理论，但比较优势原理仍然是正确的。”③ 总之，自称为古典优势原理的继承者的资产阶级经济学家，轻则认为李嘉图的劳动价值理论对国际贸易理论无关紧要④，重则认为劳动价值理论是古典优势原理的致命缺点。⑤ 他们对劳动价值理论深恶痛绝，务必去之而后快。

下面我们按照三个阶段考察古典优势原理在李嘉图以后的演变。

（一）约翰·穆勒的“国际价值”理论和“相互需求方程”

继李嘉图之后，约翰·穆勒研究了比较优势原理。他的有关论述主要集中在1844年的《略论政治经济学的某些有待解决的问题》以及1848年的《政治经济学原理》一书（“论国际贸易”和“论国际价值”两章）之中。

约翰·穆勒否认价值实体的存在，企图以交换价值概念偷换价值概念。他断言：商品的价值不是商品本身内在的实体，而只是表示交换中所能获得的其他商品的数量。穆勒把价值先归结为生产费用，再把生产费用归结为劳动和资本，最后又把劳动和资本分别归结为工资和利润。这样，穆勒就从维护李嘉图的劳动价值理论开始最后滑进庸俗的由工资和利润决定的生产费用理论的泥潭。

穆勒把上述价值理论应用于国际贸易，提出了“国际价值”的概念。

① G. 哈伯勒：《国际贸易理论》，126页。

② P. A. 萨缪尔森：《经济学》，11版，636页。

③ P. A. 萨缪尔森：《经济学》，11版，638页。

④ “实际上，李嘉图的劳动价值理论对他的国际贸易理论来说是无关紧要的。”——J. 奥色、W. C. 布兰奇菲尔德：《经济思想的演变》，100页。

⑤ “古典理论一直受到一个致命缺点之苦：它把简单的劳动价值理论作为出发点。”——P. T. 埃尔斯沃思：《国际经济学》，119页，纽约，1956。

在《略论政治经济学的某些有待解决的问题》中，穆勒模仿了李嘉图的比较成本理论，但是，他用工资和利润决定的生产费用理论取代了李嘉图的劳动价值理论。穆勒写道："我们通过对外国人的贸易取得他们的商品，而花费的劳动和资本，往往少于他们自己为这些商品所花费的。然而，这种贸易对外国人还是有利的，因为他们从我们这里换得的商品，如果他们自己去生产，那么就要花费较高的代价，尽管我们为它花费的代价较少。"① 后来，穆勒在《政治经济学原理》的"论国际贸易"这一章中，又引证并重申了《略论政治经济学的某些有待解决的问题》中的这一观点。

如果说，在《略论政治经济学的某些有待解决的问题》中穆勒并没有给李嘉图的比较成本理论增添新的东西，而只是把它庸俗化了的话，那么，在《政治经济学原理》中穆勒则提出了李嘉图所没有的"国际价值"和"国际价值规律"。按照穆勒的说明，在"两个国家—两种商品"的模型中，两个国家的两种商品之间的交换价值，会按照两个国家的消费者的需求而自行调整，形成一个一致的交换比率。这一交换比率恰好使两个国家对两种商品的进口需求量等于出口供给量。两种商品的交换比率会随两个国家的消费者需求的变化而变化，但是这种变化要受到这两种商品的生产费用比率的限制。穆勒认为这是一条规律。他写道："我们在这里所说的规律，可以叫做国际需求方程。现简述如下。一个国家的产品同另一个国家的产品互相交换的价值，应当是使这个国家的出口总额恰好够支付本国的进口总额所需要的价值。这种国际价值规律，我们称之为供给和需求方程，只是一般价值规律的推广。我们知道，商品的价值总是经过自行调整，使需求水平恰好等于供给水平。但是，一切贸易，无论是国家之间的贸易还是个人之间的贸易，都是商品交换。在这种交换中，国家或个人要出售的商品，同时就是国家或个人要购买的基金。贸易一方的全部供给能力，就构成另一方商品的全部需求能力。因此，所谓需求和供给，就是相互需求的另一种说法。所谓价值自行调整，使需求等于供给，实际上就是说，价值自行调整，使一方的需求等于另一方的需求。"②

穆勒如果真的沿着李嘉图的劳动价值理论走，把价值规律应用到国际贸易中来，那并不是没有可能形成正确的国际价值概念，并且发现价

① 约翰·穆勒：《略论政治经济学的某些有待解决的问题》，2～3页，伦敦，1844。

② 约翰·穆勒：《政治经济学原理》，555页，世界书局，1936。

值规律在国际贸易中所发生的重大变化的。但是，穆勒从一开始就背离了李嘉图，用交换价值偷换了价值。因此，他所说的“国际价值”并不是真正的国际价值，不是国际市场上商品内在的价值实体，而只是国际市场上的商品的交换价值。同样，他所说的国际价值规律并不是在国际市场上发生作用的价值规律，不是什么“一般价值规律的推广”，而只是在国际市场上发生作用的供求规律，只是一般供求规律的推广。

事实上，穆勒的“国际价值规律”或“相互需求规律”丝毫没有把问题向前推进一步。“要出售的商品”就是“要购买的基金”，“贸易一方的全部供给能力，就构成另一方商品的全部需求能力”云云，并不是什么新的理论建树，不过是宣扬买和卖的形而上学平衡的萨伊规律在国际市场上的推广。

穆勒大概也知道，完全用供求关系解释国际贸易中的交换比率，是会得出荒谬的结论的。因此，他又用生产费用理论来加以补充，说是交换比率要受到两种商品的生产费用比率的限制。这无异于说，国际交换比率的极限就是贸易双方的生产成本，实际上也就是贸易双方的国内价格。穆勒的这种补充和限制，离回答国际市场价格赖以波动的中心究竟是什么的问题仍然相距甚远。

现代资产阶级经济学家吹捧穆勒的“相互需求原理”，认为这是对古典比较优势原理的重大发展。他们说，李嘉图只说明了国际贸易发生的原因，而没有解决贸易条件如何形成的问题，这个问题只是在穆勒的相互需求原理中才得到了解答。事实怎样呢？诚然，按照李嘉图的比较优势原理，国际市场上两种商品的交换比率处于两国国内成本之比的界限之内。在这个界限之内，可以有许多的交换比率。李嘉图未能解释交换比率最后是怎样确定的。现在，穆勒求助于供求规律，用供给和需求的均衡来解释交换比率，这同样没有说明交换比率究竟是如何形成的。因为国际市场上的供给和需求的变化只能解释国际市场价格的波动，而不能说明国际市场上供求均衡时的交换比率的基础。对李嘉图来说，真正的困难根本不在于说明供求规律对国际市场价格的影响，而在于说明国际市场价格赖以波动的中心究竟是什么。穆勒不了解李嘉图的真正困难之所在，却从李嘉图探索问题实质的地方退回到经济的表面现象上去。

在国际贸易利益分配问题上，穆勒也认为贸易双方都能得到好处。但是，穆勒又说，当比较富有的国家同比较贫穷的国家进行贸易时，比较富有的国家得到的利益比较少，而比较贫穷的国家得到的利益比较多。穆勒的这一观点，完全违背了国际贸易的历史和现实。这种无稽之谈只能证明他不仅企图在国内把资产阶级和无产阶级的不可调和的利益调和起来，而且企图在国际上把作为剥削者的富有国家和作为被剥削者的贫穷国家的不可调和的利益调和起来。

在资产阶级国际贸易理论史上，穆勒的“相互需求原理”的意义在于，它是马歇尔的“相互需求和供给曲线”的思想来源，因而也是“新古典学派”的“提供曲线”的思想来源。

(二)“新古典学派”的“提供曲线”

就比较优势原理和国际贸易理论而言，“新古典学派”的主要代表是马歇尔、埃奇沃思、哈伯勒、瓦伊纳和米德等人。

现代资产阶级经济学家认为，古典优势原理只研究了生产方面，“新古典学派”则同时研究了生产方面和需求方面，提出了一系列“新”概念，“丰富”和“发展”了比较优势原理。被现代资产阶级经济学家列入“新贡献”的主要有马歇尔的“相互需求和供给曲线”、哈伯勒的“机会成本”和“生产替代曲线”、里昂惕夫和勒纳的“无差异曲线”和“社会无差异曲线”以及集其成的米德的“提供曲线”。他们的另一种说法是，“新古典学派”的“新贡献”主要是“提供曲线”，这一分析从马歇尔开始，最后由米德完成。

马歇尔在1879年写的《国外贸易纯理论》① 一书中，提出了“相互需求和供给曲线”。

马歇尔接受了约翰·穆勒的生产费用价值理论的论点，并对生产费用做了新的解释。他说：“我们现在必须考虑这样一个事实，即生产一种商品一般都需要许多不同种类的劳动并以各种形式使用资本。直接或间接用于生产商品的各种不同的劳作，和节欲或储蓄商品生产中所用资本所需要的等待；所有这些劳作和牺牲加在一起，就叫做商品生产的实际成本，对这些劳作和牺牲所必须付出的货币额叫做商品生产的货币成本，或为简单起见，叫做商品的生产费用。生产费用就是为了引出生产商品所需要的各种劳作和牺牲的适当供给而必须付出的价格；换言之，生产费用就是商品的供给价格。”② 穆勒的生产费用包括劳动和资本，马歇尔的生产费用也包括这两个部分。但是，马歇尔对这两个部分都做了主观的解释。就连瓦伊纳也认为，马歇尔的实际成本是一种主观成

① 此书在马歇尔死后于1930年出版。

② 马歇尔：《经济学原理》，下卷，31页，北京，商务印书馆，1965。

本。更重要的是，在马歇尔这里，生产费用只决定供给价格，而需求价格则决定于边际效用，供给价格和需求价格相一致的价格构成均衡价格。和穆勒一样，马歇尔也先以交换价值偷换价值的概念，最后又以价格偷换交换价值的概念。穆勒在 19 世纪中期把他以前的各种价值理论加以调和、折中和综合。马歇尔在 19 世纪末则把到他为止的包括边际效用理论在内的各种庸俗价值理论加以调和、折中和综合。如果说，在穆勒的价值理论中，劳动价值理论的成分已经不多了的话，那么在马歇尔的价值理论中，除了还剩下经过曲解的“劳动”一词之外，连劳动价值理论的一点影子也不见了。

按照马歇尔的说法，价值理论应当包括“国内价值理论”和“国际价值理论”①。在说明“国内价值理论”时，马歇尔采用的是局部均衡分析。与此不同，在说明“国际价值理论”时，马歇尔采用的是一般均衡分析。马歇尔的国际均衡价格既包括消费方面的均衡，又包括生产方面的均衡，既包括商品市场的均衡，又包括生产要素市场的均衡。

马歇尔认为，穆勒分析比较优势和国际价值的工具局限于算术，因而未能发现在他的前提下必然会得出的结论。只有借助于较高级的数学方法，特别是借助几何图形的方法，才能得到理想的结果。

马歇尔应用几何图形把穆勒的“相互需求方程”绘制成“相互需求和供给曲线”。它不同于一般的需求和供给曲线，也不同于一般的进口需求曲线和出口供给曲线，而是一种“相互的”需求和供给曲线。这种曲线表明，一个国家的进口需求曲线同时就是这个国家的出口供给曲线。也就是说，曲线上的每一点既表明一个国家进口某种商品的数量，又表明这个国家为了支付这种商品的进口而必须出口的另一种商品的数量。

相互需求和供给曲线从内容到例证都来自约翰·穆勒。约翰·穆勒的父亲詹姆斯·穆勒在诠释李嘉图的比较优势原理时，曾经以英国的棉布同德国的麻布交换为例。② 约翰·穆勒后来在说明比较优势原理时也用了这个例子。在《国外贸易和国内价值纯理论》中，马歇尔把英国棉布同德国麻布交换的例子具体化为几何图形。在图 1 中，横轴 OX 表示英国的棉布，纵轴 OY 表示德国的麻布。OE 为英国的相互需求和供给曲线，曲线上的任意一点 P，表示英国为了进口 ON 数量的德国麻布而

① 马夏尔：《国外贸易和国内价值纯理论》，33 页，北京，生活·读书·新知三联书店，1958。

② 参见约翰·穆勒：《政治经济学原理》。

必须出口 OM 数量的英国棉布。OG 为德国的相互需求和供给曲线，曲线上的任意一点 P'，表示德国为了进口 Om 数量的英国棉布而必须出口 On 数量的德国麻布。英德两国的相互需求和供给曲线 OE 和 OG 的交点 A，决定了英国棉布和德国麻布的交换比率，即 OX^* 数量的英国棉布可以交换 OY^* 数量的德国麻布。只有在两国的相互需求和供给曲线的交点上，两国间的贸易才处于均衡状态，每一方的进口总额才都等于另一方的出口总额。①

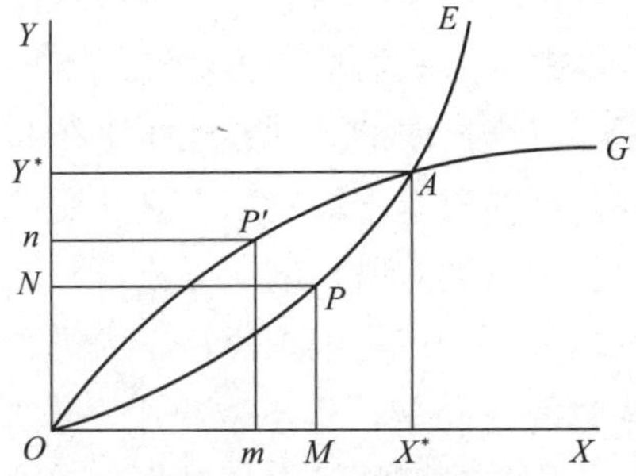

图 1　英国棉布与德国麻布的交换比率

由上文可见，马歇尔在交换比率问题上，并没有提出多少新的东西。按照现代资产阶级经济学家的说法，马歇尔的“贡献”就在于对穆勒的相互需求方程做了几何学上的说明，提出了相互需求和供给曲线，为“提供曲线”的研究做了开创性的工作。②

继马歇尔之后，在 20 世纪 30 年代，一批经济学家利用新的分析工具研究了国际贸易中的供给方面和需求方面。

在 1933 年出版的《国际贸易理论》一书中，哈伯勒从供给方面把“机会成本”概念和“生产替代曲线”应用于国际贸易。如前所说，在马歇尔的实际成本概念中，除了剩下被曲解的“劳动”一词以外，连劳动价值理论的一点影子也看不见了。但是，即使是马歇尔的这种成本概念，哈伯勒也难以接受，唯恐在计量这种成本时还可能回到劳动价值理论上去。他公然主张“拆除”劳动价值理论这副“脚手架”，并用“机

① 马歇尔认为，约翰·穆勒遇到了可能有若干贸易均衡位置的问题，这实际上是一个稳定均衡和不稳定均衡的问题。而穆勒“所选择的特殊的例子，并不能说明讨论中的一般问题”。——马夏尔：《国外贸易和国内价值纯理论》，17 页。

② 现代西方经济学家认为，埃奇沃思也是“提供曲线”的最早研究者之一。

会成本”概念代替马歇尔的实际成本概念。机会成本论者认为，生产要素可以用来生产这种商品，也可以用来生产另一种商品。或者说，生产要素可以有这种用途，也可以有另一种用途。当生产要素用来生产这种商品时，就要以牺牲另一种商品为代价。或者说，当生产要素被用于这种用途时，就要以牺牲另一种用途为代价。这种被牺牲掉的商品或用途就叫做机会成本。他们认为，竞争条件下的成本都涉及机会成本，机会成本来源于做这件事而不做另一件事这一情况。

哈伯勒认为，比较优势原理不需要劳动价值理论来证明，甚至也不需要马歇尔的实际成本概念，只需要根据边际成本概念证明价格比率等于替代比率就足够了。以李嘉图的分别专业化于布和酒的英国和葡萄牙为例，对葡萄牙来说，酒的成本不取决于李嘉图所说的生产酒时实际耗费的劳动量，也不取决于马歇尔所说的实际成本，而是取决于多生产一单位酒时牺牲了多少单位布。对英国来说，布的成本不取决于李嘉图所说的生产布时实际耗费的劳动量，也不取决于马歇尔所说的实际成本，而是取决于多生产一单位布时牺牲了多少单位酒。哈伯勒还认为，机会成本的研究实际上就是一般均衡理论的研究，因为按照一般均衡概念，在自由竞争和没有“外在经济”即厂商以外的因素产生的经济效果的情况下，价格比率和替代比率是相等的。

现代资产阶级经济学家认为，哈伯勒对比较优势原理的“贡献”在于，他借助“生产替代曲线”把机会成本概念用于国际贸易。生产替代曲线表示，在生产某一商品时，就必须放弃另一商品的生产。它具体表现为增加某一商品的数量而必须牺牲的另一商品的数量。例如，在用既定数量的生产要素生产布和酒时，要增加布的产量就必须减少酒的产量，反之，要增加酒的产量就必须减少布的产量。当说到布对酒的替代比率时，就是指在增加或减少一单位布时所要减少或增加的酒的数量。替换曲线的斜率的绝对值叫做替代比率。哈伯勒用了两种形式的生产替代曲线[①]（见图 2）。

据解释，当机会成本为常数时，生产替代曲线呈一直线。同时，生产替代曲线又是价格线。就是说，在这一直线的任何一点上，价格比率都等于替代比率（见图 2（a））。当机会成本递增时，生产替代曲线为一凹向原点的曲线（见图 2（b））。这时生产替代曲线并不同时又是价

① 参见 G. 哈伯勒：《国际贸易理论》，176 页。

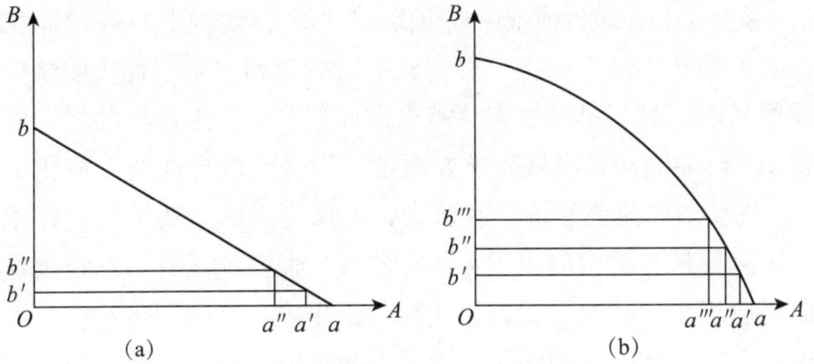

图 2　两种形式的生产替代曲线

格线，价格线应是一条同生产替代曲线相切的直线。只有在这两条线的切点上，价格比率才等于替代比率。

哈伯勒说，在以机会成本代替劳动价值理论以后，比较优势原理仍然有效。在此情况下，一个国家会牺牲比较优势小的商品而生产比较优势大的商品，也就是出口比较优势大的商品而进口比较优势小的商品。

从价值理论的角度看，机会成本理论是一种庸俗的价值理论。它企图从根本上否定商品具有内在的价值，否定价值实体，否定价值是生产商品所耗费的劳动量。把古典优势原理置于机会成本概念之上，这就完全抽掉了这一原理的科学基础。至此，在“新古典学派”的比较优势原理和国际贸易理论中，就连马歇尔用的“劳动”一词都不复存在了。

哈伯勒的比较优势原理远非对古典比较成本理论的发展，而是把古典比较成本理论蜕变成比较价格理论。按照这一理论，国际分工和国际贸易是由比较价格决定的。对英国来说，如果国外的表现在酒上的布的价格比国内的高，那么英国就会把生产酒的生产要素转到布的生产上来，通过出口布来进口更多的酒，直到表现在酒上的布的价格和表现在布上的酒的价格相等为止。

从资本主义生产和贸易的当事人的观点看，哈伯勒的比较价格理论有其实际的重要性。资本家关心的不是商品包含的劳动，不是商品的内在价值，而是价格。商品价值是由耗费的生产资料价值、劳动力价值和剩余价值构成的，可是在资本家看来，只有生产资料价值和劳动力价值是他在生产中耗费的成本价格。他需要的是将商品价格同成本价格进行比较，而不需要将商品价格同商品价值进行比较。商品价格高于成本价格，就有利可图；商品价格等于成本价格，就无利可图；商品价格低于成本价格，就会亏本。因此，在对外贸易方面，资本家不需要古典比较成本理论（实际上是比较价值理论），而需要“新古典学派”的比较价格理论。

在哈伯勒从供给方面把“机会成本”概念和“生产替代曲线”应用于国际贸易的同时，里昂惕夫从需求方面把“个人无差异曲线”应用于国际贸易①，勒纳接着也从需求方面把“社会无差异曲线”应用于国际贸易。② 现代资产阶级经济学家认为，里昂惕夫的“功绩”就在于他第一次在国际贸易分析中应用了无差异曲线，但是他没有明确指出这种无差异曲线应当是“社会”无差异曲线，指出这一点的则是勒纳。

事实上，把无差异曲线引入国际贸易理论，丝毫无助于说明比较优势原理和国际市场价格形成的问题，相反，这样做的结果必然使比较优势原理和国际市场价格形成理论进一步庸俗化。原因是，无差异曲线不过是庸俗的边际效用理论的一种表示形式，它不反映任何客观的经济关系，而只是描述了消费者的一种主观感觉。

集“新古典学派”国际贸易学说之“大成”的米德，在《国际贸易几何学》③ 中，一方面接受了哈伯勒的机会成本和生产替代曲线分析，另一方面接受了里昂惕夫和勒纳的无差异曲线分析，并把它们结合了起来，以说明经济的均衡状态。米德提出了贸易无差异曲线，完善了从马歇尔开始的关于“提供曲线”的理论。

米德认为，生产替代曲线从供给方面表示生产各种商品组合的可能性，社会无差异曲线从需求方面表示消费者对各种商品组合的偏好。把两者结合起来，就可以确定一个国家在没有对外贸易时的均衡状态和发生对外贸易后的均衡状态。

现在把生产替代曲线和社会无差异曲线放在一个图形里面（见图 3）。横轴代表商品 A，纵轴代表商品 B。由于生产替代曲线有直线形式和凹向原点的曲线形式，所以生产替代曲线和社会无差异曲线的结合也有两种形式。一种是在常数机会成本下呈直线的生产替代曲线和社会无差异曲线的结合，另一种是在递增机会成本下凹向原点的生产替代曲线和社会无差异曲线的结合。为了简便起见，这里只采用前一种结合的图形。

图 3 中有两条生产替代曲线和两条社会无差异曲线。位置较低的直

---

① 参见 W. W. 里昂惕夫：《无差异曲线在对外贸易分析中的应用》，原载《经济学季刊》，1933（5），重刊于《国际贸易理论文集》，费城，1949。

② 参见 A. P. 勒纳：《国际贸易成本理论的图形表示》和《国际贸易需求条件的图形表示》，原载《经济学》，1934（8），重刊于《经济分析文集》，伦敦，1953。

③ J. E. 米德：《国际贸易几何学》，伦敦，1952。

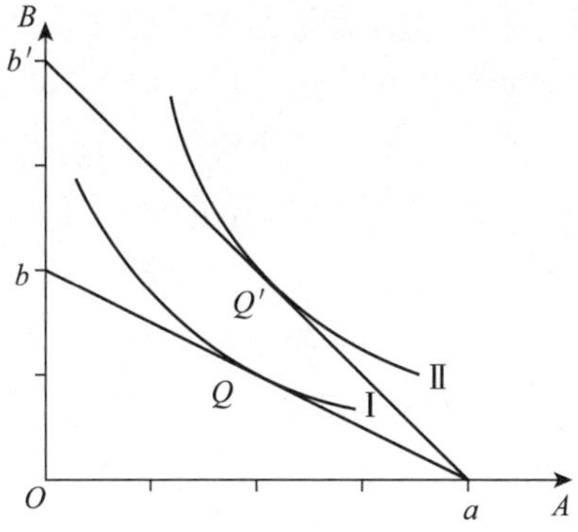

图 3　生产替代曲线和社会无差异曲线

线 ab 是没有对外贸易时的生产替代曲线，它同社会无差异曲线Ⅰ相切于 Q 点，这是没有对外贸易的“封闭社会”的均衡位置。直线 ab' 是发生对外贸易后的生产替代曲线，它同社会无差异曲线Ⅱ相切于 Q' 点，这是有对外贸易的“开放社会”的均衡位置。如前所说，在常数机会成本下，生产替代曲线同时就是价格线。从图形中可以直观地看出，没有对外贸易时，国内商品 A 和商品 B 的交换比率是 2∶1；进行对外贸易时，A 和 B 的交换比率是 1∶1。没有对外贸易时，两种商品的消费量都比较少，总的满足水平比较低；发生对外贸易后，两种商品的消费量都比较多，总的满足水平比较高。

米德认为，一个国家的生产形式和消费形式就是由生产替代曲线和社会无差异曲线的切点决定的。在切点上，产量达到最大，生产费用达到最小。在消费水平既定时，有一种国际价格或交换比率，就可以在几何坐标平面上确定一个代表一定出口量和进口量的点，把这些点联结起来，便得到一条“贸易无差异曲线”。贸易无差异曲线是以不同的出口量交换不同的进口量，但对一个国家的生活水平来说是无差异的点的轨迹。就像社会无差异曲线可以有很多条一样，贸易无差异曲线也可以有很多条。在求得贸易无差异曲线之后，就可以求出“提供曲线”。在每一种既定的国际价格下，每个国家都力图达到最高的贸易无差异曲线。各条国际价格线同一个国家的各条贸易无差异曲线的切点的轨迹，便是这个国家的提供曲线。同样，各条国际价格线同另一个国家的各条贸易无差异曲线的切点的轨迹，便是另一个国家的提供曲线。

求出了两个国家的提供曲线，就可以进而求出国际均衡价格。在图 4中，OA 是 A 国的提供曲线，OB 是 B 国的提供曲线。I_A 是 A 国的贸易无差异曲线，I_B 是 B 国的贸易无差异曲线。两国的提供曲线相交于 P 点。根据提供曲线的性质可知，P 点既然在 A 国的提供曲线 OA 上，那就必定同 A 国的贸易无差异曲线 I_A 相切；同样，P 点既然在 B 国的提供曲线 OB 上，那就必定同 B 国的贸易无差异曲线 I_B 相切。因此，在 P 点，A 国的贸易无差异曲线 I_A 又必定同 B 国的贸易无差异曲线 I_B 相切。这就是说，在国际价格线 OP 上，P 点是国际交换的均衡价格。只有在这一点上，两国的进出口量正好相等，并且都达到了最高的一条贸易无差异曲线。

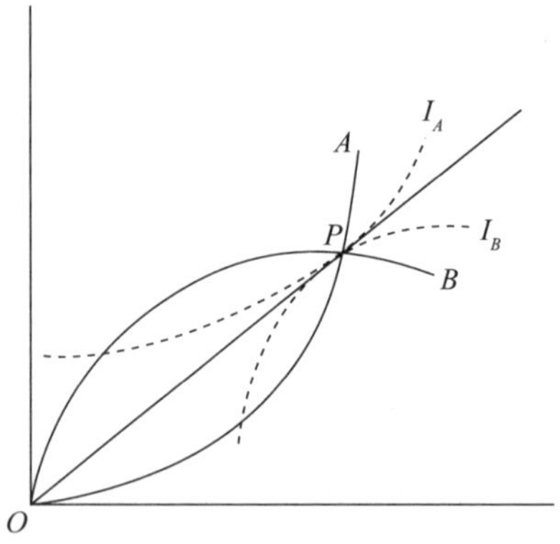

图 4　提供曲线

很明显，米德的提供曲线是马歇尔的相互需求和供给曲线、哈伯勒的生产替代曲线、里昂惕夫和勒纳的无差异曲线的混合物。所谓提供曲线，乃是“新古典学派”试图说明两个贸易参加国之间供给和需求的相互作用的一种几何方法，“新古典学派”企图以此来解决贸易处于均衡状态时精确的贸易条件即交换比率如何确定的问题。“新古典学派”指责古典经济学家的优秀代表斯密和李嘉图过于重视供给条件而对需求条件不够重视，只有该学派自身才赋予供给条件和需求条件以同等的重要性。

事实上，“新古典学派”对古典学派的批评是建立在对古典优势原理的曲解之上的。古典学派的优秀代表们完全懂得供给和需求对国际市场价格的影响，但是他们没有停留在供求关系的表面现象上，而是力图深入到事物的本质中去，寻求形成国际市场价格的基础。劳动价值理论正是他们说明问题的关键。这样做，是古典学派的科学态度的表现，而绝不是什么犯了片面重视供给条件的错误。

“新古典学派”标榜他们赋予了供给条件和需求条件以同等的重要

性，实质上则是抽掉国际市场价格的基础，企图用庸俗的供求理论说明国际市场价格的形成。

提供曲线以供求理论为立论之本，并以生产替代曲线补充说明供给方面，以无差异曲线补充说明需求方面，这就把供求理论、没有价值的价格理论、边际效用理论等庸俗理论融合为一体。被置于这些庸俗理论之上的国际均衡价格理论，根本没有触及国际价格的基础和实质，它不过是马歇尔的均衡价格理论在国际市场上的应用和推广。

（三）“现代学派”的“生产要素比例—生产要素密度”原理

在现代西方经济论著中，瑞典的赫克歇尔、俄林和美国的萨缪尔森等人通常被称为国际贸易理论的“现代学派”。现代资产阶级经济学家认为，古典学派的国际贸易理论把比较成本的差异同各国之间比较劳动生产率的差异联系在一起，“新古典学派”的国际贸易理论把比较成本的差异同各国之间比较机会成本的差异联系在一起，他们都未能真正解释国内价格比率和国际价格比率互相背离的原因。据说，只有把比较成本的差异同各国之间比较生产要素禀赋的差异联系起来，问题才能得到解决。《一般均衡分析》一书的作者克罗斯和约翰逊说：“这项更为基本的任务留给了现代国际贸易理论家，他们的核心贡献是赫克歇尔—俄林—萨缪尔森定理。这一定理起源于赫克歇尔，由俄林做了详尽阐述，它的现代形式大都归功于萨缪尔森所提供的分析技术和叙述方式。”①

赫克歇尔于 1919 年发表《对外贸易对收入分配的影响》一文②，提出了生产要素比例分析。俄林在 1933 年的《地区间贸易和国际贸易》一书中继承并进一步发展了赫克歇尔的基本观点，他说，“我自然受到赫克歇尔论文的很大影响”，“我接受了赫克歇尔 1919 年论文《对外贸易对收入分配的影响》的一些基本思想，经过某些修改以后，使这些思想成为我早先已经开始制定的国际贸易相互依存理论的组成部分。我觉得它们相当协调”③。20 世纪 40 年代初到 50 年代初，萨缪尔森在许多论文中用现代分析工具对俄林的要素比例—要素密度原理进行了理论上和技术上的论证和阐述。

以俄林体系为代表的现代比较优势原理，用生产三要素即土地、劳

---

① M. B. 克罗斯、H. G. 约翰逊：《一般均衡分析》，191～192 页，伦敦，1974。

② 参见 E. F. 赫克歇尔：《对外贸易对收入分配的影响》，英文译文载《国际贸易理论文集》。

③ B. 俄林：《地区间贸易和国际贸易》（修订本），23、306 页，剑桥（马萨诸塞），1968。这本书被西方经济学家说成是现代国际贸易理论的“经典著作”。

动、资本解释优势，用生产要素的投入的货币价格总额解释成本，强调对外贸易受互相依存的产品和生产要素市场和价格的指导，认为对外贸易会导致可出口商品所使用的生产要素价格的均等化。现代比较优势原理的主要特点是把比较成本差异说成比较生产要素禀赋的差异，认为生产要素禀赋的相对充裕或相对稀缺，是比较优势或比较劣势的决定因素。资产阶级国际经济学家斯奈德在解释这一特点时说："比较成本的差异是建立在各国之间相对生产要素禀赋的差异的基础上的。生产某些商品所需要的生产要素在某一国家的供给相对最多，这个国家在这些商品的生产上就会拥有比较优势，并且会出口这些商品；生产某些商品所需要的生产要素在这个国家的供给相对最少，这个国家在这些商品的生产上就会处于比较劣势，就会进口这些商品。"①

俄林认为，他关于国际贸易基础的新理论是生产要素比例—生产要素密度理论。俄林继承了萨伊以来庸俗经济学的传统，用生产要素价格理论反对劳动价值理论。他的逻辑是，存在三种生产要素：土地、劳动和资本，而古典经济学家只用三种生产要素中的劳动这一种生产要素来说明商品的价值，没有同时考虑另外两种生产要素的作用，因而是错误的。这样，俄林在把劳动价值理论歪曲成"一种生产要素"价格理论后，便公然地把生产三要素价格理论引进了国际经济学，并将其作为现代比较优势原理的基础和出发点。

按照俄林的说法，各个不同的国家具有不同的"要素比例"。所谓要素比例，就是指一个国家所拥有的土地、劳动、资本三者的构成。俄林说，各个国家的土地、劳动和资本的比例是各不相同的：一些国家土地相对较多而劳动、资本相对较少，另一些国家劳动相对较多而土地、资本相对较少，还有一些国家资本相对较多而土地、劳动相对较少。生产要素禀赋的不同，或者说，生产要素在各个国家之间分配的不平衡，决定了各个国家要素比例的区别。

按照俄林的说法，不同的商品具有不同的"要素密度"。所谓要素密度，就是指商品生产中使用的土地、劳动和资本三者的比重。生产不同的商品，需要不同数量的土地、劳动和资本的组合。生产小麦，通常需要很多的土地和较少的劳动和资本；生产布匹，通常需要很多的劳动和较少的土地和资本；生产机器，通常需要很多的资本和较少的土地和

① D. A. 斯奈德：《国际经济学导论》，12页，伦敦，1975。

劳动。这样，商品就可以按照不同的要素密度区分为不同的要素密集型：小麦是土地密集型的，布匹是劳动密集型的，机器是资本密集型的。

要素比例和要素密度的结合，就成了赫克歇尔—俄林—萨缪尔森比较优势原理的基础。按照这种现代比较优势原理，一个国家应当谋求要素比例和要素密度的一致性。这就是说，一个国家如果某一生产要素相对充裕，那么就应当生产这一生产要素密度大的商品。原因是，相对充裕的生产要素价格低，对生产者来说，主要投入的货币成本就低。这种在生产上具有货币成本优势的商品，在世界市场上就会具有价格优势。主要投入的货币成本越低，生产者在国际贸易中的价格优势就越大。

俄林等人采用了“许多国家—许多商品”的国际贸易模型，通常用“三个国家—三种商品”的国际贸易模型。假定世界上存在三个国家：阿根廷、印度和英国。阿根廷拥有相对充裕的土地，印度拥有相对充裕的劳动，英国拥有相对充裕的资本。再假定有三种商品：小麦、布匹和机器。小麦是土地密集型的，布匹是劳动密集型的，机器是资本密集型的。在存在国际贸易的情况下，每个国家无须什么都生产。国际贸易会把各个国家紧密地联系在一起，使它们之间产生互相依存的关系。当阿根廷、印度、英国开展贸易之后，阿根廷发现，自己的布匹竞争不过印度，自己的机器竞争不过英国，只有充分利用自己的比较优势，把生产要素用来扩大小麦的生产和出口，才能提高经济效率。同样，印度也发现，本国的小麦竞争不过阿根廷，机器竞争不过英国，只有扩大布匹的生产和出口才能发挥自己的优势。当然，英国也发现，自己的比较优势不在小麦和布匹，而在机器。在此情况下，每个国家都在竞争性的国际市场价格的指导下，调整自己的经济，发展专业化生产。

由此，俄林等人提出了国际分工的模式：阿根廷专业化于小麦，印度专业化于布匹，英国专业化于机器。一般地说，土地这一生产要素充裕的国家，应当专业化于土地密集型经济；劳动这一生产要素充裕的国家，应当专业化于劳动密集型经济；资本这一生产要素充裕的国家，应当专业化于资本密集型经济。

俄林等人还提出了“生产要素价格均等化原理”。他们认为，古典学派和“新古典学派”关于生产要素在国家间不能自由流动的假设是不妥的。按照这一假设，既然各个国家的生产要素价格不同，生产函数也就不同。俄林等人说，不能认为各个国家具有不同的生产函数，相反，应当假设各个国家具有相同的生产函数，生产要素是可以自由流动的，可以从价格低的国家流向价格高的国家。生产要素自由流动的结果，最终会使各国的生产要素价格出现均等化趋势。但是，这种流动并不一定要以生产要素的形式进行，而完全可以以商品的形式进行。就是说，这种流动并不是土地、劳动、资本本身的进口和出口，而是它们的结合物即它们生产出来的商品的进口和出口。因此，在他们看来，国际贸易就意味着各国生产要素的自由流动。生产要素的这种自由流动，不仅使商品形成了统一的国际价格，而且使生产要素的国际价格趋于均等化，使各国的地租、工资和利润趋于均等化。

仍然以阿根廷、印度和英国为例。阿根廷的生产要素禀赋适宜于发展土地密集型经济。开始时，土地比较便宜。但是，随着小麦出口量的增长，对土地的需求越来越大，土地这一生产要素也就越来越贵。与此同时，阿根廷原来相对稀缺因而价格较高的劳动和资本，这时由于从布匹和机器的生产中游离了出来，因而价格有下降趋势。类似的情况也在印度和英国出现了。印度发展劳动密集型经济的结果是，对劳动的需求增加了，因而劳动价格上涨了。英国发展资本密集型经济的结果是，对资本的需求增加了，因而原来便宜的资本变得不便宜了。一般地说，在进行国际贸易之后，各个国家原来充裕而便宜的生产要素的相对价格有上涨趋势，原来稀缺而昂贵的生产要素的相对价格有下降趋势，这样就出现了各国生产要素价格均等化也就是地租、工资和利润均等化的趋势。

可见，“赫克歇尔—俄林—萨缪尔森定理”把比较优势和国际贸易问题仅仅归结为生产要素领域的问题：用比较生产要素的成本来定义比较成本，用生产要素的禀赋来说明优势，用生产要素的不同组合来说明国际贸易发生的原因，用生产要素价格来解释国际市场价格，用生产要素价格均等化来说明国际贸易利益的分配。因此，这种比较优势原理实际上是一种比较生产要素优势原理。

“要素比例—要素密度”理论是建立在庸俗的“生产三要素论”之上的。俄林竭力反对劳动价值理论，公然声称：“我从批判古典劳动价值理论开始。因为正统的国际贸易理论是建立在这种价值理论上的。”① 抽掉古典比较优势原理和国际贸易理论的劳动价值理论基础，就是阉割掉它的科学因素。在生产要素价值理论基础上改造古典比较优势原理，

① B. 俄林：《地区间贸易和国际贸易》，571页，剑桥（马萨诸塞），1933。

就是把原来包含有合理内核的比较优势原理庸俗化。把劳动价值理论从它的最后一个阵地即从比较优势原理和国际贸易理论上清除掉，这就是“现代学派”对资产阶级经济理论作出的“重大贡献”。

同以往的许多经济学家一样，“现代学派”的比较优势原理也完全撇开了资本主义的生产关系。“现代学派”形成于两次世界大战期间，这正是帝国主义国家扩大商品输出，尤其是扩大资本输出的时期。这一时期的资产阶级比较优势原理和国际贸易理论是为帝国主义扩大商品输出和资本输出提供理论依据的，是为帝国主义掠夺和剥削殖民地和附属国服务的。俄林等人避而不谈这一事实，不敢涉及这种现实的国际经济关系，而是抽象地说什么“充裕的生产要素相对便宜，稀缺的生产要素相对昂贵……供给充裕的生产要素就出口，供给稀缺的生产要素就进口”① 等，这就掩盖了帝国主义对殖民地和附属国的剥削和掠夺的实质，掩盖了帝国主义国家之间为争夺国外市场和投资场所而进行的斗争的实质。不管俄林意识到没有，他的国际分工模式都是同帝国主义和殖民主义的利益完全吻合的。

“生产要素禀赋”理论把优势归结为生产要素的禀赋，否认优势是特定历史条件的产物。事实上，优势虽然离不开必要的自然条件，但是它本质上是历史的产物。优势不是一成不变的，它会随历史条件的变化而变化。英国工业品曾在很长的历史时期内在国际贸易中占绝对优势，而美国的经济发展在很长的历史时期内则处于从属于英国的地位，是英国的工业品销售市场以及粮食和棉花的供应基地。1866 年，马克思认为仍然应当把当时的美国看做英国的殖民地。直到美国成为世界第二大工业国时，恩格斯还认为它的殖民地性质并没有因此完全丧失掉。可是在第二次世界大战后，美国却取代了英国在国际市场上占有绝对优势。20 世纪 50 年代末 60 年代初以来，美国的优势地位又逐渐失去，而西欧和日本则渐居上风。“生产要素禀赋”理论很难说明这种历史现象。

把比较优势归结为生产要素领域的问题，这实际上不过是把从事资本主义生产和贸易的当事人的观念予以理论化。资本家不关心商品生产所耗费的东西，而只关心商品生产使他所耗费的东西。也就是说，他不关心生产商品（当然也包括出口商品）实际耗费的劳动，而只关心它的

① B. 俄林：《地区间贸易和国际贸易》，63 页，剑桥（马萨诸塞），1933。

成本价格，也就是生产商品实际耗费的不变资本和可变资本的价格。正是这种成本价格决定了资本家在国际市场上的竞争能力，也正是这种成本价格大小决定了国际贸易利润的多少。这种现象，就使资产阶级国际贸易理论家把生产要素价格看做比较优势的决定因素。

如果说，“赫克歇尔—俄林—萨缪尔森定理”有什么实际意义的话，那么，这仅在于它反映了资本家所面临的国际市场竞争和要素价格之间在现象上的联系。马克思对此早就做过科学的分析，指出：“如果一个国家的工资和土地价格低廉，资本的利息却很高，因为那里资本主义生产方式总的说来不发展，而另一个国家的工资和土地价格名义上很高，资本的利息却很低，那末，资本家在一个国家就会使用较多的劳动和土地，在另一个国家就会相对地使用较多的资本。在计算两个国家之间这里可能在多大程度上进行竞争时，这些因素是起决定作用的要素。因此在这里，经验从理论方面，资本家的利己打算从实际方面表明：商品价格由工资、利息和地租决定，由劳动的价格、资本的价格和土地的价格决定；这些价格要素确实是起调节作用的形成价格的要素。”① 这里要注意，马克思的这段话是在撇开补偿不变资本部分的前提下说的。如果以为商品的价格仅由“生产三要素”的价格形成，那就没有跳出“斯密教条”的泥潭，而“现代学派”的理论家们正是深深地陷入这个泥潭而不能自拔。还应当注意，马克思在讲这一段话时，认为商品价格除了由工资、利息和地租这几个要素相加得出的成本价格以外，总还有一个余额，这就是由竞争决定的平均利润。

如果说，“赫克歇尔—俄林—萨缪尔森定理”多少也还有点理论意义的话，那么，这仅在于它以歪曲的形式涉及了国际生产价格问题。这就是，它承认国际市场上的商品具有统一的国际市场价格，它承认用于国际贸易的资本具有均等化的利润率。但是，由于“现代学派”的理论家们的阶级偏见和理论偏见，他们反对劳动价值理论，错误地用作为“生产三要素”价格总和的成本概念取代古典优势原理的劳动实际耗费的成本概念，因而不可能有任何科学的价值概念②，更不可能有任何科学的国际价值概念。他们当然也就不可能懂得从价值到生产价格的转

① 《马克思恩格斯全集》，第25卷，988～989页。

② “很清楚，价值的概念在这里完全消失了。剩下的只是如下意义上的价格的观念：把一定数量的货币支付给劳动力、资本和土地所有者。”——《马克思恩格斯全集》，第25卷，975页。马克思的这段话，完全适用于国际贸易理论的“现代学派”。

化，不可能懂得从国际价值到国际生产价格的转化。

俄林等人所说的各国生产要素价格均等化的趋势，现在在西方经济学界也是一个颇有争议的问题。一些经济学家肯定这一趋势的存在，并且做了进一步的论证；另一些经济学家否定这一趋势的存在，俄林等人的观点被他们叫做“要素价格均等化的神话”。

对于俄林等人的“要素比例—要素密度”理论，一些经济学家试图从统计上进行验证。其中著名的有里昂惕夫用投入产出分析法对美国1947年至1951年的进出口贸易所做的验证。① 里昂惕夫验证的目的在于证明俄林等人的理论的正确性，而验证的实际结果却是对俄林等人的理论的否定。按照俄林等人的理论，现代美国属于资本相对充裕而劳动相对稀缺的国家，应当出口资本密集型商品而进口劳动密集型商品，然而里昂惕夫的投入产出分析表明情况正好相反，美国出口的主要是劳动密集型商品而进口的主要是资本密集型商品。现代经济学家把这种检验所得到的反常结果叫做“里昂惕夫矛盾”。据说，里昂惕夫检验的结果不仅为美国随后的若干年份的资料所一再证实，而且也为日本、加拿大、印度等国的研究所进一步证实。一些经济学家试图用“土地和劳动的异质性”、“技术差异”、“产品周期”、“嗜好的相似性”等理论对俄林体系加以修补，以圆其说，另一些经济学家则认为“里昂惕夫矛盾”证明了俄林等人的理论与事实不符。

上述经济学家之间的争吵，至少说明，即使在西方经济理论界，对俄林等人的比较优势原理和国际贸易理论也不是没有怀疑。

四、几点结论

通过以上对古典优势原理及其演变的分析，我们可以得出以下几点结论。

(1) 古典优势原理是适应资本主义经济发展的需要产生的，在历史上曾经起过反对重商主义政策、促进资本主义生产方式和交换方式国际化的积极作用。

---

① 参见W. W. 里昂惕夫：《国内生产和对外贸易》，载《美国哲学学会纪录》(1953年9月)，332～349页；《要素比例和美国贸易结构》，载《经济学与统计学评论》，1956年11月号，386～407页；《要素成本和要素使用的国际比较》，载《美国经济评论》，1964年6月号，335～345页。

（2）古典优势原理以劳动价值理论为基础，力图证明生产专业化和国际分工有利于节约社会劳动时间、提高劳动生产率和整个经济效率，有利于生产力的发展。这是古典经济学家优秀代表们对经济理论所作的科学贡献的一个部分。

（3）古典经济学家抽象地从发展生产力出发研究国际贸易和国际分工，忽视生产关系对国际贸易和国际分工的制约作用，把特定历史条件下形成的世界上一部分地区成为工业中心而其余地区作为工业品销售市场、粮食和原料供应基地的从属关系当做自然的、永恒的国际经济关系。古典经济学家提出的国际分工模式是符合当时英国资产阶级对外扩张的利益和要求的。

（4）比较优势原理演变的历史说明，李嘉图以后的许多经济学家在理论上并没有真正把比较优势原理朝着科学化的方向向前推进，相反，他们用供求理论、边际效用理论、生产要素理论等庸俗价值理论取代了古典经济学家的劳动价值理论，因而把古典优势原理庸俗化了。现代资产阶级经济学家还力图把经他们修正过的比较优势原理同现存的国际经济现象衔接起来，有利于对帝国主义的国际贸易和国际分工进行理论上的论证。在这一方面，现代优势原理具有明显的辩护性。现代资产阶级经济学家在把从事对外贸易的资本家的日常观念理论化时，试图为资产阶级及其政府提供对外贸易的指导原则。在这方面，现代优势原理有一定的实用性。

（5）古典学派、“新古典学派”和“现代学派”都试图从理论上说明国际价格的形成问题，但是，它们的阶级局限性和理论局限性决定了它们不可能对这些问题做出科学说明。只有将马克思的国际价值理论和恩格斯的生产价格应用于国际贸易的理论，才能在原则上正确地解决国际贸易中的这一基本理论问题。

（6）古典学派、“新古典学派”和“现代学派”都注意到国际贸易利益的分配问题，但是，阶级局限性使它们的理论带有明显的辩护色彩，而不可能在这个问题上得出正确的结论。只有将马克思的价值理论和剩余价值理论应用于国际贸易中，才能在原则上证明在资本主义的对外贸易中两国都获利，但一国总是吃亏，证明处于优势地位的国家能以较少的劳动换回较多的劳动，证明一国可以不断攫取另一国的一部分剩余劳动而在交换中不付任何代价，证明比较富有的国家剥削比较贫穷的国家。

小商品生产者的总供给—总需求理论*

英国19世纪20年代出现过一批以资产阶级古典政治经济学，特别是以李嘉图的经济理论为基础的社会主义经济学家，约翰·格雷(1798①—1850)是其中的代表之一。他的主要著作有《人类幸福论》(1825)、《社会制度——论交换原理》(1831)、《防止人民不幸的可靠手段》(1842)和《论货币的本质及其用途》(1848)。商务印书馆1963年出版了格雷的第一部著作《人类幸福论》的中译文，1986年出版的《格雷文集》中译文收集了他的后三部著作。

《人类幸福论》是格雷为《专门拥护欧文先生的计划》② 而写的一部欧文主义著作，是他的一部优秀作品。写作此书时的格雷基本上是一个欧文主义者。不过，这部著作已经显示出格雷在所有制问题上和欧文的原则性分歧。③ 在以后的著作中，尽管格雷还说他设计的社会制度"许多地方跟欧文先生的计划完全相符合"④，但他强调欧文的许多见解他是永远不会赞成的。

和《人类幸福论》相比较，《格雷文集》中的观点总的说来不是前进而是后退了。从经济理论的角度看，贯穿《格雷文集》始终的是资产阶级庸俗经济学的萨伊定律。格雷按照小商品生产者的观点解释了萨伊定律，建立了自己的总供给—总需求理论，并据此制定了组织流通的社会改革方案。

一、萨伊定律渗透进社会主义经济学家的思想

萨伊定律的基本内容是供给能够创造自己的需求。按照这一定律，

---

* 原载《马克思主义来源研究论丛》第10辑，307～327页，北京，商务印书馆，1988。

① 一说1799年。参见路德维希·H·麦：《经济学中的人物和思想》，100页，新泽西，1975。

② 参见《格雷文集》，204页，北京，商务印书馆，1987。

③ "这里所谈到的计划，和欧文先生的计划截然不同，但是我希望它将是有益的，它会向全世界证明，利益的一致跟个性和跟财产的差别完全是并行不悖的。"——约翰·格雷：《人类幸福论》，71页，北京，商务印书馆，1963。

④ 《格雷文集》，222页。

社会的生产活动能够创造出足够的需求来吸收所供给的全部产品。因此，商品的总供给等于总需求。虽然个别商品可能供过于求，但不会出现普遍的生产过剩。

在《格雷文集》中，到处可以见到萨伊定律的影子。格雷熟悉亚当·斯密，多次引证过斯密的《国民财富的性质和原因的研究》，却一次也没有提到过萨伊及其代表著作《政治经济学概论》。那么，萨伊定律是怎样渗透进格雷的社会主义经济思想的呢？原来联系萨伊著作和格雷著作的有一个"中间宿主"，这就是开始庸俗化李嘉图的约翰·穆勒的《政治经济学原理》。格雷十分熟悉穆勒的这一著作，连篇累牍地引证其中的观点，并将这些观点融合进了自己的理论体系。

格雷一而再、再而三地从约翰·穆勒的《政治经济学原理》第二版序言中引证："一国的总需求和总供给始终是相等的，生产绝不会超过市场的需求，换言之，商品绝不可能发生普遍过剩的现象。"① 这样，格雷从穆勒那里一下子就抓住了萨伊定律，或者说，萨伊定律一下子就抓住了格雷。

萨伊定律的逻辑逼着格雷跟在穆勒后面一步一步地往下走。格雷相信穆勒的以下说法：如果一个人生产的商品就是自己想享有的商品，那么到了供给等于需求的时候，生产就会停止。如果这个人生产的这种商品的数量比自己需要的数量多，那一定是为了用自己生产的商品的剩余部分去交换他所需要的另一种商品。分工和专业化的发展使生产者只消费自己生产的一小部分，大部分用来交换自己所需要的别人生产的商品。其实，一个人自己生产，自己消费，就无所谓供给，也无所谓需求，因为在这种情况下不存在交换。供给和需求显然同交换有关，是同买方和卖方有关的用语。社会的供给和需求是指供给总量和需求总量。一个国家在某一时期的供给等于需求是指这个国家所有商品的供给总量等于所有商品的需求总量，而不是每一种商品的供给量和需求量。就个别商品而言，供给和需求不等是可能存在的。需求必须具备的条件是购买商品的欲望和支付商品价款的等价物。等价物是任何需求的必要基础，二者可以相互替代：等价物可以叫做需求，需求可以叫做等价物。就每一个商品生产者而言，他的购买商品的欲望和购买手段正好对应于他所生产的但自己不消费的商品数量。商品生产者生产而不消费的商品

① 《格雷文集》，168、351、487页注①。

数量是供给，他的购买欲望和购买手段是需求，二者相等，就意味着每一个商品生产者的供给都等于需求。并不是一个商品生产者只有供给，另一个商品生产者只有需求，而是每一个商品生产者都既有供给，又有需求。既然每个人的供给和需求相等，那么整个国家或社会的总供给和总需求就会经常相等。某种商品可能过剩，这意味着别种商品可能短缺，短缺的数量正好等于过剩的数量。过剩的商品的价格下降，短缺的商品的价格上涨，资本就会从前者转移到后者的生产中来，直到供给等于需求为止。总之，一切都证明总供给和总需求相等，生产不会超过需求。生产是需求的原因，而且是唯一的原因。一个国家绝不会缺少足够容纳全部产品的广阔市场。

在格雷的心目中，穆勒陈述的萨伊定律的逻辑简直是铁的逻辑。格雷被这一逻辑所俘虏，说："我认为如果撇开货币不谈，那么要推翻这种论断是完全不可能的。"① 又说："只要撇开任何货币制度不谈，那么在穆勒先生的论断中，人们的才智就找不出什么错误，也想不出甚至使头号诡辩家能用以推翻穆勒做出的结论的巧妙办法。"②

不过，格雷接受穆勒表述的萨伊定律是有条件的，这个条件就是以上引文中的"如果撇开货币不谈"或"只要撇开货币制度不谈"。格雷十分强调这个假设条件。"撇开货币不谈"的意思可以有两种理解。一种理解是，格雷意识到了直接的产品交换和商品流通的区别，撇开货币意味着讨论的只是直接的产品交换，而不是商品流通。另一种理解是，撇开货币意味着假设商品流通不受货币数量的限制。前一种理解不符合格雷的原意，因为他虽然在个别场合提到过"直接的交换"，但是在所有重大的理论问题上都错误地把商品流通和直接的产品交换混为一谈。后一理解是符合格雷原意的，他认为资本主义商品经济的全部问题都只在于现行的货币制度，用社会主义商品经济取代资本主义商品经济的根本途径也只在于改变现行的货币制度。

格雷同意亚当·斯密关于交换是一种人类倾向的说法，他把人的本性定义为交换的动物③，把交换看做社会的基础，称交换是社会之父。④当社会的进步已经使直接的交换成为不可能时，交换就需要媒介，就需

① 《格雷文集》，356 页。
② 《格雷文集》，351 页。
③ 参见《格雷文集》，289 页。
④ 参见《格雷文集》，39 页。

要价值尺度和交换工具。格雷接受古典政治经济学的劳动价值理论，认为劳动是财富和价值的源泉，就像欧文把价值尺度分为“自然的价值尺度”和“人为的价值尺度”一样，格雷也认为劳动是自然的价值尺度，黄金是虚构的价值尺度。①

格雷提出这样的问题：“我们是坚持我们的虚构的价值尺度——黄金，从而把我国的生产资源监禁起来呢？还是采用天然的价值尺度，从而解放我们的生产资源呢?”② 他认为：“这就是全部货币问题的主要之点。”③

格雷对他的这一令人费解的论点是这样论证的：货币是需求，商品是供给。要使总供给等于总需求，货币的数量就必须等于商品的数量。例如，商品为100，货币也为100，二者相等，这表明供给是多少，需求也是多少。这时，既无过剩，又无短缺。如果商品数量增加，货币数量也以相等的规模增加，那么供给和需求仍然保持平衡。格雷称这种平衡是供给和需求的自然平衡。在平衡的状态下，由于生产是需求的自然原因，所以存在生产和需求完全平衡的绝对必然性。也就是说，商品生产不会受到需求的约束，供给会创造需求。一方的供给就是另一方的需求，一方的需求就是另一方的供给，二者互为同义语，始终完全相等。在这种情况下，虽然比例失调的可能性依然存在，但是，普遍的生产过剩不会发生。

然而，资本主义商品经济的现实并非如此。格雷看到，许多生产者的商品找不到销路，生产受到需求的约束。生产相对过剩的结果是部分商品价格下降，亏损使许多生产者破产，失业和饥饿成了劳动者无法摆脱的命运。

格雷在思考和诊断资本主义商品经济的病症时，不是从资本主义商品经济的特殊性质，而是从商品经济的共有特点来探索资本主义商品经济的病因。他的思路是：货币形式变成商品形式很容易，然而商品形式变成货币形式很难。这就出现了供给超过需求的现象。究其根源，乃在于需求不足。格雷由于把货币直接看做需求，因而断言需求不足就是货币不足。

货币不足的原因何在？格雷认为，金属货币制度是造成货币不足的

---

① 参见《格雷文集》，444页。

② 《格雷文集》，444页。

③ 《格雷文集》，444页。

原因。按照他的说法，金、银、铜等金属和其他商品一样具有内在的价值，任何商品的价值都是变动的，金币、银币、铜币的价值也是变动的，因而不适合作为价值尺度。更严重的问题是，金属货币的材料采掘困难，这就造成了增加金属货币数量的困难。和金属货币不同，包括生活必需品、舒适品和奢侈品在内的商品数量的增加很快。这样，生产金属货币比生产普通商品难得多。生产金属货币是有限的，生产普通商品是无限的。以金属货币作为价值尺度，就出现了金属货币生产的有限性和普通商品生产的无限性之间的矛盾。因为格雷认为货币是需求，商品是供给，所以，金属货币生产的有限性和普通商品生产的无限性的矛盾，就是需求和供给的矛盾。

格雷翻来覆去地说，生产本来应当像穆勒说的那样是需求的原因，可是现在的货币制度却使生产成为需求的结果。供给和需求本来应当是同义语，二者本来应当自然地平衡，可是现存的货币制度使供给不等于需求。他不止一次地用表1说明货币数量和商品数量不一致造成的严重后果。①

表1　　货币数量和商品数量不一致的后果

商品100，货币100　　　　——真实价格
商品数量增加到110，货币仍旧是100——亏损10%
商品数量增加到120，货币仍旧是100——亏损20%
商品数量增加到150，货币仍旧是100——亏损50%
商品数量增加到200，货币仍旧是100——亏损100%

从格雷的表中可以看到，当商品为100，货币也为100时，供给和需求平衡。这时商品的价格被格雷叫做真实价格。据格雷解释："使商品和货币保持均衡状态，生产在这种状态下就能提供公平的利润。"②当商品数量增加，而货币数量不变时，商品生产者不仅无利可图，而且会遭受亏损。在货币数量固定为100的情况下，商品数量从100依次增加到110、120、150、200时，亏损依次为10%、20%、50%、100%。商品数量增加得越多，亏损就越严重。结果是，不仅商品生产者的商品价格下降，而且"他们自身要破产，需求很快会全部停止，生产也会停顿下来，而劳动阶级照例必然陷入饥饿和贫困"③。据此，格雷宣布金

① 参见《格雷文集》，294、374页。
② 《格雷文集》，375页。
③ 《格雷文集》，488页注、229页。

属货币制度是工业的镣铐，是生产力的桎梏，它“在丰裕之中产生了贫困和饥馑”①。

格雷根据表1来解释生产过剩问题。他说，商品数量比货币数量增长得快，这就是造成所谓生产过剩的症结。其实可以用各种方法证明，这绝不是而且不可能是一般的商品生产过剩。他认为，真正的灾祸是，货币生产不足。②

至此，完全可以了解，格雷在接受萨伊定律时为什么要加上“如果撇开货币不谈”或“只要撇开货币制度不谈”这类前提条件。他认为，詹姆斯·穆勒和麦克库洛赫在论证总供给必然等于总需求时只有一个错误，这就是：“他们两人都忽视了这一事实，即商品生产出来以后，应该换成货币形态，而货币形态在数量上不能跟其他商品总和一样迅速地增加。”③

格雷实际上是把资本主义商品经济中的生产相对过剩问题仅仅归结为简单商品经济中的形态变化的难易问题。他遇到的本是资本主义商品生产中的矛盾，可是他以为这是一般的商品流通过程中的矛盾。格雷认为，商品转化为货币很困难，而货币转化为商品很容易。也就是说，在商品流通过程中，卖很困难，而买很容易。他从来没有再深入地思考商品转化为货币比货币转化为商品困难的根源何在，而是按照商品流通过程中的表面现象把全部问题归结为货币数量的增长赶不上商品数量的增长，解决问题的办法也就在于使货币数量和商品数量同步增长，以便使商品转化为货币也像货币转化为商品一样容易，使卖也像买一样容易。格雷说：“商业社会的大灾难在于需求和生产没有步调一致的趋向，买总是比卖容易些；救治的方法在于使卖和买同样变得轻而易举。现在生产跟着需求走，这种现象应扭转过来，不管生产发展得怎样快，需求都要跟着生产走。”④

二、组织流通但不组织生产的改革方案

格雷提出的社会改革方案是只组织流通但不组织生产的方案。这个

① 《格雷文集》，488页注、229页。

② 参见《格雷文集》，295、375页。

③ 《格雷文集》，168页。

④ 《格雷文集》，222页。

方案的出发点就是供给创造需求的萨伊定律。格雷声称，詹姆斯·穆勒关于总供给必定经常等于总需求的论断在实施他的改革方案的社会中“将全部变成真理”①。

格雷认为生产或福利有四个条件或组成要素，“这些条件或组成要素就是：第一，应该有足够的土地；第二，应该有足够的劳动；第三，应该有足够的资本；第四，生产应该是需求的经常不变的原因，或者换句话说，卖应该同买一样容易”②。据格雷解释，第四个条件就是“立即交换的机会”③。要立即交换，就要有适当的交换工具。人们在各个历史时期先后使用过的公牛、贝壳、金属、烟草、钉子、串珠、金币、银币、铜币、银行券、期票等都不是适当的交换工具。格雷认为，任何自身有价值的商品都不能同其他所有商品一起按比例增加，因而都不适合充当价值尺度和交换工具。格雷全力寻找的就是适当的价值尺度和交换工具。在他看来，只要找到了这种价值尺度和交换工具，不管商品生产者生产出多少商品，都能获得立即交换的机会，也就是生产成为需求的原因，二者同时并按照同等程度增长。

格雷把金银币叫做“国王”币和“贵族”币。④ 同商品“平民”相比，“国王”币和“贵族”币处于特权地位。他的改革方案是要取消“国王”币和“贵族”币的特权，把它们降为“平民”，和普通商品平起平坐。金属货币的数量受到生产的限制，不能迅速地随商品数量一起增加，因而不适合作为价值尺度和交换工具。以金属货币为担保的银行券数量受到金属货币数量的限制，也不能迅速地随商品数量一起增加，因而也不适合作为价值尺度和交换工具。格雷认为货币的最重要的品质是它的内在无用性，只有本身没有价值但数量能够迅速增加的东西才能充当价值尺度。纸币没有价值，却充当价值尺度和交换手段，这是格雷颇感兴趣的重要经济现象。在金币、银币、铜币、银行券和纸币中，格雷显然偏爱纸币。他说：“纸币数量随生产品的增加而增加，随生产品的被消费而减少，纸币应该构成我们的幸福之殿堂的墙壁，而国民资本则应该是这座殿堂的基础。我们首先建造起这样的墙壁和基础，然后求助艺术家、雕塑家和各种装饰师，使殿堂建筑工作完成得合乎我们的嗜

① 《格雷文集》，488 页注。
② 《格雷文集》，17 页。
③ 《格雷文集》，17 页。
④ 参见《格雷文集》，250 页。

好、经验和精雅感的要求。”①

纸币启发了设计和建筑幸福殿堂的格雷。格雷的改革方案是建立交换银行和发行劳动货币。他说：“为了近乎百分之百地消灭我们国家现时所受的一切灾难，不管这些灾难来自工人失业，还是来自劳动工资太低，我们都只要求做两件事情：第一是建立银行制度，以恢复供求双方的自然关系……第二是确立真正的价值尺度，以代替现时被错误地叫做价值尺度的虚构物。”②

按照格雷的想法，交换银行是为经营批发业的工业家、商人和经纪人服务的一种银行。联合王国应在伦敦、爱丁堡和都柏林各设一个交换银行，并在其他大小城市设立分行，要使伦敦交换银行遍布英格兰，爱丁堡交换银行遍布苏格兰，都柏林交换银行遍布爱尔兰。

格雷规定：“交换银行的业务包括：第一，发行纸币以代表一切可以送上交换系统市场的动产及不动产的全部财产的价值；第二，无论什么人从市场上拿去上述财产以后，都能经常随即收回这项货币。”③ 这些规定表明，交换银行发行和收回货币都是和交换系统市场相联系的。进入交换系统市场的商品数量是多少，交换银行发行的货币数量就是多少。退出交换系统市场进入消费的商品数量是多少，交换银行收回的货币数量就是多少。这样，“货币数量随着生产品数量的增加而增加，随着生产品停止使用或消费掉而减少，需求和生产步调始终是一致的”④。

格雷在这里说的货币或纸币，不是商品流通中的那种货币，而是一种特殊的货币。他经常把这种货币叫做劳动货币。格雷认为，货币的真正用途就像秤和尺一样在于估价和计量商品交易，使等价物的供给和需求容易实现。因此，作为最常用的生活必需品，货币应该像秤和尺码那样方便和简单，那样为参加交易的人所乐意接受。和其他货币相比，只有劳动货币适合这种用途。

按照格雷的组织交换的方案，劳动货币应当是交换银行根据需要而发行的银行券。劳动货币价值由劳动（力）的平均价格决定。假定一星期的劳动平均价格是一镑，而每一星期工人的劳动时间平均是 60 小时，这一镑就代表一个工人提供的 60 小时的劳动。这样，一镑就是一星期

---

① 《格雷文集》，222 页。

② 《格雷文集》，398～399 页。

③ 《格雷文集》，418 页。

④ 《格雷文集》，44～45 页。

中等量劳动的别名。这种劳动平均价格一经决定，就可以永远不变。劳动平均价格的提高或降低不会增加或减少工人的实际工资，因为实际工资由工人的实在的劳动产品构成。

劳动货币是一种价值凭证，是一种便于携带、便于转让、可以分割的关于现有财富储备的价值凭证。它证明劳动货币持有者或者对国民财富库存贡献了一定的价值，或者从贡献这份价值的人那里取得了对这份价值的支配权。价值凭证的用处是持有者随时可以用它换取自己所需要的任何形式的等价的财富储备。因此，格雷的劳动货币既是代表对社会贡献一定量劳动时间的证据，又是向社会领取代表同等数量劳动时间的产品的证据。

格雷根据当时英国的具体情况对劳动货币方案进行了精心的设计。和英国现存的货币制度相适应，劳动货币也分为镑、先令和便士，甚至进位都相同。劳动货币的一镑券叫一劳动镑，由议会法案规定一劳动镑的价值。按照法定的一劳动镑价值，一先令含有一劳动镑所能换得的白银重量的1/20，一便士含有一劳动镑能换得的铜重量的1/240。便士是一先令以下的法定支付手段，先令是一镑以下的法定支付手段，劳动镑则是一镑和一镑以上的法定支付手段。

交换系统所属工厂出售产品时获得的是劳动货币，用来支付原材料费用和其他各种费用的是劳动货币，发给工人、职员、厂长、经理的工资和薪金是劳动货币，用来纳税和偿还债务的也是劳动货币。劳动货币和纸币一样可以支配一部分财富。

在劳动货币流通的情况下，金、银、铜都应该被作为普通商品看待。不是金、银、铜决定劳动货币的价值，而是货币的价值决定金、银、铜的价值。也就是说，金、银、铜的价格是它们各自应当交换到的劳动货币的数量。格雷并不主张完全取消金属货币。当他把金币、银币和铜币贬低到和麻布、威士忌等普通商品一样的地位时，他认为金银由于便于作为积蓄对象和对外支付手段，任何时候都是有用的和必需的。如果硬币所有者愿意，那么其也可以用来购买交换系统内的商品。不过，铸币厂不再是政府下属的一个机构，而是交换银行的一个附属单位，为交换银行铸造所需的金币、银币和铜币。格雷甚至对克朗、先令、便士的含银量都做了具体规定。劳动货币可以兑换金属货币。新铸币分两类：一类用来弥补国际收支差额，这类硬币是注明成色和重量的大面值的金银币；另一类在国内流通，不作为价值尺度，只作为辅助交换工具。格雷似乎有点担心金银货币会再次取得特权地位，他特别强调应把金属货币看做普通商品，不能用来支付商品生产者向市场提供商品的价款。只有小额买卖才使用辅助交换手段。

劳动货币是格雷设计的一种特殊的银行券，它不同于以金银币为担保的银行券。格雷规定，劳动货币这种形式的银行券和银行券的关系，就像金属货币和银行券的关系一样。股份银行发行的银行券可以随时兑换成劳动货币。至于纸币，格雷认为纸币的价值应当受到劳动货币价值的调节，前者既不能上涨到高于后者，又不能下跌到低于后者。

格雷在设计交换银行和劳动货币的同时，还设计了相关的交换系统的交换仓库和交换商店。他认为，在现存的交换制度下，需求是生产的原因，商品生产者供给的商品很多，但缺乏适当的交换工具，找不到广阔的市场。与此相反，在他设计的交换制度下，生产是需求的原因，每个商品生产者的商品都能立即通过货币渠道进入社会财富的贮水库，成为社会财富储备的一部分，并随时可以从社会财富储备中取得自己所需的并且和自己提供的商品等价的商品。

为了上述目的，格雷在《社会制度》一书中设想了一个由商业从业人员组成的国民商业协会。协会选举产生国民商业院。国民商业院享有最高权力，负责监督、管理和调整国民商业协会的业务。所有拥有土地或资本的人都被邀请加入国民商业协会，他们的土地和资本交给国民商业协会使用，获取年酬金。农业、工业和商业由国民商业协会的职员或管理员负责，他们受国民商业院委派，领取薪金，在国民商业院的指挥和监督下工作。各种工农业产品生产出来后全都存放在国民商品仓库里，由职员或管理员保管，他们也按国民商业院的规定领取薪金。国民商品仓库向所有零售商店供应产品，零售商店也由国民商业院委派的领取固定薪金的职员或管理员管理。商品价格由原料费用、工资、提成或利润以及其他费用构成，其中提成或利润要足以保证资本积累，并足以保证支付地租、利息、薪金、非生产劳动、亏损等项支出。所有的工资和薪金都用一种没有内在价值的货币支付。国民商业协会的土地、资本、劳动首先用于向国民商品仓库提供必需品、方便品和舒适品。如果国民商品仓库中某种商品储存过多，那么就将生产这种商品的部分资本和劳动转而用来生产其他商品。由此引起的亏损从构成商品价格的提成中抵补。如果技术进步等因素使劳动生产力大为提高，只需要一部分人员就足以保证市场的供应，那就应当把劳动力和资本转移到装饰品和奢侈品的生产中去。总之，国民商业协会的目的在于使生产成为需求的原因，精心安排生产、交换、分配和积累，使各种要素得到充分利用。

为了同样的目的，格雷在《论货币的本质及其用途》一书中又规定，参加交换系统的商人或工业家都以交换系统参加者的身份经营业务，成为大国民银行协会的一员。交换银行是为只经营批发业的工业家、商人和经纪人等服务的金融机构，经营批发业所获得的贷款是劳动货币。工业家或商人都在交换银行开设账户，账户分商品账户和现金账户。除了几种属于例外的人，所有的工业家和商人都要按照规定成为交换银行的顾客。这几种例外的人是：经营易腐商品例如鱼和水果的商人，经营随时尚变化的商品例如妇女时装的商人，经营为专门目的或特殊目的制造因而不宜在普通市场上出售的商品例如定制的机器设备的商人，经营危险品例如火药的商人。除了这几种例外，格雷的方案规定，交换银行应该让自己的顾客运进仓库的全部商品都能按照卖价总额如愿以偿地获得现款，而不管商品总值是多少。顾客得到价款，银行得到商品。这样，商品就成了银行的财产。当运进仓库的商品经零售商店销售出去时，交换银行应该及时地向顾客如数收回贷款。格雷认为，交换银行的这种信贷制度和现存银行的信贷制度的不同之处是它没有任何风险，而且交换银行不因使用货币而收取利息，只收取资本利息。

格雷以十分满意的心情看待自己设计的交换制度。他认为，在这种制度下，流通中的货币量和国民仓库中的商品价值是完全相等的。因为所储备的一切商品的货币价值都是由交换银行发给的货币构成的，所以流通中的货币数量总是丝毫不差地等于所储备的商品的货币价值。交换银行可以按照与数学一样的精确程度掌握货币数量。货币数量随着商品数量的增加而增加，随着生产的停止或商品被消费而减少。总之，货币数量和商品数量增则同增，减则同减。货币数量等于商品数量就是供给等于需求。这样，格雷认为自己的改革方案确保了供给创造需求的定律得以实现。

格雷预言，在商品和货币保持均衡的状态下，生产由于不再受到需求的约束，因而能无限扩大。不论生产增长百倍、千倍、百万倍以至千万倍，都不会发生生产过剩。生产的无限扩大的自然界限是资源的界限，它最终将只受资源的约束。在这种交换制度下，由于生产成了需求的原因，所以供给和需求二者能够携手并进。“简言之，需求应该永远能够对生产说：‘我绝不落后!’”[①] 这样，供给和需求就成为同一事物的

① 《格雷文集》，372 页。

两个名称，买和卖就成为同义语。

格雷提出，在他的理想的交换制度下，防止生产过剩的唯一必要条件是“调整生产品的种类，使各种产品数量的增长保持比例性”①。也就是说，在他设计的交换制度下，比例失调虽有可能，但生产过剩绝不会发生。因此，他主张从政治经济学辞典中删去生产过剩和生产不足两个术语，而代之以比例失调。比例失调是指商品的生产不能保持应有的比例。他的例子是，给一只手做了两只手套，而给另一只手一只手套也不做；给一只脚做了两只皮鞋，而给另一只脚一只皮鞋也不做。这从一个方面来看是生产过剩，但从另一个方面来看是生产不足。格雷提出，不要一看到产品过剩就紧缩生产，在几种可能的方案中要选择最好的方案。例如，各个不同部门的商品储备为 2、4、2、4、2、4，这就不成比例。为了保持比例，有三种可供选择的方案。第一个方案是将三个 2 都变成 4，这意味着增加生产；第二个方案是将三个 4 都变成 2，这意味着减少生产；第三个方案是将三个 2 和三个 4 都变成 3，这意味着既增加生产又减少生产。在这三个方案中，最佳方案是第一个方案。

格雷把自己设计的交换制度当做可以无限生产而且有无限市场的尽善尽美的社会制度。他说：“我向你们叙述的那个国家是一个牛奶和蜂蜜流成河的地方。我告诉你们：那里粮食满仓、酒满地、土地上最美好的果实累累；房屋建得漂亮、舒适，陈设精美；所有的儿童无一例外都受到适当的教育……那里的法律是公平的，国债等于零；政府差不多什么也不要做；总而言之，那里的国民丰衣足食、心满意足、生活幸福。那个国家的面积恰好与我们居住的地球面积相等。我还要告诉你们一声：这个伟大而幸福的国家的名称就是‘生产是需求的原因’。”②

三、“破产会来扮演实际批评家的角色”

格雷从有条件地接受萨伊定律到完全接受萨伊定律的做法，表明他对资本主义的批评和对社会主义的设想都是以萨伊定律能否发生作用为标准的。

格雷之所以被萨伊和穆勒所俘虏，或者说，萨伊定律之所以渗透进格雷的社会主义经济思想，是因为格雷重犯了萨伊、穆勒等资产阶级庸

① 《格雷文集》，295、376 页。

② 《格雷文集》，516 页。

俗经济学家所犯的错误。第一，格雷和萨伊、穆勒等人一样，抹杀了商品流通和直接的产品交换之间的原则性区别，把二者等同起来，使商品流通过程变成了直接的产品交换，将流通过程中的人物即卖者和买者塞进直接的产品交换中去，来求得买和卖之间的形而上学的平衡。这种平衡不过是说，卖就是买，买就是卖。第二，格雷也和萨伊、穆勒等人一样，把资本主义商品生产者之间的关系归结为商品流通中产生的简单关系，抹杀了资本主义商品生产过程中的矛盾。然而，商品生产和商品流通是各种不同性质的商品经济的共有现象，只知道不同性质的商品经济共有的抽象的商品流通的范畴，根本不了解每一种商品经济的不同特征，也根本不了解资本主义商品生产同其他性质的商品生产的区别。

在观察商品流通中的矛盾时，格雷看到了两种价值尺度的存在。一方面，他接受英国古典政治经济学的劳动价值理论，认为劳动是财富和价值的唯一源泉，是唯一可能的价值尺度；另一方面，他看到，在商品交换中，货币成了价值尺度。格雷无法理解这两种价值尺度之间的关系。他不懂得，劳动作为价值尺度，这是商品的内在价值尺度；货币作为价值尺度，这是商品的外在价值尺度。格雷本应研究和本应在理论上加以说明的是，为什么商品的内在价值尺度必定表现为外在价值尺度，为什么商品的价值不能直接用商品生产者耗费的劳动来表现，而必须经过交换由货币来表现。他的思维能力严重限制了他对这类根本性问题做出符合实际的说明。于是，他诉诸义愤，谴责货币是人为的价值尺度，是虚伪的价值尺度，颂扬劳动是自然的价值尺度，是真实的价值尺度。这就暴露了格雷根本不懂商品的内在矛盾，不懂货币产生的必然性。

格雷从商品生产者的立场，特别是从小商品生产者的立场研究商品流通时，提出了卖比买难的问题。他以为这样就抓住了事情的本质，并找到了解决问题的锁钥。格雷并不懂得，他所说的卖比买难的现象，实质上是商品生产的私人劳动和社会劳动的矛盾。在以私有制为基础的商品经济中，生产商品的劳动一方面具有私人性质，另一方面又具有社会性质。作为私人劳动，商品生产者各自独立地进行生产，决定生产什么、生产多少和怎样生产，产品归生产者占有和支配；作为社会劳动，商品生产者互相联系、互相依赖地进行生产，每个商品生产者的私人劳动都是社会总劳动的一部分。然而，并非商品生产者的私人劳动直接就是社会劳动。商品生产者的劳动必须作为一定的有用劳动来满足社会需要，才能证明它是社会总劳动的一部分。格雷在论述卖比买难时根本没有研究这些根本性问题。

就买和卖而言，格雷多少懂得，二者都是商品的形态变化。作为小商品生产者的理论代表，他感到痛心疾首的是商品转化为货币比货币转化为商品难。只要商品不能转化为货币，商品生产者就可能破产。正如马克思所说的："商品价值从商品体跳到金体上……是商品的惊险的跳跃。这个跳跃如果不成功，摔坏的不是商品，但一定是商品所有者。"①

但是，格雷在分析卖比买难的时候，一开始就乱了思路。他完全被商品形态变化的现象所迷惑，错误地以为，卖比买难是货币数量增长慢和商品数量增长快的矛盾的结果。他完全被萨伊定律所困扰，相信供求的自然均衡根本不会导致生产过剩，认为实际存在的市场问题也是货币数量增长慢和商品数量增长快的矛盾的结果。

思路的混乱使格雷无法认识生产过剩的真正原因。摆在格雷面前的现实问题是资本主义商品经济中的相对生产过剩问题，可是反映在格雷的头脑中却成了商品流通过程中的形态变化问题。即使就商品流通过程中的形态变化问题而言，格雷的认识也是相当肤浅的。格雷只看到了卖比买难，而他并不了解，由于货币的出现，换出自己的劳动产品和换进别人的劳动产品这二者之间的直接的同一性，分裂成了买和卖这二者之间的对立。随着买和卖在时间上和空间上分裂成两个对立的行为，商品的内在矛盾在商品形态变化的对立中也有了进一步的发展。卖和买在时间上的不一致或空间上的不一致，就已经包含了危机的可能性。格雷只知道英国古典政治经济学的劳动价值理论，不懂得商品的二因素和劳动的二重性，从未分析过商品生产的基本矛盾，因而连危机的可能性也不知为何物。

简单地用商品流通中卖比买难的观点来看待资本主义商品经济，格雷当然就无从了解私人劳动和社会劳动的矛盾是怎样发展为生产社会化和资本主义私人占有形式的矛盾的，也就无从了解一般商品经济的基本矛盾是怎样发展成为资本主义商品经济的基本矛盾的。这就决定了格雷没有可能认识资本主义经济危机的必然性。

格雷在沿着自己的错误思路考虑社会改革方案时，他事实上认为，既然资本主义的病症不在生产资料占有制度，而在交换制度，不在生产，而在流通，那么，根治病症的药方当然就不是改变生产资料占有制

① 《马克思恩格斯全集》，第23卷，124页。

度，而只是改变交换制度，就不是组织生产，而只是组织流通。他天真地认为，只要用他设计的劳动货币制度取代现存的货币制度，总供给就必然等于总需求，劳动者就能获得自己的全部劳动产品，生产力就可以无限地迅速发展，危机、破产、失业、贫困、饥饿等一切病症就可以全部根除。

只改变交换制度而不改变生产资料占有制度、只组织流通而不组织生产的方案的提出，表明格雷已经从一个欧文主义者蜕变为小商品生产者思想家，甚至蜕变为资产阶级改良主义者。尽管格雷口头上还在标榜自己师承欧文，但是实际上他从欧文那里全面倒退。诚然，在欧文的改造社会的方案中，组织流通是一项重要措施。为了组织流通，欧文主张建立劳动公平交换市场。他错误地认为，劳动是自然的价值尺度，货币是人为的价值尺度。欧文以为，只要成立公平交换银行，用劳动券代替金属货币，用自然的价值尺度代替人为的价值尺度，实现等价交换，就可以消灭剥削。但是，应当看到，组织流通只是欧文全面改造社会的措施之一，按照欧文的想法，要从资本主义过渡到他的理想社会，必须采取两大措施：在生产领域，根据合作社原则组织生产；在流通领域，根据劳动公平交换原则组织市场。组织生产和组织流通是欧文改造社会的一个整体计划的两个方面。格雷把欧文组织流通的思想同欧文的整个思想体系割裂开来，把它独立化，视之为改造社会的根本措施。欧文的最终目标是要消灭私有制，消灭阶级差别，组织交换不过是他的激进得多的社会改造的第一步，格雷却把组织交换作为社会改革的最终的和唯一的步骤。

格雷在劳动时间直接是货币计量单位学说的基础上制定的劳动货币方案的核心是：商品仍然作为商品来生产，但不作为商品来交换。格雷虽然提到过调节生产，但只限于一般议论。在他设计的商业社会中，生产领域实际上是没有任何组织的商品生产者的私人生产，流通领域却是有组织的社会流通。商品仍然是彼此独立的、互不依赖的私人劳动的产品，然而，不管这些商品是什么，不管数量多少，也不管是如何生产的，只要一生产出来，便要求立即全部得到社会承认，从交换银行获得的全部价款，都毫无困难地转化为货币。这样，商品到货币的转化就不再是“惊险的跳跃”，商品生产者也就不会在不成功的跳跃中“摔坏”。

格雷本人对自己的这一发明深感满意。在他看来，今后全部问题只在于如何更快地将发明付诸实践。格雷说，过去，“重大发明的一般命运总是要白白搁置百把年”。现在，时代变了，只要“找到真理就宣传真理”，只要报刊“引起舆论界注意真理，并注意采取真理所指示的实际措施”，不用很久，“目的就能达到”①。

格雷未免过于自信。须知，商品既然作为商品来生产，那么就必定要作为商品来交换。格雷的交换银行并没有真的保证商品生产者的私人劳动直接就是社会劳动，商品经济的基本矛盾仍然存在。堆放在国民仓库中的那些商品不是用来免费赠送的，而是要由交换系统的零售商店出售的。可是，在格雷的商业社会中，私有制、竞争和生产无政府状态使商品生产者事先都不知道社会需要什么和需要多少，交换银行和国民商品仓库对这些事先也不知道，只有通过交换系统的零售商店销售，才能发现交换系统的生产者所生产的商品是否为社会所需要。如果商品生产者所生产的商品全都卖出去，那就证明他的私人劳动全部得到社会承认，都转化为社会劳动。如果只是一部分卖出去，那就只是一部分私人劳动转化为社会劳动。如果都卖不出去，那就证明完全不为社会所需，未被社会承认。可见，作为商品经济基本矛盾的私人劳动和社会劳动的矛盾，在格雷的方案中根本没有得到解决。

在格雷的社会制度中，商品仍然要在形态变化中经历惊险的跳跃。如果跳跃不成功，总供给大于总需求，那么摔坏的将不仅是商品生产者，而且是交换银行和整个交换系统。在格雷之前及之后，这都是不乏其例的。欧文的公平市场的关闭、布雷的劳动产品公平交换所的夭折和蒲鲁东的人民银行的流产，都一再证明，格雷式的劳动货币方案纯粹是一种不可能成为现实的幻想。马克思深刻地指出：“关于商品直接就是货币或商品中的私人特殊劳动直接就是社会劳动的这种教条，当然不会因为有一个银行相信它并按照它经营就会变成现实。相反，在这种情形下，破产会来扮演实际批评家的角色。”②

① 《格雷文集》，223页。

② 《马克思恩格斯全集》，第13卷，76页。

西方经济学方法论解读*

——兼评“西方经济学方法论译丛”

经济科学出版社近期推出了一套西方经济学方法论译丛，这套译丛包括：《经济学的认识论问题》（［奥］路德维希·冯·米塞斯著）、《批判的经济学方法论》（［美］劳伦斯·A·博兰著）、《均衡与理性》（［美］保罗·魏里希著）、《经济学方法论的新趋势》（［英］马克·布劳格等著，罗杰·E·巴克豪斯编）、《经济学方法论新论》（［爱尔兰］托马斯·A·博伊兰、帕斯卡尔·F·奥戈尔曼著）。

路德维希·冯·米塞斯（Ludwig Von Mises，1881—1973）是奥地利经济学家，新奥地利学派创始人。《经济学的认识论问题》（1933，1960）是他在经济学哲学方面的代表作。经济思想史上有过多次经济学方法论之争。到20世纪20～30年代，经济学方法论之争的一个重要方面是新奥地利学派与以马歇尔主义者为代表的新古典学派之间的争论。《经济学的认识论问题》是米塞斯的经济学方法论论文集，其中除第一篇文章《人类行为科学的任务与范围》是初次发表外，其余大部分文章都发表于20世纪20年代后期。米塞斯在论文集1933年德文版序言中说：“本书的目的是：确定这样一门科学的逻辑合理性，它的研究对象为普遍正确的人类行为规律。”在怎样认识人类行为的方法上，米塞斯既反对马克思主义的方法，又反对逻辑实证主义、历史主义、制度主义和费边主义的方法，还反对经济史、经济计量学和统计学的方法。米塞斯求助于唯心主义先验论，他说：对人类行为的了解，“并不是来自经验，而是来自理智。……我们不用根据任何经验而先验地从内心中领悟所有这一切”。米塞斯的这本书是要为奥地利学派的主观主义和个人主义经济理论提供方法论基础。

劳伦斯·A·博兰（Lawrence A. Boland）是美国经济学家和经济学方法论家，《批判的经济学方法论》（1997）是他几部经济学方法论著作中有代表性的一部。博兰认为，一些波普尔主义者误解了波普尔。按照博兰的看法，在波普尔的科学观中，不是证伪主义而是批判具有十分

---

* 原载《经济学动态》，2003（3），79～83页。

重要的地位，科学的特点在于它强调批判，科学家欢迎批判，阻挠批判是非科学行为。博兰在自己的这部经济学方法论著作中突出波普尔的批判，不仅书名有批判二字，而且书中很多篇章的标题也都有批判二字。例如，篇的标题有："方法论批判和新古典经济学"、"批判经济学方法论的方法"、"批判经济学分析的方法"。章的标题有："批判新古典的均衡解释"、"批判新古典的动态学"、"批判新古典经济学的数学应用"、"批判理想化的事实和理想化的方法论"等。作者在该书中通过20篇强调批判的论文系统说明了自己的方法论的特点。博兰说："对理论采取批判的观点，是我不同于传统方法论的核心之处。"

保罗·魏里希（Paul Weirich）是美国哲学家、方法论家。《均衡与理性》（1998）是他在博弈论方面的著作，这部著作被认为是博弈论的杰作之一。该书提出了博弈均衡的新概念：策略均衡。作者对博弈理性和均衡提出的主要假设是：不存在理性悖论，行为人的任何选择都是理性选择；每一理性博弈均有解；理性选择是自我支持的；均衡是自我支持的策略组合。根据这些假设，作者引入了策略均衡这一新概念，用来代替纳什均衡概念。作者证明，在某些理想博弈中，并不存在纳什均衡。该书用新的方法对决策理论和博弈理论进行了综合。西方学者认为，这种综合对关注决策理论和博弈理论的经济学家特别有益。

马克·布劳格（Mark Blaug）是英国经济学史家、方法论家，罗杰·E·巴克豪斯（Roger E. Backhouse）是英国经济学家、方法论家。布劳格等著、巴克豪斯编的《经济学方法论的新趋势》（1994）是一部论文集，收入了西方经济学方法论家布劳格、博兰等人的17篇经济学方法论论文。巴克豪斯编这本论文集的目的是要"展示关于经济学方法论的最新进展的广泛观点"。收入该书的论文论述了1980年以来经济学方法论中出现的许多问题。该书第一篇论文广泛论述了经济学方法论的新趋势，其他16篇论文分别论述了经济学方法论的一般问题、证伪主义问题、经济学的哲学观点问题、经济学中修辞学学派的方法论问题。该书的重要特点是对学术观点不同并且相互批判的论文兼收并蓄。例如，第二编的标题——"证伪主义：赞同与反对"——就反映出这一特点。收入这一编的既有自称是"一个不悔悟的波普尔主义者"的论文，又有波普尔主义批判者的论文，还有波普尔主义重新解释者的论文。

托马斯·A·博伊兰（Thomas A. Boylan）是爱尔兰经济学家，帕斯卡尔·F·奥戈尔曼（Paschal F. O' Gorman）是爱尔兰哲学家。他们合著的《经济学方法论新论》（1995）试图超越西方经济学方法论中相当活跃的科学实在论（scientific realism）的经济学方法论和修辞学（rhetoric）的经济学方法论，提出并论证了构成这两种经济学方法论的中间地带并且作为这两种经济学方法论的替代物的因果关系整体论（causal holism）。西方经济学方法论受到西方哲学的决定性影响。近年来，科学主义哲学思潮和语言哲学思潮都对经济学方法论产生了巨大影响。在20世纪80年代，科学实在论和新修辞学都成为流行的西方经济学方法论。科学实在论或批判实在论认为，科学研究对象具有独立的存在性。一些经济学方法论者认为，科学实在论是解释经济学家制定理论的最好的模型，具有无可怀疑的正确性。新修辞学认为，修辞学是一门广泛实用的科学，它以推论技巧为研究对象，运用各种论证方法和修辞手段增强论证效果，目的是通过语言说服听众和读者接受自己的论点。该书作者详细地研究了科学实在论和修辞学这两种方法论，既批判经济学方法论中的科学实在论的方法论，又批判经济学方法论中的修辞学的方法论。他们用来代替二者的是因果关系整体论。因果关系整体论认为，在经济上可知的因果关系，从原则上说，都是经验性的，或者都是可观察的。因果关系论被认为是一种复杂的经济学方法论，这种经济学方法论的核心是对经济理论进行经验性评价。

以上五部著作都是现代西方经济学方法论的重要著作，各有自己的特定研究领域和特定研究课题。它们从不同角度和不同侧面研究了西方经济学方法论的各主要方面。对于不准备直接阅读和研究西方经济学方法论原文论著的读者来说，阅读这五部著作，再阅读一部早已有中译本的布劳格著的《经济学方法论》(商务印书馆，1992)，就可以大体上了解现代西方经济学方法论是研究什么的、任务是什么、西方经济学方法论和西方经济学理论是什么关系、西方经济学方法论家和西方经济学家是什么关系、西方经济学方法论家是怎样评论西方经济学理论的，以及西方经济学方法论存在的多样性和西方经济学方法论家之间存在的意见分歧等基本问题。

首先，研读这些西方经济学方法论著作，有助于了解西方经济学方法论的研究对象和任务。

可以了解到，西方经济学方法论是应用于西方经济学的西方科学哲学。一般地说，方法论是用一定的科学哲学对一门学科的概念、理论和基本推理原则所进行的研究，经济学方法论是用一定的科学哲学对经济学的概念、理论和基本推理原则所进行的研究。经济学方法论家在明确经济学方法论的研究对象时，也明确了经济学方法论的任务，这就是为评价不同的经济学研究方法的长处和短处、优点和缺点提供标准，以便在区分科学和非科学、正确和错误、精华与糟粕时有原则可循。

在经济思想史上，任何经济思想都以一定的哲学思想作为基础，经济学家都自觉或不自觉地按照某种哲学去思考和处理经济问题。同样，一定的经济学方法论也都以一定哲学的科学观作为基础。早期英国古典政治经济学理论和方法论以英国资产阶级革命序幕时代和革命时代的哲学家弗兰西斯·培根和托马斯·霍布斯的唯物主义经验论为哲学基础，以后的英国古典政治经济学理论和方法论以英国资产阶级革命后维护新建立起来的社会秩序的哲学家约翰·洛克的唯物主义经验论为哲学基础。在古典政治经济学终结之后，作为科学主义思潮的源头的实证主义曾在相当长的时间中成为经济学理论和经济学方法论的哲学基础。以归纳主义为特征的约翰·穆勒的实证主义，被认为是对 19 世纪中期科学哲学的标准观点的完整概述。19 世纪末 20 世纪初，方法论的个人主义和主观主义在经济学方法论中占统治地位，有的西方经济学方法论家称这一时期的方法论为演绎主义。20 世纪 30 年代，新实证主义取代了老实证主义在方法论中的主导地位，成为 20 世纪中期西方经济学方法论的哲学基础。由于新实证主义把数理逻辑作为哲学分析和论证的主要工具，因而被称为逻辑实证主义或逻辑经验主义。逻辑实证主义的科学观认为，科学理论可以被证实。因此，可证实性成为逻辑实证主义科学观的一个核心问题，实证主义因而也被称为证实主义。两次世界大战期间是逻辑实证主义的鼎盛时期。20 世纪 60 年代，被认为是新旧科学哲学观点的分水岭的波普尔主义战胜了逻辑实证主义，取得了西方科学哲学的主流地位。与逻辑实证主义不同，波普尔的科学哲学认为，科学理论不可被证实，只可被证伪。因此，不是可证实性而是可证伪性成为科学哲学的一个核心问题，波普尔主义因而被一些方法论家称为证伪主义。后来，当波普尔的后继者拉卡托斯的科学哲学流行的时候，波普尔的科学哲学被称为朴素的证伪主义，拉卡托斯的科学哲学被称为精致的证伪主义。经过经济学方法论家布劳格等人的努力，从 1980 年起，证伪主义成为经济学方法论的哲学基础。20 世纪 80 年代，受到科学主义哲学思潮和语言哲学思潮影响的西方经济学方法论有两大进展：一端是科学实在论的经济学方法论，另一端是修辞学的经济学方法论。正当这两种经济学方法论取得进展的时候，处于这两端的中间地带的因果关系整体论出现在经济学方法论的舞台上，试图超越科学实在论和修辞学这两种经济学方法论，并试图取代二者成为主流的经济学方法论。

以上勾画的简单轮廓表明，没有固定不变的西方科学哲学，因而也没有固定不变的西方经济学方法论。作为西方经济学方法论基础的科学哲学在不断演进，由科学哲学决定的经济学方法论自然也就处在不断演进的过程之中。由此构成西方经济学方法论的历史。

其次，研读这些西方经济学方法论著作，有助于了解西方经济学方法论与西方经济学理论的关系，有助于了解西方经济学方法论家与西方经济学家的关系。

从上述著作中可以看到，在西方国家，经济学方法论和经济学之间，经济学方法论家与经济学家之间，存在密切的关系。两者之间既有协调和一致的一面，又有不协调和不一致的一面。

一方面，经济学方法论家感到高兴的是，经济学家对经济学方法论的兴趣在增强，经济学家对经济学方法论家的研究成果的重视程度在提高。他们尤其满意的是，从 20 世纪 80 年代末起，经济学方法论在西方国家已经成为经济学的一个分支学科。另一方面，他们又常常相互抱怨和相互指责。

经济学家对经济学方法论家的抱怨和指责是：经济学方法论没有多少实质性内容；经济学方法论家不必对经济学家谈方法论。这种情况在经济学方法论著作中也有所反映。例如，博兰说，过去，有的主流经济学家抱怨说，方法论只是哗众取宠，没有实质性内容。现在，主流经济学家变换表达方式说："对不起，请免谈方法论，我们是经济学家。"

经济学方法论家对经济学家的抱怨和指责是：错的不是经济学方法论家，而是经济学家。教科书讲的经济学方法论是对的，问题出在经济学家身上，他们没有把经济学方法论付诸实践。到了 20 世纪 90 年代，经济学方法论家再次抱怨经济学家未能重视经济学方法论。有的方法论家有点愤愤不平地说，严肃的方法论家具有良好的意图，可是主流经济学家仍然拒绝承认推动方法论研究有任何必要。

有些经济学方法论家着重从自身方面寻找经济学家不重视经济学方法论的原因。有的说，如果方法论还想有用的话，那么它就必须被主流经济学家视为有用。有一位经济学方法论家表示，他能理解为什么主流经济学家反对方法论研究，因为在已发表的两千多篇方法论文章中，大部分文章都是为方法论而方法论。

有的经济学方法论家意识到，西方经济学家不重视经济学方法论还有更为深刻的原因。几十年来，经济学方法论家都把居于正统地位的新古典经济学作为批判对象。倘若新古典经济学被驳倒了，对许多新古典经济学家来说，将会出现一场严重的信仰危机。有的经济学方法论家毫不客气地把这些害怕批判的经济学家叫做学术"懦夫"。

再次，研读这些西方经济学方法论著作，有助于从方法论角度深化对西方经济学的认识。

西方经济学方法论著作从研究方法论的角度对西方经济学进行了不少有根据的批评，其中有些批评是比较深刻的。

在假设是否应该有现实意义的问题上，西方经济学家的意见并不统一，经济学方法论家的意见也不统一。主张假设应当有现实意义的经济学家和方法论家，对西方经济学中许多没有现实意义的假设提出了尖锐的批评。

经济人假设是西方经济学中的一个重要假设。有的提出，对经济人这一术语的解释存在矛盾。如果经济人是除了财富之外对其他什么都不关心的人，那么，不是每个人都赞同有经济人存在。有的认为，经济人有完全信息的假设是虚假的，他们追求价值最大化可能是真的，也可能是假的。有的认为，经济人是"无赖"，这种"无赖"是追逐私利但又文明的利己主义者，依靠经济人假设的新古典经济学是为自私自利辩护。有的提出，经济人不是"现实人"，而是"杜撰人"。有的甚至指责经济人概念是一个"非常有害的概念"。可是，如果经济人假设不能成立，那么，建立在经济人假设上的许多西方经济学理论就可能从根本上发生动摇。有些西方经济学家和经济学方法论家完全意识到了这一点，他们极力为经济人假设辩护，声称经济人是"一种公理"，"一项先验的真理"，"一个不言自明的命题"。

与经济人假设相联系，最大化假设也是西方经济学中的一个重要假设。西方经济学家和经济学方法论家在最大化假设问题上也存在意见分歧。有的说，最大化假设是一种同义语反复。有的说，哈耶克和凯恩斯是反对最大化假设的，西蒙和莱本斯泰恩是反对最大化假设的。有的说，沙克尔追随哈耶克和凯恩斯，指出掌握全部所需的信息是不可能的，因此，深思熟虑的最大化乃是一种不可能的行为。有的说，新古典经济学的最大化假设是一个声名狼藉的假设。可是，就像经济人假设一样，如果最大化假设不能成立，那么建立在最大化假设的基础之上的许多西方经济学理论也就会从根本上发生动摇。有些西方经济学家和经济学方法论家也完全意识到了这一点。他们极力为最大化假设辩护，声称反对最大化假设的理由难以成立，对批判最大化的观点可以不予考虑。

有的经济学方法论家从经济利害关系上揭露了西方经济学的辩护性。例如，有一位经济学方法论家直率地说："哪种学者对新古典经济学产生好感呢？很明显，认定了自私自利符合其最大利益的那些人，将发现新古典经济学为他们的自私自利提供了强有力的辩护。"

有的经济学方法论家还揭露了这样的事实：西方主流经济学杂志不是按科学水平，而是按意识形态来决定稿件的取舍的，这致使有才华的马克思主义学者的论文差不多都被扼杀。例如，一位经济学方法论家直截了当地诘问道："在主要的主流派杂志的编辑工作中，意识形态显然起着重要的作用。有多少主要的主流杂志的编辑敢冒风险去发表一位有才干的马克思主义学者的文章呢？"

最后，研读这些西方经济学方法论著作，有助于了解西方经济学方法论的多样性，有助于了解西方经济学方法论家之间的意见分歧。

西方经济学方法论著作呈现出明显的多样性。阅读这些经济学方法论著作，可以看到这种多样性，还可以看到多样性观点之间的论争。著名的萨缪尔森经济学方法论之争、弗里德曼经济学方法论之争、萨缪尔森经济学方法论与弗里德曼经济学方法论之争、波普尔经济学方法论之争、库恩经济学方法论之争、拉卡托斯经济学方法论之争等，都会呈现在读者面前。

这里以波普尔经济学方法论之争为例，考察一下西方经济学方法论家之间的意见分歧。

卡尔·波普尔（Karl Popper，1902—1994）是英国哲学家，他的科学哲学被一些追随者称为"批判理性主义"，被另一些追随者称为"证伪主义"。最早将波普尔的科学哲学引入经济学的是英国经济学家特伦斯·哈奇森，他在 1938 年的《经济理论的意义和基本假设》一书中，认为可证伪性是区分科学与非科学的标准，强调波普尔的可证伪性应在经济学中居重要地位。然而，直到 20 世纪 80 年代，波普尔的科学哲学才确立了在西方经济学方法论中的主流地位，这在很大程度上得益于布劳格的《经济学方法论》（1980）一书的大力推动。

当波普尔的科学哲学在西方经济学方法论中居主流地位时，不少西方经济学方法论家说："我们现在都是波普尔主义者。"但是，不同方法论家对波普尔主义的理解是不同的。有的认为波普尔主义就是证伪主义，有的认为波普尔主义不是证伪主义，而是批判理性主义。不同方法论家信奉波普尔主义的坚定程度也不一样。有的是"不悔悟的波普尔主义者"，有的是"半心半意的波普尔主义者"，有的是波普尔主义的重新解释者，还有的是曾经信奉过波普尔主义的"波普尔主义批判者"。

布劳格认为波普尔的科学哲学就是证伪主义。贯穿布劳格的《经济学方法论》全书的主要论点正是这种证伪主义。布劳格认为，波普尔的出发点是批判逻辑实证主义哲学。波普尔科学哲学的核心是证伪主义。在证实和证伪之间，存在一种逻辑不对称性。科学理论不能被证实，而只能被证伪。他援引波普尔式的例子说：不管观察到多少白天鹅，都不允许做出"所有天鹅都是白的"这个结论。只要观察到一只黑天鹅，就足以驳倒"所有天鹅都是白的"这个结论。因此，不能证明任何东西在实质上都是真实的，只能证明有些东西在实质上是虚假的。根据波普尔的证伪主义，科学不是已被证实的理论的集合，而是可证伪的、但尚未被反驳的理论的集合。科学史不是已经被证实的理论的历史，而是推翻错误理论的进化和变迁的历史。布劳格等人认为，在经济学中，只要经济理论、模型或解释中含有全称命题，波普尔证伪主义在经济学中就具有普遍适用性。证伪主义是经济学家应该遵循的规范。20 世纪 80 年代和 90 年代，波普尔证伪主义在经济学方法论者和经济学家中产生了广泛的影响。

与布劳格相反，博兰认为，波普尔的科学哲学不是证伪主义，而是批判理性主义。博兰的几乎全部方法论著作，尤其是他的《批判的经济学方法论》（1997）一书，都突出了批判理性主义这一主题。博兰对布劳格笔下的波普尔提出了挑战，他说："布劳格笔下的波普尔，我是不熟悉的。"把波普尔的观点说成证伪主义，那是不懂波普尔。博兰对波普尔主义进行正本清源，说："波普尔认为，科学的特点在于它强调批判。按照波普尔的看法，科学家竭力欢迎批判。阻挠批判是非科学的行为。"博兰强调，波普尔的可证伪性并不是作为一种规范的科学方法的基础提出来的，他仅仅是说，作为一种区分科学和非科学的手段，可证实性是不合适的，因为每种解释都需要全称命题，而全称命题是永远不能被证实的。然而，这种在解释上必不可少的命题，至少是可以证伪的。所以，人们应该要求可证伪性，而不是可证实性。在波普尔的科学哲学中，既有批判，又有可证伪性，因而必须分清主次。博兰认为，在波普尔主义中，批判是主，证伪为次。可证伪性仅仅是批判理性主义所要求的逻辑条件，理性才是波普尔哲学的核心，波普尔强调的是理性的批判作用，所以波普尔本人称他自己的科学哲学是批判理性主义。

物换星移，到20世纪末，人们最熟悉的科学哲学家已不再是波普尔，而是拉卡托斯、库恩、费耶阿本德等人。一些方法论家宣称："波普尔的方法已经过时。"现在，多数经济学方法论家认为，经济学理论是不可证伪的；可证伪性不能作为一个理论的科学性的检验标准；经济学方法论受证伪主义主宰的局面已不复存在。

《西方经济学方法论译丛》的出版，对我国经济学方法论的研究可能是一个有力的推动。我国经济学界很需要有人从事马克思主义经济学方法论的研究，也需要有人用马克思主义观点从事西方经济学方法论的研究。在这些研究中，都有必要借鉴西方经济学方法论。

关于西方经济学的几个问题*

一、学科名称

目前我国高等学校理论经济学课程主要有两门：一是政治经济学；二是西方经济学。前者讲授马克思主义经济理论，后者论述流行于西方国家的经济理论。

我们所说的政治经济学在资本主义国家通常被称为马克思主义经济学，而我们所说的西方经济学在资本主义国家则通常被称为经济学。

两类性质不同的理论经济学在社会经济制度不同的国家中具有不同的名称，这反映了不同的理论经济学在不同的社会经济制度下具有不同的地位和作用。

尽管学科名称不同，但是有一点认识在我国和西方国家经济学界实际上是相同的，那就是，马克思主义经济理论和西方经济理论是两种迥然不同的经济理论，是两种对立的思想体系。

在20世纪50—60年代，我国一些大学经济系开设了当代资产阶级经济学说课程。20世纪60年代初期，出版了《当代资产阶级经济学说》系列教材。"西方经济学"这一名称是20世纪70年代末出现的，它被用来代替内涵相同的"当代资产阶级经济学说"这一名称。这个新的名称很快得到了国内经济学界的普遍认同和广泛接受，并且成为国家教育部和国家学位委员会规定的高等学校本科和研究生课程的正式名称。

近几年，有的学者对西方经济学这一学科名称提出异议。其所持理由是，马克思的经济理论也产生于西方国家，因而也应属于西方经济学。这一理由看来很难站得住脚。本学科名称的"西"，不是"中西"意义上的"西"，不是"中学与西学"意义上的"西"。这里的"西方"是政治性概念而不是地域性概念，就像"西方七国集团"一语中的"西方"二字是政治性概念而不是地域性概念一样。用"西方"二字作为一

* 原载《经济学动态》，1999（2），49～54页；《经济学动态》，1999（3），58～62页。

种特定的、流行于资本主义国家的经济学的定语，是为了正确反映这种经济学的本质属性，以区别于马克思主义经济学。

在持上述异议的学者中，有的主张称西方经济学为经济学，称马克思主义经济学为政治经济学。这一主张，无论从马克思主义观点看，还是从西方经济学观点看，都难以成立。在马克思的著作中，政治经济学和经济学二者是在相同的意义上被使用的，具有相同的内涵和外延，可以互用。诚然，西方早就有人提出并且现在仍有人在尝试把政治经济学和经济学区分开来，但是都未见成功。杰文斯在 1879 年提出了“以经济学代替政治经济学”的主张，但是他的书名仍然定为《政治经济学理论》。马歇尔在 1890 年的《经济学原理》中把政治经济学改为经济学，但是在这本书中仍然有“政治经济学或经济学”的提法。同样，萨缪尔森的《经济学》中也有“经济学或政治经济学”的提法。这表明，他们实际上认为经济学和政治经济学是同义语。还值得注意的是，《新帕尔格雷夫经济学大辞典》也把政治经济学和经济学看做同意语：“在即将进入 21 世纪的今天，‘政治经济学’和‘经济学’这两个名词都还存在。自它们产生以来，涵义都有变化，然而，两者基本上可看做同义语。”①

在持上述异议的学者中，有的主张称西方经济学为“现代经济学”或“当代经济学”，而把马克思主义经济学归入“古典经济学”。熟悉西方经济学的人知道，这些说法都来自西方经济学家。如果接受西方经济学家的这些谬论，那么就势必会错误地把马克思主义政治经济学或经济学排除在现代或当代经济学之外。事实上，西方主流派经济学远非西方经济学的全部。在主流派经济学之外，还存在大量非主流学派和理论。西方经济学更不是现代或当代经济学的全部。在经济思想史上，从马克思主义政治经济学创立之日起，就存在两大对立的经济理论体系：一是无产阶级政治经济学，二是资产阶级政治经济学。古典政治经济学是马克思主义政治经济学的重要来源。但是，马克思主义政治经济学绝不是古典政治经济学的简单继续，而是在对资产阶级政治经济学进行革命的过程中用无产阶级世界观建立的崭新的、科学的政治经济学的理论体系。在马克思以后，马克思主义经济学一直在发展。因此，绝不能把马克思主义政治经济学归入“古典经济学”。在现代，仍然存在两大对立

① 《新帕尔格雷夫经济学大辞典》，第 3 卷，970 页，北京，经济科学出版社，1992。

的经济理论体系：一是马克思主义经济学，二是西方经济学。因此，绝不能认为现代或当代经济学就只是西方经济学，绝不能用现代或当代经济学来专指西方经济学。

基于上述理由，我们按照国家教育部和学位委员会确定的学科名称，将课程名称和教科书书名定为“西方经济学”。

二、西方经济学的源和流

我们所说的西方经济学，是指 20 世纪 30 年代以来流行于西方国家并成为这些国家的经济政策的理论依据的理论经济学。西方国家众多的应用经济学不在本书的考察范围之内。

任何一种思想体系都有自己的源和流。同样，西方经济学也有自己的起源和发展过程。资产阶级经济思想是随着资本主义生产方式的产生和发展而相应地产生和发展起来的。对资本主义生产方式进行最初的理论考察的是重商主义。重商主义是原始积累时期代表商业资本利益的经济学说。这种经济学说以粗浅的现实主义，总结了商业资本的实践经验。它对资本主义生产方式的研究局限于流通领域，没有深入到资本主义经济机体中寻找内部联系。

重商主义以后的资产阶级政治经济学经历了两个历史阶段：第一阶段是古典政治经济学阶段，第二阶段是庸俗经济学阶段。

古典政治经济学是资本主义上升时期代表新兴资产阶级的利益和要求的政治经济学。17 世纪中期至 19 世纪初期是古典政治经济学产生、发展和完成的时期。配第、斯密和李嘉图是英国古典政治经济学的主要代表，布阿吉尔贝尔、魁奈、杜尔哥是法国古典政治经济学的主要代表。古典政治经济学一方面力求研究资本主义经济制度的生理学，探讨资本主义经济关系的内部联系，从而得出一系列的科学见解和结论；另一方面又试图描述资本主义经济制度的外部现象，停留在竞争中颠倒地表现出来的外部联系上，从而在著作中留下了若干肤浅的见解和论点。

庸俗经济学是在资本主义社会矛盾和阶级斗争发展时期代表资产阶级的利益和要求的政治经济学。还在古典经济学完成时期，庸俗经济学就已经产生。萨伊和马尔萨斯庸俗化了斯密的学说，詹姆斯·穆勒、麦克库洛赫庸俗化了李嘉图的经济学说。19 世纪 30 年代到 60 年代，庸俗经济学的主要代表有英国的西尼尔、美国的凯里、法国的巴师夏和德国历史学派的罗雪尔等人。19 世纪中叶，英国古典经济学的模仿者约翰·穆勒企图调和不能调和的东西，建立了一个混合主义和折中主义的经济理论体系。

古典经济学和庸俗经济学既有联系，又有区别。二者的联系主要在于它们都是资产阶级经济学，都认为资本主义生产方式是符合人的本性的、自然的生产方式，都把这一生产方式特有的经济范畴和经济规律当做永恒的经济范畴和经济规律。二者的联系还在于前者为后者提供了养料，后者从前者的庸俗成分和糟粕中寻觅自己的智慧之源。二者的区别主要在于，前者力求探索资本主义生产方式的内部联系，透过经济现象寻求客观经济规律，后者则满足于描绘资本主义生产方式的外在联系，抓住颠倒地表现出来的现象来否认现象背后的客观经济规律；前者从来没有只限于反映资本主义经济关系中生产和经营当事人的观念，而是力图寻求和这种当事人的观念不同的客观规律，后者则只是限于把资产阶级生产和经营当事人的观念加以系统化和学理化，并且宣布为永恒的真理；前者是批判的经济学，表现出科学上的诚实，敢于说出还具有进步性和革命性的资产阶级想说的话，后者是辩护的经济学，它不是无所畏惧地追求科学，而是使科学去迎合和适应资产阶级的私利。

19 世纪 70 年代是资产阶级经济学史上的又一重要界标。英国的杰文斯、奥地利的门格尔和法国的瓦尔拉斯各自提出了边际效用价值论，并在此基础上建立了各自的经济理论体系。这被西方学者称为“边际革命”。这场所谓的边际革命，从价值理论开始，然后推进到生产理论和分配理论，最后推广到经济理论的各个方面，边际主义学派认为价值不取决于生产商品消耗的社会必要劳动量，而是取决于物品的效用和稀缺性，取决于消费者主观心理上感觉到的边际效用；在生产理论方面，边际主义学派认为价值是各种生产要素共同创造的，每一要素在其中起的作用取决于要素的边际生产力；在分配理论方面，边际主义学派认为每一要素的报酬都等于该要素的边际生产力。边际主义学派还以边际效用论和边际生产力论为支柱，用商品市场和要素市场的需求和供给的均衡来说明商品和要素的价格决定。

马克思逝世后，恩格斯在 19 世纪 80 年代和 90 年代多次批判了正在流行的边际主义学派的经济理论，明确指出这种经济理论是庸俗经济学。恩格斯写道：“现在这里最时髦的理论是斯坦利·杰文斯的理论，按照这种理论，价值由效用决定，就是说，交换价值＝使用价值，另一方面，价值又由供应限度（即生产费用）决定，这不过是用混乱的说法转弯抹角地说，价值是由需求和供应决定的。庸俗政治经济学真是比比皆是！"①恩格斯看得清楚，边际主义经济理论把矛头直接指向马克思主义。他在读了施米特批判边际主义经济理论的论文《近代政治经济学的心理学派》之后写道："杰文斯和门格尔的拥护者们……简直是放肆到了极点。他们以极其轻蔑的神情傲慢地看待马克思，认为马克思早已过时。"②

现代西方学者称杰文斯、门格尔和瓦尔拉斯为边际主义学派第一代，称以马歇尔为首的剑桥学派为边际主义学派第二代。除马歇尔外，剑桥学派的代表还有庇古、埃奇沃思、罗宾逊等。由于马歇尔自诩古典学派的继承者，因而剑桥学派又被称为新古典学派，这个学派的经济学又被称为新古典经济学。被归入边际主义学派第二代的还有奥地利的维塞尔和庞巴维克、意大利的帕累托、美国的克拉克等人。此外，从事货币经济学研究的瑞典的威克塞尔、美国的费雪、英国的霍特里等也被归入边际主义学派。在现代许多西方经济学论著中，边际主义学派第一代和第二代经常被统称为新古典学派，19 世纪 70 年代至 20 世纪 30 年代西方国家的正统经济学经常被统称为新古典经济学。

马歇尔在 1890 年出版的《经济学原理》中建立了一个以均衡价格论为核心的完整的折中主义经济理论体系，这个体系的全部智慧在于"把'旧的'东西和'新的'东西无生气地结合起来并混合成为一体"③。其中，"旧的"东西有供求论、生产费用论、节欲论、资本生产力论等，"新的"东西有边际效用论、边际生产力论等。马歇尔以资本主义自由竞争为前提，把垄断视为例外现象。他在政策上主张经济自由主义，认为资本主义经济通过市场的自行调节可以达到充分就业的均衡。这样，他就"为私有制的企业制度提供了一幅安慰人心的图像"④。他的《经济学原理》被吹捧为"划时代"的著作，从 1890 年到 1920 年共出了 8 版。直到 20 世纪 30 年代，以马歇尔为代表的新古典经济学在西方经济学界仍占正统地位。

庇古是剑桥学派的另一个主要代表，他继马歇尔之后于 1908 年至

---

① 《马克思恩格斯全集》，第 37 卷，8 页，北京，人民出版社，1971。

② 《马克思恩格斯全集》，第 38 卷，455 页，北京，人民出版社，1972。

③ R. V. 伊格利：《古典经济理论的结构》，138 页。

④ 罗宾逊：《序言》，载克赖格尔：《政治经济学的重建》，2 版，9 页，伦敦，麦克米伦公司，1978。

1943年任剑桥大学政治经济学教授。庇古致力于传播和阐释马歇尔经济学，并建立了福利经济学理论体系。在1933年的《失业理论》中，他还证明了资本主义经济通过市场机制的自动调节可以达到充分就业的均衡。

以马歇尔和庇古为代表的正统经济学20世纪30年代得到了一些新的补充和发展。一方面，张伯伦和罗宾逊在1933年分别出版了《垄断竞争理论》和《不完全竞争经济学》，修改了传统的垄断例外论，为现代西方微观经济学的垄断竞争（不完全竞争）理论奠定了理论基础；另一方面，希克斯用边际效用序数论代替传统的边际效用基数论，用新福利经济学代替庇古的福利经济学，并推广了一般均衡论。

1929年10月始于美国的经济危机很快席卷了各资本主义国家，成为震撼整个资本主义世界的历史上最严重的经济危机。在1929—1933年大危机之后，接着是长期的萧条，然后又爆发了1937—1938年经济危机。西方经济学家把1929年开始的这场持续了10年之久的经济危机叫做“30年代大萧条”。面对历史上空前严重的经济危机，西方正统经济学在理论上无法解释，在实践上提不出任何对策。新剑桥学派领袖罗宾逊说，“那种保持充分就业的均衡的自然趋势的学说，未能经受住20世纪30年代市场经济完全崩溃的考验”，陷入了“可怜而又可笑的混乱状态”①。大萧条从根本上动摇了以马歇尔、庇古为代表的新古典经济学在西方经济学界的正统地位，代之而起的是凯恩斯经济学。

1936年，凯恩斯的《就业、利息和货币通论》一书出版。它标志着凯恩斯主义的产生。凯恩斯主义的产生被西方经济学家称为“凯恩斯革命”②，是对“古典”经济学的“革命”。凯恩斯故意曲解古典学派的概念，他把从詹姆斯·穆勒、约翰·穆勒到马歇尔、埃奇沃思、庇古等人都包括在古典经济学家之中。凯恩斯的追随者根据凯恩斯的解释，把萨伊、马尔萨斯、西尼尔、凯里、巴师夏等庸俗经济学家一概称为“古典经济学家”，完全抹杀了古典经济学和庸俗经济学的原则性界限。

事实上，凯恩斯并没有全面地同以马歇尔、庇古为代表的正统经济学分道扬镳，而只是修改和补充了其中的宏观经济学观点和政策主张。

---

① 琼·罗宾逊：《经济理论的第二次革命》，载《现代国外经济学论文选》第1辑，3、4页，北京，商务印书馆，1979。

② 克莱因：《凯恩斯的革命》；L. 塔希斯：《凯恩斯革命》，载《新帕尔格雷夫经济学大辞典》，第3卷。

凯恩斯承认非自愿失业的存在，认为只有实行政府干预，才能实现充分就业。

第二次世界大战后，凯恩斯经济学在资本主义世界广为流行。西方学者觉察到，凯恩斯经济学和以马歇尔、瓦尔拉斯等人为代表的传统的新古典经济学是矛盾的：后者研究个体经济行为及其结果，前者研究总体行为及其结果；后者认为资本主义市场经济可以通过自行调节使资源的利用达到充分就业的均衡，前者认为资本主义市场经济的自行调节使资源的利用处于低于充分就业的均衡；后者主张自由放任，反对政府干预经济，前者反对自由放任，主张政府干预经济。

以萨缪尔森为首的一些西方经济学家尝试着把新古典经济学和凯恩斯经济学加以综合，组成一个统一的理论体系。他们还从凯恩斯的《就业、利息和货币通论》中找到了理论根据。凯恩斯说："我们对于古典学派理论之批评，倒不在发现其分析有什么逻辑错误，而在指出该理论所根据的几个暗中假定很少或从未能被满足，故不能用该理论来解决实际问题，假设实行管理以后，总产量与充分就业下之产量相差不远，则从这点开始，古典学派理论还是对的。"[①] 据此，西方经济学家认为，在接近或达到充分就业的情况下，新古典经济学将再度适用。

1948 年，萨缪尔森的《经济学》出版。这标志着以萨缪尔森为代表的新古典综合派的形成。其致力于新古典经济学和凯恩斯经济学的综合工作。对此，萨缪尔森在《经济学》第 3 版中说："近年来，90%的美国经济学家已经不再是'凯恩斯主义经济学家'或'反凯恩斯主义经济学家'。相反，他们一直是在致力于某种综合工作，即把较早的经济学和现代的收入决定论中一切有价值的东西综合起来。这个结果可以称为新古典经济学，并在广泛的范围内被所有的（除了大约 5%的极端左翼和极端右翼）经济学家所接受。"[②] 在《经济学》第 8 版中，萨缪尔森自称他们的经济学是"后凯恩斯主义经济学"。在《经济学》第 12 版中，萨缪尔森和诺德豪斯又自称其经济学是"现代经济学"、"现代主流经济学"或"现代主流经济学的新综合"。迄今为止，新古典综合至少包括三个层次的综合：新古典微观经济理论和凯恩斯宏观经济理论的综合、新古典宏观经济理论和凯恩斯主义经济学的综合、宏观经济学各派

① 凯恩斯：《就业、利息和货币通论》，322 页，北京，商务印书馆，1963（后文的引文均源自此版本）。

② 萨缪尔森：《经济学》，3 版，212 页，纽约，麦格劳—希尔公司，1955。

理论的综合。

在西方经济学界，学派林立，学说纷繁。20世纪30年代以来，当以凯恩斯主义为代表的国家干预主义思潮正在兴起的时候，就出现了对立的新自由主义思潮。以米塞斯、哈耶克为代表的新奥地利学派，以坎南、罗宾斯等为代表的伦敦学派，以奈特、瓦依纳、西蒙斯等为代表的芝加哥学派，都是倡导自由市场经济的新自由主义的学派。

凯恩斯学派在第二次世界大战后逐渐分裂为两个长期论战的派别：一个是以萨缪尔森为首的新古典综合派，另一个是以罗宾逊为首的新剑桥学派。罗宾逊的追随者在英国有卡尔多、帕西内蒂、斯拉法等，在美国有温特劳布、明斯基、戴维森等。现在西方经济学文献通常称罗宾逊及其英、美追随者的经济理论为后凯恩斯主义经济学。罗宾逊的理论基地在英国剑桥，萨缪尔森的理论基地在美国剑桥，因而凯恩斯学派中的上述两派之争被称为"两个剑桥之争"。

第二次世界大战后，特别是20世纪50年代以来，新古典综合派的经济理论在西方经济学界居于统治地位，它的政策主张成为许多西方国家奉行的基本政策原则。20世纪60年代后期，新古典综合派的正统地位由于通货膨胀加剧而有所削弱。20世纪70年代，西方国家失业和通货膨胀并存的滞胀局面，给了新古典综合派以沉重的打击，动摇了它的正统地位。西方经济学的许多学派纷纷抨击和责难新古典综合派，其中，除了以新剑桥学派为核心的后凯恩斯主义经济学之外，主要还有货币学派经济学、供给学派经济学和新古典宏观经济学。

当前，西方经济学界存在两个主要派别：新古典宏观经济学和新凯恩斯主义经济学。市场出清还是非市场出清，政策无效还是政策有效，这是新古典宏观经济学和新凯恩斯主义经济学的理论观点和政策主张分歧的关键所在。新古典宏观经济学相信市场经济有充分的自我调节或自我矫正的力量，市场能连续出清，经济能经常处于均衡状态。与此相反，新凯恩斯主义经济学认为市场经济缺乏充分的自我调节或自我矫正的力量，市场不能连续出清，经济有可能处于持续的非均衡状态。新古典宏观经济学既然相信市场经济能连续出清因而能经常处于均衡状态，那么就自然会得出反对政府干预的结论。它的政策无效性命题就是一个典型。虽然政策无效性命题后来被该派的不少经济学家所放弃，但是新古典宏观经济学的极端自由主义倾向是始终如一的。与此相反，新凯恩斯主义既然不相信市场经济能连续出清因而能经常处于均衡状态，那么就必然会得出政府干预有效的结论。新凯恩斯主义者认为，如果没有政府干预，那么经济恢复均衡将是一个漫长的痛苦过程，失业和（或）通货膨胀将进一步恶化。新凯恩斯主义经济学和新古典宏观经济学之争现在还在继续。这是国家干预主义和经济自由主义之争的新形式。

以上只是对西方经济学的源和流的轮廓进行了粗线条的描绘。研读西方经济思想史，了解西方经济学的昨天和前天，可以更好地认识西方经济学的今天。

了解西方经济学的源和流，就会懂得，今天的西方经济学不是无源之水和无本之末，而是有它的来龙去脉和前因后果。了解西方经济学的源和流，就会懂得，西方各派经济理论都是特定历史条件的产物，当特定历史条件不复存在时，赖以生存和发展的特定经济理论便会失去存在的理由，尽管其中的某些成分有可能成为新的历史条件下新的经济理论的智慧之源。了解西方经济学的源和流，就会懂得，任何特定的西方经济理论都具有历史暂时性，都不是什么永恒真理。一种曾经居于正统地位的西方经济理论在时过境迁之后会失去其正统地位，甚至会被认为是大谬不然的邪说，而一种曾被视为异端的西方经济理论恰好赶上某种需要时就会流行一时，甚至会上升为正统理论。了解西方经济学的源和流，还会懂得，某一特定的西方经济理论较为接近现实，但由于不适合垄断资本的需要，因而会受到冷遇，另一特定的西方经济理论与事实不符，但由于能满足垄断资本的需要，却会大行其道。

三、西方经济学的阶级性和科学性

社会经济生活充满着矛盾，处于不同社会群体、集团、阶层和阶级中的人们具有不同的经济利益。不同的经济学家对于同一经济问题往往会做出不同的解释，得出不同的结论，提出不同的政策主张。除了认识方面的原因之外，这主要是因为经济学所研究的材料具有特殊性，它直接涉及不同社会群体、集团、阶层和阶级的利益。

马克思主义者公开承认经济学的阶级性，并且自觉地站在工人阶级和广大劳动人民的立场上研究经济科学。马克思和恩格斯用阶级分析把资本主义社会存在的经济学区分为无产阶级经济学、资产阶级经济学和小资产阶级经济学。

与此相反，很多西方学者不太愿意公开承认西方经济学的阶级性，尽管他们都在自觉或不自觉地力图论证资本主义生产方式是最理想的生产方式，资本主义经济关系是最合理的经济关系。然而，不管愿意不愿意，也不管意识到或没有意识到，经济学的阶级性总是客观存在的。

当然，西方经济学家并不都讳言自己的阶级立场。最有影响的西方经济学家凯恩斯直率地说："如果当真要追求阶级利益，那我就得追求属于我自己那个阶级的利益。……在阶级斗争中会发现，我是站在有教养的资产阶级一边的。"①

经济学家在研究、解释和试图解决经济问题时，总是自觉或不自觉地站在特定的阶级立场，代表和维护特定的阶级利益，接受反映特定阶级利益的意识形态，采取符合特定阶级利益的价值判断，鲜有例外。而这一切自然会在他的经济理论中得到反映和表现。这就决定了经济学在性质上必然不同于没有阶级性的自然科学，也决定了阶级社会中不存在为各阶级所共同接受的统一的经济学。

实际上，有些西方学者在某种程度上也承认这一点。例如，诺贝尔经济学奖获得者，美国经济学家索洛说："社会科学家和其他人一样，也具有阶级利益、意识形态的倾向以及一切种类的价值判断。但是，所有的社会科学的研究，和材料力学或化学分子结构的研究不同，都与上述的（阶级）利益、意识形态和价值判断有关。不论社会科学家的意愿如何，不论他是否觉察到这一切，甚至他力图避免它们，他对研究主题的选择、他提出的问题、他没有提出的问题、他的分析框架、他使用的语言，都很可能在某种程度上反映了他的（阶级）利益、意识形态和价值判断。"②

在西方学者中，索洛的这一认识，具有一定的深刻性。他觉察到社会科学和自然科学存在本质的区别。这就是，社会科学同阶级利益、意识形态和价值判断有关，而自然科学则不然。这实际上是承认，社会科学是有阶级性的。索洛还认识到，社会科学的这一本质特征同社会科学家的意愿如何、是否觉察到以及是否想回避没有关系。这实际上是承认，社会科学的阶级性是客观存在的，不以人们的意志为转移的。此外，索洛还研究了阶级利益、意识形态和价值判断在社会科学家的论著中的具体反映和表现形式。正是这些认识使索洛超越了他的经济学同

---

① 凯恩斯：《劝说集》，244～245页，北京，商务印书馆，1962。

② 索洛：《经济学中的科学和意识形态》，引自克伦道尔、埃考斯编：《当代经济论文集》，11页，波士顿，利特尔·布朗公司，1972。

行，超越了他的社会科学同行。只是他忘记对社会科学加上适当的限制，那就是，社会科学中有少数学科，例如语言学和逻辑学，是没有阶级性的。

经济学的阶级性和经济学的科学性可以是统一的，也可以是相冲突的。当某一阶级的经济理论不存在阶级局限，因而能深入研究经济现象背后的内在联系和经济发展的客观规律时，这种经济学的阶级性和科学性是统一的。马克思主义经济学就是实现了阶级性和科学性的统一的典范。它既是代表无产阶级利益和具有无产阶级阶级性的经济学，又是揭示了经济现象的内在联系和经济发展的客观规律的经济学。

当某一阶级的经济理论存在阶级局限性，因而特殊的阶级利益使它不敢深入研究经济现象的内在联系和社会经济发展的客观规律时，这种经济学的阶级性和科学性就会发生冲突。虽然资产阶级经济学在某一特定历史时期还能在一定程度上实现阶级性和科学性的统一，但是一般说来，这种经济学的阶级性和科学性的矛盾是主要的。

当资本主义上升时期新兴资产阶级还具有革命性和进步性时，代表这一阶级的利益的经济学能在一定程度上深入研究资本主义生产方式和经济关系，透过现象寻找内部联系和内在规律，完成一些重要的科学发现。应该说，这一历史时期的资产阶级经济学是科学的经济学，它的阶级性和科学性在一定范围内实现了统一。人们同时看到，古典经济学的阶级性和科学性也有矛盾。古典经济学家毕竟是资产阶级经济学家，他们受到自己阶级的局限，把资本主义生产方式以及与之相适应的经济关系看做自然的、永恒的，因而不可能彻底揭示经济现象的内在联系和资本主义生产方式发展的客观规律。

当资产阶级取得政权以后，曾被封建主义和资产阶级的斗争推到后面的无产阶级和资产阶级的矛盾上升为主要矛盾，无产阶级从反对自己敌人的敌人转为直接反对自己的敌人。这时，取代古典经济学的正统地位的庸俗经济学越来越成为有意识的辩护论的经济学。“现在问题不再是这个或那个原理是否正确，而是它对资本有利还是有害，方便还是不方便，违背警章还是不违背警章。不偏不倚的研究让位于豢养的文丐的争斗，公正无私的科学探讨让位于辩护士的坏心恶意。”① 在这里，经济学的阶级性和科学性相冲突，庸俗经济学坚持其阶级性而牺牲科学性。

---

① 《马克思恩格斯全集》，第 23 卷，17 页。

上面引用的索洛的话，也有助于了解西方经济学的阶级性和科学性的矛盾。就经济学家而言，“他对研究主题的选择”、“他提出的问题”、“他没有提出的问题”、“他的分析框架”、“他使用的语言”都可能在某种程度上反映出他的阶级利益、意识形态和价值判断。这里仅以经济学的研究对象为例。马克思在《资本论》德文第一版序言中对自己的研究对象做了明确规定：“我要在本书研究的，是资本主义生产方式以及和它相适应的生产关系和交换关系。”① 可是，至少从 20 世纪 30 年代以来，很多西方经济学家都认同经济学是关于资源配置的科学这一观点。西方学者的这一规定的实质，在于把生产方式逐出经济学的研究范围，把与生产方式相适应的生产关系也逐出经济学的研究范围。这样，有关资本主义生产方式的一系列重大经济理论问题，例如，资本主义生产方式的起点、前提和基础，资本主义生产方式的特征，资本主义生产方式的直接目的和决定动机，资本主义生产方式的矛盾和对抗，资本主义生产方式的历史性和过渡性，他们便一概加以回避。同样，有关与资本主义生产方式相适应的资本主义生产关系的一系列重大经济理论问题，例如资本主义生产资料私有制、资本主义社会各社会集团在生产中的地位以及它们的相互关系、资本主义社会的产品分配形式、资本主义生产关系的历史性和过渡性，他们也一概加以回避。实在无法回避的，他们就断言这是自然的和永恒的。

经济学当然要研究资源配置。但是，资源配置方式从属于生产方式。经济学不能只讨论抽象的一般生产方式的资源配置，它必须研究特定生产方式的资源配置，而对后者的研究又须以对特定的生产方式的研究为前提。

任何一种经济学或政治经济学理论体系，只要把生产方式以及与之相适应的经济关系排除在研究范围之外，就不可能是真正科学的理论体系。把研究范围从生产方式以及与之相适应的生产关系向后退缩到资源配置这个角落的西方经济学，充分暴露出了它的阶级性和科学性的矛盾。西方经济学的阶级性，已经不容许它在资本主义生产方式以及与之相适应的经济关系的研究方面得出科学的而不是辩护性的成果。有一些西方经济学家承认：西方经济学还不是科学。美国经济学家凡勃伦在 1898 年指出他们的经济学还不是科学。85 年以后，美国经济学家艾克

---

① 《马克思恩格斯全集》，第 23 卷，8 页。

纳在1983年指出他们的经济学还不是科学。他说："八十多年过去了，这一问题甚至更为尖锐了。……它由于希克斯和萨缪尔森的数学化论证而变得相当精致，但其核心与凡勃伦时候则相差无几。"艾克纳还说："（西方）经济学作为一门学科，是由毫无现实基础的理论构成的……事实上，除了建立在一系列演绎推理之外，经济学几乎一无所有。"①

西方经济学的阶级性只容许西方学者在不违反资产阶级的利益和无损于资本主义制度的那些课题上进行科学研究。也只有在那些研究课题上，作为理论经济学的西方经济学还有可能取得有科学意义的成果。例如，在对市场经济运行进行数量分析方面，在对市场失灵特别是对广义市场失灵进行剖视方面，在对政府的经济职能和经济政策进行研究方面，西方经济学家还能够写出有学术价值的论著，提出有实际意义的建议。正是这些研究使西方经济学具有某种实用性。

四、西方经济学研究中的两种错误倾向

西方经济学植根于西方国家，是西方国家的统治阶级关于资本主义市场经济的看法的理论表现。西方经济学具有二重性：一是阶级性，二是在特定条件下的实用性。西方经济学的阶级性主要表现为维护资产阶级利益，维护资本主义制度，维护有利于西方发达国家的国际经济秩序和宣传资本主义的意识形态。西方经济学在特定条件下的实用性主要表现为对资本主义市场经济的病症进行病理分析，做出诊断，并开出处方。

研究和评价西方经济学必须全面，力戒片面。在我国，对西方经济学的认识有两种片面性。一种片面性是只看到西方经济学的阶级性而看不到它在特定条件下的实用性。另一种片面性是只看到西方经济学在特定条件下的实用性而看不到它的阶级性。前一种片面性认识导致了对西方经济学的全面否定，后一种片面性认识导致了对西方经济学的全面肯定。全面否定和全面肯定都是错误的，因为这两种认识都不符合实际。实际是西方经济学有二重性而不是一重性。既然西方经济学有二重性，那么就不应该对它采取"不是肯定，就是否定"的简单态度，而应该用唯物辩证法一分为二的观点，对它进行科学的、全面的分析，分清哪些

① 阿尔弗雷德·S·艾克纳主编：《经济学为什么还不是一门科学》，179～180页，北京，北京大学出版，1990。

是意识形态成分，哪些是在特定条件下有实用性的成分。对于前者，要进行必要的批判和揭露；对于后者，要考虑借鉴和吸收。借鉴不是照抄照搬，而是把他人的经验和教训当做镜子，以便取长补短或吸取教训。吸收不是囫囵吞枣，不是不加分析地笼统接受，而是经过消化系统的作用摄取有营养的成分。

必须注意，西方经济学中某些可资借鉴的成分并不是在纯粹的形式上存在，而是常常和庸俗的辩护性的东西共生，并紧紧结合在一起。这就决定了不能像器官移植那样把西方经济学的这个或那个部分直接移植到马克思主义经济学中来。这里且不说异种器官移植，即使是同种器官移植，也可能出现排异问题。借鉴和吸收西方经济学中某些有用的东西，这本身是一项严肃的研究工作。只有通过认真的、艰苦的研究，把可资借鉴的成分同庸俗的辩护性的东西分离开来，并经过改造，才能为我所用。例如，要借鉴西方经济学的生产函数中的有用成分，就必须把它的生产要素价值论基础抽掉，把资本同生产资料区别开来，把“劳动”这一不正确的用语改为“劳动力”，然后在马克思劳动价值学说的基础上建立一元的价值生产函数，在马克思使用价值学说的基础上建立多元的使用价值生产函数。这样才有可能达到为我所用的目的。

五、经济学的数学方法

数学是研究现实世界的数量关系和空间形式的科学。它具有高度的抽象性，应用的范围很广。任何事物都具有质的方面和量的方面，都是质和量的统一。经济范畴和经济过程同样是质和量的统一。在对生产方式以及与之相适应的生产关系进行质的分析的前提下，对反映生产方式以及与之相适应的生产关系的经济范畴和经济过程进行量的分析，将有助于认识的深化，也将有助于理论的应用。从这一方面来说，马克思主义经济学所揭示的原理和规律，不少都有可能用数学语言来表达，用数学模型来表示。马克思自己就曾经想运用数学方法来说明经济危机的规律性。西方经济学家现在在他们的经济学论文、专著和高级教科书中相当广泛地运用数学，他们所用的数学方法几乎遍及纯数学的各主要分支。研究这些论著和教科书，可以看到西方经济学家是如何将他们的经济理论数学化的，是如何将前提和条件公式化的，是如何将经济过程模型化的。或者说可以从中获得经验，也可以从中汲取教训。

数学是辅助经济理论研究的一个很有益的方法。在经济理论研究中恰当地运用数学方法，可以使正确的理论和科学的研究成果表达得更为准确，可以更好地检验结论和前提是否一致或矛盾，可以更有力地证明研究成果中的结论。

但是，必须注意，数学本身不能创造任何经济理论，不能创造任何经济范畴和经济规律。数学是从前提出发，经过逻辑推理，得出结论的。在经济学中运用数学时，要使结论正确，首先要求前提正确。自然科学家懂得，在数学这个磨盘中，你放进小麦，可以磨出面粉；你放进草籽，就绝不会磨出同样的东西。计算机科学家的"废料进，废料出"的说法，生动地表明，从错误的前提出发，不管用了多少数学和多么复杂的数学，都不可能得出正确的结论。在这一方面，边际效用论是一个典型的例子。数学可以给错误的经济理论披上科学的外衣，使读者不易识别它的伪科学性，但不可能赋予错误理论以科学的内容。

在经济理论研究中不能滥用数学。西方经济学滥用数学现在已经成为一个严重问题，以致有的西方学者不得不"对经济学家严重地滥用数学提出警告"①。诺贝尔经济学奖获得者里昂惕夫也对西方经济学滥用数学提出了尖锐的批评。他说："专业经济学杂志上连篇累牍地充满了数学公式。这将读者从一套似乎有理然而完全是任意的假说引到精确的但却是无关的理论结论。"② 西方学者在经济学中滥用数学的结果导致数学形式主义，它所追求的只是数学形式。可是，在经济学中，数学形式的正确，绝不能证明经济理论的正确。给错误的经济理论装配一套数学公式，其作用是给错误的内容以貌似科学的包装。

凯恩斯本是学数学的，后来改行研究经济学。他对他们自己圈子内的人在经济学中滥用数学的情况相当熟悉，并对此提出了可以说是中肯的批评。凯恩斯写道："近来所谓数理经济学，太多一部分只是杂凑，其不精确一如其开头所根据的假定，而其作者，却在神气十足但毫无用处的符号迷阵中，把现实世界中之复杂性与息息相通性置诸脑后了。"③ 研究西方经济学，必须注意前提是否正确，有没有陷入无用的数学符号

---

① 约翰·布拉特：《经济学家是怎样滥用数学的》，引自阿尔弗雷德·S·艾克纳主编：《经济学为什么还不是一门科学》，145～146页。

② 约翰·布拉特，《经济学家是怎样滥用数学的》，引自阿尔弗雷德·S·艾克纳主编：《经济学为什么还不是一门科学》，2页。

③ 凯恩斯：《就业、利息和货币通论》，253页。

迷阵，有没有忽视现实世界的复杂性和相互依存性。

西方经济学现在比以往更追求经济学的数学形式。过去使用数学相对较少的宏观经济学，经过新古典宏观经济学家和新凯恩斯主义经济学家的努力，现在也连篇累牍地充满了复杂的数学公式。宏观经济学的工具箱重了，可是，科学形式并没有给宏观经济学增添多少科学内容。对此，美国宏观经济学家布林德评论说："许多相当聪明的人在宏观葡萄园中一直进行着长时间的辛勤劳动，以期开发出更经得住批评的理论和经济计量学的新品系，许多新技术行装就必须比一二十年前的更加沉重。难道我们对宏观经济学如何运行真的比过去知道得多了吗？我是不相信的。"① 西方学者的这番话耐人寻味。评论西方经济学的数学方法时应当充分考虑到这一点。

① 布林德：《争论中的宏观经济学》，101页，纽约，密执安大学出版社，1989。

全面认识西方经济学的几个问题*

如何认识西方经济学，目前在我国是一个很具争议的问题。在理论经济学教育领域，教育主管部门和高等学校，以及教师和学生都迫切需要正确解决这一问题；在经济理论研究领域，研究机构和科研人员迫切需要正确解决这一问题；在新闻媒体、学术刊物和出版领域，编者、作者和读者也同样迫切需要正确解决这一问题。

一、关于“经济学”和“现代经济学”

一些学者反对用“西方经济学”这一名称，他们当中有的主张用“经济学”取代“西方经济学”，有的主张用“现代经济学”取代“西方经济学”。他们既有相同的理由，又有不同的理由。

反对用“西方经济学”这一术语的学者有一个共同的理由：“西方”是一个地域性概念，如果说美欧经济学家是西方人，他们的经济学是西方经济学，那么，马克思也是西方人，马克思经济学也应属于西方经济学。因此，他们断言，“西方经济学”这个用语是不正确的，应予废弃。

这种所谓理由，犯了混同概念的错误。它混同了政治性概念和地域性概念。“西方经济学”中的“西方”不是地域性概念，而是政治性概念。与此类似的是，“西方七国集团”中的“西方”，如果不是政治性概念，而是地域性概念，那就不会包括位于东亚的日本。还可以与我们说的“西方经济学”相类比的是，美国的东方经济学学会中的“东方”，也是政治性概念，而不是地域性概念。

反对用“西方经济学”这一术语的学者又有各自不同的理由。反对用“西方经济学”并主张用“经济学”取代“西方经济学”的学者认为，理论经济学分为两类：一类是经济学，一类是政治经济学。经济学指西方国家的理论经济学，特别是指西方国家现代主流派的理论经济学；政治经济学只是指马克思主义的理论经济学。

然而，这种“理由”缺乏科学根据，无法成立。无论在马克思主义

* 原载《政治经济学评论》，2010（1）。

经济学著作中，还是在西方经济学著作中，政治经济学和经济学通常都是在同一意义上被使用的。

在马克思的《资本论》、经济学手稿和其他论著中，政治经济学和经济学二者具有相同的内涵和外延，可以互用。因此，没有理由断言政治经济学专指马克思主义经济学，经济学专指西方经济学。

在许多西方经济学著作中，经济学和政治经济学通常也是在相同的意义上被使用的，二者的内涵和外延也都相同，同样可以互用。这里以美国《经济学百科全书》和《新帕尔格雷夫经济学大辞典》为例，来看看西方学者对“经济学”和“政治经济学”的权威性解释。美国《经济学百科全书》把“政治经济学”和“经济学”二者合在“政治经济学和经济学”一个条目中加以解释。该条目释文说：“通常‘政治经济学’和‘经济学’在经济研究上是同义术语。”① 西方权威性的《新帕尔格雷夫经济学大辞典》没有把“政治经济学”和“经济学”作为两个条目收入大辞典，而是将二者合为“政治经济学与经济学”一个条目加以解释。该条目释文最后说：“在即将进入 21 世纪的今天，‘政治经济学’和‘经济学’这两个名词都还存在。自它们产生以来，涵义都有所变化，然而，两者基本上可以被看做同义语。”②

由上文可见，经济学指西方经济学，政治经济学指马克思主义经济学的说法，根本不能成立。如果说“经济学”，那么必须承认存在两类不同的经济学——马克思主义经济学和西方经济学；如果说“政治经济学”，那也必须承认，存在两类不同的政治经济学——马克思主义政治经济学和西方政治经济学。

反对用“西方经济学”这一术语并主张用“现代经济学”取代“西方经济学”的学者认为，现代西方国家的理论经济学，特别是现代西方国家主流派的理论经济学，研究的是现代经济问题，因而是“现代经济学”；马克思主义的理论经济学研究的是一百多年前的经济问题，因而不属于“现代经济学”。在他们那里，“现代经济学”指现代西方经济学，特别是指现代西方国家主流派的理论经济学。他们企图把马克思主义经济学从“现代经济学”中排挤出去。

与上述“理由”一样，这种“理由”同样缺乏科学根据，无法成立。

---

① 《经济学百科全书》，下卷，1182 页，北京，中国人民大学出版社，2009。

② 《新帕尔格雷夫经济学大辞典》，第 3 卷，972 页。

随着时代的发展和前进而不断发展和前进，是马克思主义具有的理论品质，也是马克思主义政治经济学或经济学具有的理论品质。马克思主义经济学发展史证明，作为马克思主义的一个组成部分的马克思主义政治经济学或经济学，是一个不断发展和前进的理论体系。如果说，马克思主义政治经济学或经济学在产生和形成时期研究的主要是当时的资本主义生产方式以及和它相适应的生产关系的话，那么，马克思主义政治经济学或经济学在以后的各个发展阶段上研究的则是不断演变的资本主义生产方式以及和它相适应的生产关系。

事实证明，存在两类不同的“现代经济学”或“当代经济学”：现代马克思主义经济学或当代马克思主义经济学，现代西方经济学或当代西方经济学。从马克思主义政治经济学创立以来，经济理论领域一直存在两大对立的经济理论体系：一是无产阶级政治经济学或经济学，二是资产阶级政治经济学或经济学。这始终是一个客观存在，不以人们的观点和意愿为转移。既然二者的本质区别是客观存在的，那么就应当用不同的概念来反映它们各自的本质特征。因此，在我们国家，用全称的“马克思主义政治经济学”或简称的“政治经济学”专指马克思主义的理论经济学，用“西方经济学”或“现代西方经济学”专指西方国家的理论经济学，特别是现代西方国家主流派的理论经济学。西方国家的做法与我国的做法不同，但有一点认识实际上是相同的，这就是，都承认马克思主义经济学和西方经济学是两个不同的经济理论体系，两个对立的理论体系，因而需要用两个不同的概念来加以区分。

实际上，不仅经济理论这一领域存在两大截然不同的理论体系，而且哲学和社会科学所有领域几乎全都存在两大截然不同的理论体系：马克思主义哲学和西方哲学、马克思主义经济学和西方经济学、马克思主义政治学和西方政治学等。所以，如何用不同的概念来反映它们各自的本质特征的问题，并不是经济学领域特有的问题，而是哲学社会科学整个领域的共同问题。

二、关于理论经济学教育和研究的“国际化”主张

主张用“经济学”和“现代经济学”取代“西方经济学”和“现代西方经济学”的学者，绝不只是为了学术用语而争，而是有其重大战略目标。他们说，“现代经济学”或“当代经济学”具有“唯一性”。他们

定义，“现代经济学”或“当代经济学”是指最近半个世纪发展起来的、得到当今“国际公认”的主流经济学。显然，他们说的“现代经济学”或“当代经济学”，就是我们说的“现代西方经济学”或“当代西方经济学”。根据他们的定义，马克思主义经济学或马克思主义政治经济学就被他们从“现代经济学”或“当代经济学”中完全排除出去了。

他们这样做的目的，是要根本变革中国理论经济学的教育方向和研究方向。用他们的话说，就是要中国理论经济学教育和研究实现“国际化”，与“国际公认”的“现代经济学”即现代西方经济学“全面接轨”。

关于理论经济学教育的“国际化”，他们说：“经济学是经济和教育的交叉口，作为教育来讲，办世界一流大学，和国际接轨成为非常自然的目标。”

中国理论经济学教育如何“国际化”？如何“和国际接轨”？按照他们的意见，中国高等学校的理论经济学教育从经济学的研究对象和范围、研究方法、基本原理到整个理论经济学学科体系，都要进行根本变革，实现与“现代经济学”即现代西方经济学的“全面接轨”。

中国理论经济学研究如何“国际化”？如何“和国际接轨”？按照他们的意见，中国经济学家在理论经济学研究中从选题、研究方法、假设、理论根据、分析框架，到建立数学模型、经济预测模型和实证研究等，也都应该进行根本变革，实现与“国际公认”的“现代经济学”即现代西方经济学的“全面接轨”，研究成果的学术水平要以能否在“国际公认”的经济学刊物发表为衡量标准。

如果我们的教育领导部门、高等学校、社会科学研究机构真的把这些学者的理论经济学教育和研究的“国际化”主张全面付诸实践，那么后果将不堪设想。这些学者主张的理论经济学教育和研究“国际化”以及“全面和国际接轨”，实质是要让我国理论经济学教育和研究全面西化，与西方全面接轨，尤其是全面美国化，与美国全面接轨。

最早敏锐地觉察出这类“国际化”主张的本质和危害的是邓小平。在中国共产党第十二届中央委员会第二次全体会议上的讲话中，邓小平严肃地指出西方哲学思潮、西方经济学思潮、西方社会政治和文学艺术思潮对我国的严重影响和危害。他说：“现在有些同志对于西方各种哲学的、经济学的、社会政治的和文学艺术的思潮，不分析、不鉴别、不批判，而是一窝蜂地盲目推崇。……如果我们不及时注意和采取坚定的措施加以制止，而任其自由泛滥，就会影响更多的人走上邪路，后果就可能非常严重。从长远看，这个问题关系到我们的事业将由什么样的一代人来接班，关系到党和国家的命运和前途。”① 在这次讲话中，邓小平指出了我们对待西方哲学、西方经济学以及西方其他社会科学和文化的正确方向，这就是：“一定要用马克思主义对它们的思想内容和表现方法进行分析、鉴别和批判。”②

三、西方经济学的二重性

西方经济学有二重性：一是阶级性；二是在特定条件下的某种实用性。

研读西方经济学，不能只停留在表面，必须注意到西方经济学的阶级性。经济学不同于自然科学。社会经济生活中充满着矛盾，处于不同社会群体、集团、阶层和阶级中的人们具有不同的经济利益。不同的经济学家对于同一经济问题往往会做出不同的解释，得出不同的结论，提出不同的政策主张。除了认识方面的原因外，这主要是因为经济学所研究的材料具有特殊性，它直接涉及不同社会群体、集团、阶层和阶级的利益。在一般场合，很多西方经济学家不太愿意公开承认西方经济学的阶级性。但是，并不是每个西方经济学家都讳言自己的阶级立场。例如，最有影响力的现代西方经济学家凯恩斯就曾直率地公开承认：“如果当真要追求阶级利益，那我就得追求属于我自己那个阶级的利益。……在阶级斗争中会发现，我是站在有教养的资产阶级一边的。”③

经济学家在研究、解释和试图解决经济问题时，总是自觉或不自觉地站在特定的阶级立场，代表和维护特定的阶级利益，接受反映特定阶级利益的意识形态，采取符合特定阶级利益的价值判断，鲜有例外。而这一切必然会在他的经济理论中得到反映。对此，有的西方经济学家也是公开承认的。例如，诺贝尔经济学奖获得者、美国经济学家索洛说：“社会科学家和其他人一样，也具有阶级利益、意识形态的倾向以及各种各样的价值判断。但是，所有的社会科学的研究，与材料力学或化学分子结构的研究不同，都与上述的（阶级）利益、意识形态和价值判断

---

① 《邓小平文选》，第 3 卷，44～45 页。
② 《邓小平文选》，第 3 卷，44 页。
③ 凯恩斯：《劝说集》，244～245 页。

有关。不论社会科学家的意愿如何，不论他是否觉察到这一切，甚至他力图避免它们，他对研究主题的选择、他提出的问题、他没有提出的问题、他的分析框架、他使用的语言，都很可能在某种程度上反映了他的（阶级）利益、意识形态和价值判断。”①

西方经济学的阶级性，不容许西方学者对资本主义生产方式以及和它相适应的经济关系进行科学研究，而只容许在不违反资产阶级的利益和无损于资本主义制度的那些课题上进行科学研究。也只有在那些研究课题上，作为理论经济学的西方经济学还有可能取得某些有科学意义的成果。例如，在对市场经济的运行进行数量分析方面，在对市场失灵进行考察方面，在对政府的经济职能进行研究方面，在对经济政策提供建议方面，西方经济学还能够写出有学术价值的论著，提出有实际价值的意见。正是这些研究使西方经济学具有某种实用性。

四、西方经济学是一门“精确科学”和“预测科学”吗？

20世纪后半期，西方经济学领域出现了“数学爆炸”，经济学论著中充斥着数学。有的西方学者称他们的经济学领域进行了一场“牛顿革命”，有的自诩他们的经济学已经成为类似物理学的“精确科学”。这类说法一时迷惑了不少读者。

其实，这类说法不仅早就受到了马克思主义者的批判，而且受到了有思想的西方经济学家的驳斥。

早在20世纪前期，凯恩斯就批评了西方经济学领域的数学化。凯恩斯本是研读数学的，后来才改行研究经济学。他很熟悉自己的同行在经济学论著中滥用数学的情况，并对此提出了尖锐的批评。在《就业、利息和货币通论》中，凯恩斯写道：“近来所谓数理经济学，太多一部分只是杂凑，其不精确一如其开头所根据的假定，而其作者，却在神气十足但毫无用处的符号迷阵中，把现实世界中之复杂性与息息相通性置诸脑后了。”②

在20世纪后期追求经济学数学形式的“时代浪潮”中，原来使用数学较少的西方宏观经济学论著，经过新古典宏观经济学家和新凯恩斯

① 索洛：《经济学中的科学和意识形态》，引自载克伦道尔，埃考斯编：《当代经济论文集》，11页。

② 凯恩斯：《就业、利息和货币通论》，253页。

主义经济学家的努力，现在也充斥着数学。宏观经济学的工具箱重了，可是科学形式并没有给宏观经济学增添多少科学内容。对此颇有研究的美国宏观经济学家布林德说：“许多相当聪明的人在宏观葡萄园中一直进行着长时间的辛勤劳动，以期开发出更经得住批评的理论和经济计量学的新品系，许多新技术行装就必须比一二十年前的更加沉重。难道我们对宏观经济如何运行真的比过去知道得多了吗？我是不相信的。”①

诺贝尔经济学奖获得者、美国经济学家里昂惕夫对西方专业经济学杂志上的论文滥用数学的情况进行了揭露和批评。他说：“专业经济学杂志上连篇累牍地充满了数学公式。这将读者从一套似乎有理然而完全是任意的假说引到精确的但却是无关的理论结论。”②

有的西方学者慎言他们的经济学已经成为“精确科学”，甚至还承认经济学领域不可能进行物理试验，因而经济学难以成为精确科学。但是，他们说，他们的经济学类似气象学，尤其是类似作为大气科学分支的气候学，他们的经济预测模型类似气候预测模型，可以做出成功的经济预测。与前一种说法相比，这种说法可能在一个时期内迷惑了更多的读者。

实际上，就科学性而论，西方经济学无法与气象学相比，也无法与气候学相比。同样，西方经济学家的经济预测模型也无法与气候预测模型相比。这里，我们仅就两类预测模型是否可比说几句话。诚然，气候预测是一个世界性科技难题。影响气候预测的因子有很多。气候预测的准确率还不高，还不能向公众发布，而只能提供给决策者参考。气候预测具有非线性系统内在的不确定性，预测者对气候系统的许多规律和内部相互作用尚未有清楚的认识，因而预测的准确率比专业学者理论上的75%到85%的准确率还相差很多。但是，随着气候学和气候预测研究特别是有地域特色的气候基础研究的进步，随着气候系统模式研究的深入和发展，随着对气候系统观测和数据积累的增加，气候预测的准确率有望逐步提高。与气候预测相比，经济预测不仅像气候预测一样受很多因子影响，不仅像气候预测一样具有非线性系统内在的不确定性，不仅预测者对经济系统的许多规律和相互作用缺乏清楚的认识，而且更重要的是，与气候学的研究材料不同，经济学所研究的材料具有特殊性，它

① 布林德：《争论中的宏观经济学》，101页。

② 瓦西里·里昂惕夫，《绪言》，2页，引自阿尔弗雷德·S·艾克纳主编：《经济学为什么还不是一门科学》，2页。

直接涉及不同社会群体、集团、阶层和阶级的利益。这决定了维护资本主义经济制度和资本主义市场经济制度的西方经济学家不可能在经济领域进行客观的、公正的、自由的科学研究。西方经济学假设的主观任意性，使据此建立的经济预测模型不可能符合客观事实。更何况经济研究的内容并非全都可以定量。这就不难理解，为什么西方经济学家建立的形式上似乎严密的金融和经济形势预测模型，在20世纪90年代和21世纪第一个十年，准确率竟然低到几乎等于零。事实有力地证明，西方这类预测模型的错误是系统性错误，而不是偶然的、随机的错误。

20世纪90年代的亚洲金融危机，就曾使西方的金融和经济形势预测模型的设计者和应用者蒙羞。在为数众多的西方经济学家中，除了克鲁格曼，“谁也没有对1997—1998年的金融危机做出成功的预测”①，而克鲁格曼并没有使用这类预测模型中的任何一个模型。

当前这场全球性金融危机和经济危机，更使设计和使用各种金融和经济形势预测模型的西方经济学家普遍陷入极端难堪的窘境。据报道，英国女皇在危机发生后到伦敦经济学院向著名经济学家们发问：为什么英国经济学界没有人预测到这场危机？另据报道，美国有约一万五千名经济学家，可他们没有一个人通过模型预测到了当前这场危机，只有纽约大学教授鲁比尼一人例外。鲁比尼的数学不错，然而，他恰恰没有用数学模型进行预测，而是通过金融危机的历史与现实的比较研究，预言了美国在几个月或几年内可能发生金融危机，并可能随之发生经济衰退即经济危机。由于鲁比尼没有用经济预测模型，以致美国有些深度迷恋经济预测模型的经济学家宣称鲁比尼的预测“不科学”，尽管鲁比尼的预测已经被金融危机和经济危机的事实证明是基本正确的。

曾被美国新自由主义经济学家奉若神明的格林斯潘，在当前的金融危机和经济危机中被迫走下神坛。在担任美联储主席期间，格林斯潘认为美国最多会出现一些地方性的“小泡泡”，而不会出现全国性的金融泡沫和经济泡沫。他对根据金融形势预测模型得出的美国不会发生金融危机的预测报告深信不疑。这类预测的假设是：金融家为了自身利益的最大化，最有必要也最有能力保护自己的股东和投资者。这种假设实质是西方经济学的经济人假设在金融研究中的具体运用。根据这一假设设计的貌似精确的预测模型，本身就已经包含了不会发生金融危机的结

---

① 谢拉·C·道：《经济学方法论》，56页，上海，上海财经大学出版社，2005。

论。危机爆发后，格林斯潘接受美国国会一个专门委员会的质询。该委员会问及他对这类预测的看法，格林斯潘承认："我信以为真。"该委员会主席说："那说明你的世界观和理念是不正确的?"格林斯潘无可奈何地承认："的确如此。"

由上文可见，西方经济学根本不是"精确科学"，也不是"预测科学"。

这里有必要说一下数学在经济研究中的作用。数学研究的是纯粹的量的关系和形式，具有广泛的应用范围。任何事物都有质的方面和量的方面，是质和量的统一。经济范畴和经济过程也是质和量的统一。在对经济关系进行质的分析的前提下，对反映经济关系的经济范畴和经济过程进行量的分析，将有助于对经济关系的质的认识的深化。因此，数学方法是经济研究中的一种有用的方法。但是，量的分析绝不能代替质的分析。尤其应该看到，经济研究的内容有的是不可量化的。数学方法只是经济理论研究的一种方法，而不能成为经济理论研究的主要方法，更不能成为经济研究的唯一方法。美国一位经济学方法论研究者也认识到了这一点，他说："与其说数学是重要的工具，不如说它只是一系列工具中的一种。"①

五、全面评析和借鉴西方经济学

西方经济学植根于西方国家，是西方国家的统治阶级关于资本主义经济制度和资本主义市场经济的看法的理论表现。如前所述，西方经济学有两重性：一是阶级性，二是在特定条件下的某种实用性。西方经济学的阶级性主要表现为维护资产阶级的利益，维护资本主义制度，维护有利于西方发达国家的国家经济秩序和宣传资本主义的意识形态。西方经济学在特定条件下的某种实用性主要表现为对资本主义市场经济的病症进行病理分析，做出诊断，并开出处方。

研究和评价西方经济学必须全面，力戒片面。在我国，对西方经济学的认识经历过两个阶段，出现过两种片面性。在一个阶段，对西方经济学的认识的片面性主要表现为，只看到它的阶级性，而看不到它在特定条件下的某种实用性。在另一个阶段，对西方经济学的认识的片面性主要表现为，只看到它在特定条件下的某种实用性，而看不到它的阶级

① 谢拉·C·道：《经济学方法论》，117页。

性。前一种认识的片面性，导致了对西方经济学的全面否定。后一种认识的片面性，导致了对西方经济学的全面肯定。对西方经济学全面否定和全面肯定都是错误的，因为两种认识都不符合实际。实际是西方经济学有两重性。既然西方经济学有两重性，那么就不应该对它采取“不是否定，就是肯定”的简单化的态度，而应该用唯物辩证法一分为二的观点，对它进行科学的、全面的分析和鉴别，分清哪些是意识形态成分，哪些是在特定条件下有实用性的成分。对于前者，要进行必要的批判和揭露；对于后者，要考虑借鉴和吸收。借鉴不是照抄照搬，而是把他人的经验和教训当做镜子，以便取长补短或吸取教训。吸收不是囫囵吞枣，不是不加分析地笼统接受，而是经过消化系统的作用摄取有营养的成分。必须注意，西方经济学中某些可资借鉴的成分并不是在纯粹的形式上存在，而是常常和庸俗的辩护性的东西共生，并紧紧结合在一起。这就决定了不能像器官移植那样把西方经济学的这个或那个部分直接移植到马克思主义经济学中来。这里且不说异种器官移植，即使是同种器官移植，也可能出现排异问题。借鉴和吸收西方经济学中的某些有用的东西，这本身就是一项严肃的研究工作。只有通过认真的、艰苦的研究，把可资借鉴的成分同庸俗的辩护性的东西分离开来，并经过改造，才能为我所用。

新古典宏观经济学的新发展*

在同凯恩斯主义的论战过程中，一个新的学派脱颖而出，它就是新古典宏观经济学。

进入 20 世纪 80 年代以来，新古典宏观经济学有了新的发展。一批学者自称新古典宏观经济学第二代，对卢卡斯的货币经济周期理论提出了挑战，试图用实际因素解释经济波动的根源，此外他们还对财政政策、政策的时间一致性等问题进行了研究。第二代的代表人物有罗伯特·巴罗、普雷斯科特和基德兰德。目前，这批学者以其与众不同的周期理论和令人眼花缭乱的统计检验技术，活跃于西方宏观经济学界。真实经济周期理论的提出，同新古典宏观经济学的发展有着密切的联系。第二代学者既作为新古典宏观经济学派的成员，参加了对凯恩斯主义的批判，又作为新生力量，在新古典宏观经济学内部对货币经济周期理论及其政策主张做出了否定的回答。为此，在考察新古典宏观经济学的新动向之前，有必要回顾一下该学派在 20 世纪 70 年代的发展。

一、新古典宏观经济学的产生和早期理论

（一）新古典宏观经济学对凯恩斯主义的批判

在新古典宏观经济学出现以前，货币学派和其他一些非主流学派就已经对凯恩斯主义的一些方面进行了理论批判。但是，真正动摇了凯恩斯主义宏观经济学大厦的根基的是新古典宏观经济学派。他们宣称凯恩斯主义宏观经济学缺乏微观基础，是个矛盾的体系，应彻底抛弃。

新古典宏观经济学派在抨击凯恩斯主义的过程中建立起了自己的声望，并引导了为宏观经济学寻找微观基础的潮流。由于他们特别强调理性预期的概念，一度被为理性预期学派。但是理性预期的概念逐渐为其他学派（包括新凯恩斯学派）所接受，不能再用来突出卢卡斯等人的理论特色，因此进入 20 世纪 80 年代以来，该学派被称为新古典宏观经济学，简称新古典经济学，在英语中是 new classical economics。注意

* 原载《经济学动态》，1995（5），12～17 页。合著者：方松英。

这个称谓同也曾译为“新古典经济学”的 neoclassical economics 的区别。后者在西方经济文献中主要指马歇尔等人的经济理论。在以下我们用“新古典经济学”指新古典宏观经济学，用“‘古典’经济学”指马歇尔经济学。

（二）货币经济周期理论

新古典经济学同“古典”经济学有着极为密切的联系。除了新加上的理性预期假设，它全盘接受了市场连续出清这一古典假设。在某种意义上，它退回到了凯恩斯以前的经济学。理性预期和市场出清这两点构成了新古典经济学的基础。在这个基础上，卢卡斯试图解释宏观经济波动，其结果便是货币经济周期理论。

卢卡斯的周期模型试图阐明两个问题：经济波动的初始根源是什么？波动的传导机制又是什么？

关于第一个问题，卢卡斯认为，货币对产量和其他经济变量有重要影响，货币因素是波动的初始根源，货币供给的冲击引起经济波动。波动的传导机制是信息障碍。经济当事人由于不能获得完全信息，所以不能准确判断价格变化的实际情况，从而导致了产量的波动。具体过程是这样的：一次意外的货币冲击使得价格总水平上涨，但各种商品的相对价格水平没有变化。厂商由于不了解市场的全部情况，误把自己产品的价格上涨看做是相对价格的提高，是对他的产品的需求增加的信号。在此情况下，厂商自然会增加供给。当所有厂商都这样行动时，实际产量就会超出正常水平。货币冲击产生的这种影响虽然在长期中会消失，但在短期中会引起经济波动。货币冲击如果是意料之内的，则不会产生任何影响，因为此时不存在信息障碍，经济当事人不会产生错觉。

在货币经济周期理论被提出以后，西方学者做了一些检验，有一些证据支持该理论，但也存在一些疑问。首先，信息障碍问题在实际中并非那么重要，果真重要的话，人们不必花很大代价就能很快获得关于货币和价格的信息。因此，用信息障碍解释经济波动很勉强。此外，意外货币冲击产生实际影响的结论对模型的假设过于敏感。对模型的深入分析可以得到完全不同的结论：意外的冲击也不能改变产量和就业。更极端的看法是，货币不但不能影响实际经济变量，甚至它本身的变化也是由经济内生的，对第二次世界大战后美国经济的实证研究也不能找到支持货币冲击导致价格上涨，进而导致实际量变化这一传导机制的证据。

由于理论上的缺陷和实践上缺乏支持，自 20 世纪 30 年代以来，新古典经济学派的学者们转向实际因素，用实际因素去解释宏观经济波动。第二代新古典经济学就是以真实经济周期理论闻名的。

二、真实经济周期理论

真实经济周期的思想最早出现在巴罗 1980 年的文章中。在那篇文章中，他试图将实际冲击结合进标准的新古典模型中，结果却开辟了偏离新古典教条的新路。之后，陆续出现了一系列归属于真实经济周期理论的文章。

真实经济周期理论认为，波动的根源是真实因素，其中特别值得注意的是技术冲击。至于传导机制并不唯一，关于这一点我们将在后面介绍。所有真实经济周期模型本质上继承了新古典主义的特色：波动被描绘成竞争性的均衡现象，所有市场都是出清的；经济人的代表是具有无限期的、追求利益最大化的家庭；生产函数是古典的，受到随机的技术冲击。真实经济周期模型的支持者们声称他们原则上不排除货币对产量的影响，但这种影响小得可以忽略，因而他们的模型往往不涉及货币因素。典型的真实经济周期模型导出的结果是帕累托最优的，因而该理论的支持者们认为经济波动本身不足以构成政府干预的理由。基本模型可以进一步扩展，以包括公共物品和税收等外部施加的影响，这样做的结果不再能实现帕累托最优。但真实经济周期理论认为这类扭曲仍是古典式的，即涉及的是社会效益的损失，而不是凯恩斯式的缺口，因而需要的政策也不同于传统宏观经济学。

就真实经济周期模型而言，基德兰德和普雷斯科特在《构造和汇总波动的时间》(Time to Build and Aggregate Fluctuations)(1982) 中提出的模型（简称基—普模型）可说是最早、最有名的一个，对于以后的所有模型来说是一个范例。基—普模型虽然在波动的初始根源这一问题上同卢卡斯模型存在分歧，但两者有一个重要的共同点，即都认为关于冲击的信息是不完全的，当冲击来临时经济当事人必须以某种方式从噪音中选择信号，而且正是他们不能完全做到这一点才引起了周期波动。此外，类似卢卡斯模型，基—普模型假设技术冲击既包括暂时性的分量，又包括永久性的分量，且它们的组合方式难以为当事人所分辨。基—普模型甚至还从卢卡斯那里借用了具有高度跨时闲暇替代弹性的劳动者效用函数，因此暂时的冲击具有重大影响。基—

普模型的一个新颖假设是：从投资到资本品的产出需要一段时间，在这段时间里需要连续投资。在基—普模型中周期以下述方式产生：假设存在正的技术冲击，这个冲击增加了产量，提高了劳动需求和实际工资。经济当事人（劳动者或生产者）必须判断这一冲击有多少是暂时性的，有多少是永久性的。这取决于技术冲击序列的相关程度。经济当事人面临一个信号筛选的问题。假定一种极端的情况：劳动者估计这一冲击是暂时性的，现时的实际工资相对于未来是高的，劳动者为了利用这一时机，将推迟对闲暇的享受，提供更多的劳动，于是产量和就业量均上升。假定另一种极端情况：劳动者估计这一冲击是永久性的，这对他们的劳动供给可能不会发生影响，但生产者将进行新的资本投资以便在将来增加生产。技术冲击是序列相关的，这造成了产量波动的持续性。它鼓励生产者进行新的资本投资，不仅在冲击开始的时候，而且在初始冲击过后的一段时间里。资本的扩大需要一定时间，因此产量在初始冲击后相当长的时间中增加，并且在一系列序列相关的冲击后的一段长时间中继续增加，直到冲击消失。如果不存在对技术的进一步冲击，那么生产者会发现，同保持稳定状态的增长所需要的资本相比，他们持有了太多的资本。此时，最优计划将促使他们减慢投资速度，直到资本折旧使经济恢复到稳定增长的路径。在这一过程中，产量和就业会同资本一起波动。可见，跨时闲暇替代特别是资本形成需要一定时间成了波动的传导机制。

基德兰德和普雷斯科特后来又几次对基—普模型做了改进，使其能较好地拟合实际的就业波动，并且使模型中为产生波动所需的技术冲击不致过大。但是对这个模型的批评也是尖锐的。人们很难相信深度的衰退及其带来的种种社会危机，竟然产生自人们对实际工资变化的最优反应。即使跨时闲暇的替代弹性很大，人们也从经验上不能接受这种传导机制。基—普模型的另一重要假设，即资本扩大需要一定时间，被认为仅仅来自常识，经不起对实际情形的推敲。为了克服基—普模型的缺陷，加里·汉森（1985）、郎和普洛塞（1983）、金和普洛塞（1984）都提出过做了不同假设的模型。但是，各种真实经济周期模型面临一些共同的难题。一个重要问题是：在模型中为了产生经济波动所需的技术冲击的规模是否可信。普雷斯科特计算了实际中的冲击大小，认为它符合模型所需的规模。但其他一些学者认为他过大地估计了实际冲击。另一个需要解释的重要问题是：技术冲击的实质是什么？如果是指投入—产出技术关系的变化，则它导致宏观经济波动的可能性很小。因为在现代社会里各行各业所需要的技术和设备都很不相同，任何具体的技术革新都只能影响少数几种产品的生产函数。有一种来自供给方面的重要冲击有可能影响各个行业，即进口原材料（特别是能源）价格的变化，它会移动总生产函数。但是在实际中这类价格变化是可以得知的，因而把它当做引起技术变革的未知力量并不理想。还有其他的种种假设，都没有获得一致意见。

真实经济周期模型的构造也有严重缺陷，它们既没有考虑政府部门的作用，又完全忽略了货币对经济的影响。这两点都脱离了实际情形。尽管存在上述种种问题，但西方学者一般认为真实经济周期理论为宏观经济分析提供了新的思路和技术工具。它提醒人们，波动可能是由不可避免的冲击引起的，而不是像过去许多经济学家们所认为的那样源于政府的货币政策。

三、政策分析

（一）财政政策分析

新古典经济学中一个不变的主题是反对政府对经济的干预，为此他们努力证明宏观经济政策是无效的，甚至是有害的。卢卡斯等人从不完全信息模型出发，得出了货币政策无论在短期还是在长期都无效的命题，因为据说理性预期的经济当事人能够利用他们所拥有的关于货币当局政策规则的知识，形成对于未来价格的准确预期，从而使政府改变产量的努力失败。但是，卢卡斯还是赞成规则类的货币政策。这类政策使得政策对经济形势的反应符合事先约定的某种规则，而不是斟酌行事。这样公众更容易做出正确的预期，减少经济波动。因为按照卢卡斯模型，经济波动源自公众的预期错误。新一代新古典主义者不满足于货币政策无效性命题，将新古典主义研究方法应用到财政政策分析，得到了财政政策也无效的结论。他们认为，政府支出的增加、各种税率的提高都会导致私人投资减少、社会资本存量降低、人们的“永久性财富”减少。仅这些结论，还不足以构成新古典经济学的特色。巴罗特别研究了所谓“李嘉图等价”的问题，彻底否定了用预算赤字影响经济需求水平的财政决策。

传统的宏观经济学认为，政府可以用向公众借债的方法筹措资金，然后把这笔资金以政府支出的形式注入经济。其结果可以直接增加总需求，并通过乘数作用使社会总的就业和收入水平提高。在这一机制里隐含着一种假设，即个人不认为他们的财富因政府的债务减少了，因此他们的消费决策不受政府的借债行为的影响。巴罗不同意这种推断，他复兴了李嘉图曾经提出的一个命题。李嘉图在 19 世纪初提出：在某些情况下，赋税和债务融资（发行债券）是政府筹措资金的相同方法。这就是被后人称为“李嘉图等价”的命题。表面看来，以税收筹资和以债务筹资不相同，政府的税收减少了一个人的财富，但是出售相当于赋税价值的债券给同一个人，然后连同利息偿还，则似乎没有改变这个人的财富。但是，政府在后来为了支付带有利息的债券，将不得不提高税收。因此预见到这一事实的纳税人定会把他们的财富中相等于税收的一部分积蓄起来。他的可支配的财富正好同当初对他征税时所剩余的财富相同：在理论上，赋税和债券融资是等价的。李嘉图本人并不认为该等价在实践中成立，因为要使它成立需要一系列假设条件。但是，巴罗在 20 世纪 70 年代复兴了这一观点，并且在他后来的一系列文章中试图对各种反对意见做出了反驳。巴罗认为在给定政府支出路径的条件下，有两方面的考虑可使“李嘉图等价”成立。第一，每期的政府预算约束表明预算赤字仅改变了征税的时间，而没有改变税收的贴现值。这是因为政府或迟或早要为它的支出付账，不存在“免费午餐”。第二，每个家庭在制定有关消费、劳动供给等的决策时，关心的只是税收的贴现值，而不是赋税的时间安排。这两点结合在一起产生了“李嘉图等价”。因为预算赤字正是通过改变消费、劳动供给来影响利率和产出等变量的，因此，既然每个家庭已注意到政府债券仅改变了税收的时间，而没有减少税收量，那么它们自然会“未雨绸缪”，把一部分钱储蓄起来，以备将来纳税。各个家庭多储蓄的部分恰好抵消了政府扩大的支出，使整个经济的投资和储蓄状况不变。巴罗考察了用以反对该命题的主要理由：有限的寿命、不完全的私人借贷市场、未来税收的不确定性、不同的赋税时间带来的收入效应等。巴罗认为，虽然在每种情形下都不可能再得到精确的“李嘉图等价”形式，但是偏离本身并不意味着财政政策是有利的。这时的预算赤字仍不一定如所希望的那样能减少国民储蓄或提高实际利率。总之，巴罗得出结论：个人的跨时最优化消费决策会完全抵消政府赤字财政的影响，因而传统的财政政策无效。

（二）对政府决策行为的分析

除了财政政策分析，普雷斯科特、基德兰德和巴罗等人还在一般的意义上讨论了政府的决策行为。他们认为在新古典主义早期模型中存在令人讨厌的不对称性：组成公众的经济当事人是具有理性预期的最优化者，而政策制定者却只能在斟酌或规则类政策中做简单选择，没有唯一的最优选择。这些学者认为，政策制定者也有目标和偏好，并且受到其应变能力的约束，他们完全可以同个体经济人一样自由地进行决策。于是，一个很自然的想法就是扩展古典主义原理，将政策制定者也作为最大化其目标函数的经济当事人纳入模型。

在传统的完全竞争模型中，每一个经济当事人是如此小的参与者以至于他只能采取其他参与者所采取的行动。而当政府作为经济当事人参与到模型中时，上述假设不再成立，因为它的行动影响所有的参与者。特别地，政府关心的是整个社会的福利情况，而公众只关心个体的利益，两者之间往往存在冲突。这样，对策论就被引入新古典主义模型。最早将对策论应用到宏观经济学中的是基德兰德和普雷斯科特。他们用这种方法分析了政策的时间不一致性问题。所谓时间不一致性，大意是说，在制定政策的时刻看来是最优的政策，到了真正实施的时候就不再是最优的了。此时，除非有某种机制捆住政府的手脚，否则最优化的政府很可能改变最初的承诺，使公众上当受骗。普雷斯科特等人认为，产生时间不一致性问题的根源是经济当事人之间的利益冲突，包括政府和私人、私人和私人之间的冲突。定量地研究这类问题的对策论便被引入宏观经济分析，之后，巴罗和戈登也进行了类似的研究。

四、分析与评论

新古典主义宏观经济学是现代西方经济学中一种值得重视的学说，它的影响不可低估。同传统的宏观经济学相比，新古典宏观经济学的吸引力在于它保持了微观经济学和宏观经济学的一致性。正是在这一点上，它动摇了凯恩斯主义的统治地位，开拓了西方学者研究宏观经济问题的新思路。在 20 世纪 60 年代，西方学者一般认为宏观经济的主要问题已由凯恩斯理论进行了很好的解释，剩下的不过是枝节。新古典宏观经济学的创始人卢卡斯承认，他的早期工作的出发点并不是向凯恩斯主义提出挑战，而恰恰是试图完善凯恩斯主义正统理论，为有关工资—价格的计量经济学模型提供微观基础。但是他随后的研究成果却大大偏离了初衷，给了凯恩斯理论以致命一击。虽然新古典宏观经济学对凯恩斯主义的系统批判既不是自觉的，又没有超出西方经济学的基本教条，但其还是有积极意义的，它破除了凯恩斯主义处方可以祛除西方经济百病的神话。

新古典宏观经济学在其早期的发展中便显示了三方面的特色：一是在基本理论中强调理性预期的概念；二是在政策分析中试图说明政策无效；三是在分析手段上大量采用计量经济学方法。所谓第二代新古典宏观经济学无非是把这三点发展到了极致。

在真实经济周期理论里，新一代新古典宏观经济学者用实际因素来解释宏观经济波动，的确使它不同于以往的周期理论。但是它们的区别仅在于此。真实经济周期理论仍局限于对流通领域的供给和需求的分析，完全不涉及对生产领域的生产关系的研究，这就决定了其不可能得到科学的结论。其研究甚至进一步粉饰了资本主义：经济周期乃是技术变动引起的，是任何社会都不可避免的；若没有外部影响，则冲击的结果仍是帕累托最优的。这种观点更表明了新古典宏观经济学是古典经济学的翻版。

在政策分析上，第二代新古典经济学者比卢卡斯等人走得更远。后者从它的不完全信息模型中，导出了货币政策无效性命题，但是还暗示一项温和的货币政策有可能消除经济波动。巴罗、普雷斯科特等人则不但试图证明财政政策无效，还反对政策选择机制本身。他们一反传统上把政府决策当做外生变量的做法，把政策作为内生变量纳入模型中，试图解出最优决策路径。从表面上看，把对策论引进宏观经济模型，似乎是新古典主义原理的自然扩展，但是把政策制定者的行为简化为一个定义清楚的模型的解时，他们也摒弃了政策制定者的选择权，甚至连西方传统的规范经济学和实证经济学之间的区别也没有必要存在了。这种观点是极端脱离现实的。西方发达资本主义国家的现实是政府规模的日益扩大，和它对社会经济生产介入的日益增多。在这种条件下，难以想象西方政府会放弃对经济的决策权。所以可以理解为什么新古典宏观经济学的影响主要在学术方面，而不是在政策方面。

再从分析手段上看，西方学者普遍认为，真实经济周期理论所热衷使用的统计检验方法为宏观经济分析提供了新式工具，将产生深远影响。但是这种研究思路，正如一位西方学者所指出的那样，忽视了经济学的社会性，用方差和相关系数代替了对衰退和萧条的研究。但是仅就相关系数本身而言，是不是因其技术性，说明的结论便具有客观性呢？实际上，西方学者自己也承认，在使用统计方法的过程中要加入个人的主观判断和倾向，得到的结论当然不可能是客观的。

目前新古典宏观经济学还在热热闹闹地发展着，吸引的学者越来越多。但是，它的理论走向是不难捉摸的：用现代数学工具复活“古典”理论和政策主张。

内生增长理论的新发展*

摘　要：本文着重考察了20世纪80年代以来西方内生增长理论的新发展，对三类新的基于垄断竞争假设的内生增长模型——产品种类增加型内生增长模型、产品质量升级型内生增长模型、专业化加深型内生增长模型——逐一加以评述，据此得出对内生增长理论的总体评价。内生增长理论关于技术进步实现机制的研究、技术进步对一国经济增长起决定作用的说明，都具有重要的理论意义和政策借鉴价值。但是，内生增长理论在其框架结构、生产函数构造、分析方法等方面还存在一些严重缺陷，因此，内生增长理论仍然只是对经济增长事实的一种“寓言”式的说明。

关键词：经济增长理论；内生增长理论；内生增长模型

内生增长理论是产生于20世纪80年代中期的一个西方宏观经济理论分支，其核心思想是认为经济能够不依赖外力推动实现持续增长，内生的技术进步是保证经济持续增长的决定因素。根据增长理论家建模时所依据的基本假设条件的不同，可以将内生增长理论的发展大致划分为两个阶段。在第一个阶段，增长理论家主要在完全竞争的假设下考察长期增长率的决定。这一阶段的内生增长模型又包含两条具体的研究思路。第一条是罗默、卢卡斯等人用全经济范围的收益递增、技术外部性解释经济增长的思路，代表性模型有罗默模型、卢卡斯模型、巴罗模型等。第二条是用资本持续积累解释经济内生增长的思路，代表性模型是琼斯—真野模型、雷贝洛模型等。完全竞争条件下内生增长模型存在一定的缺陷：一是完全竞争假设条件过于严苛，限制了模型的解释力和适用性；二是完全竞争假设无法较好地描述技术商品的特性——非竞争性和部分排他性，并使一些内生增长模型产生了逻辑上的不一致。

为了克服上述内生增长模型存在的问题，从20世纪90年代开始，增长理论家开始在垄断竞争假设下研究经济增长问题，提出了一些新的内生增长模型。这些模型又可以根据经济学者对技术进步的不同理解，

* 原载《中国人民大学学报》，2000（5），25～32页。合著者：朱勇。

分成三种类型：产品种类增加型内生增长模型、产品质量升级型内生增长模型、专业化加深型内生增长模型。这三类模型的提出，表明内生增长理论进入了一个新的发展阶段。本文着重对上述三类增长模型进行评述。

一、分工与经济增长

将分工看做经济增长的源泉的思想可以追溯到亚当·斯密。斯密在考察经济增长的影响因素时指出，促进劳动生产率提高的分工是经济增长的主要源泉。因此，为了解释经济增长问题，首先必须说明决定分工和分工演进的因素。斯密提出了一个著名论断：分工取决于市场容量。这一论断通常被称为斯密定理。

斯密所谓的分工是指劳动者职业的分离或专业化的发展。美国经济学家阿·扬深化和发展了斯密的分工思想。在阿·扬看来，斯密仅考察了分工的一种形式，除此之外还存在其他的分工形式，其中最重要的是生产迂回程度的加强，即经济中出现新的中间产品，初始投入与最终产出之间的链条加长。因此，斯密和扬事实上提出了两种分工观：一种观点认为，分工意味着经济的多样化，分工表现为新行业的出现及生产迂回程度的加强，分工经济是一种多样化经济；另一种观点认为，分工表现为工人将越来越多的时间用于生产一种产品，即工人专业化程度的加深，分工经济是一种专业化经济。

阿·扬进一步发展了斯密定理。扬指出，市场容量本身又是由分工水平决定的。从整个经济范围来看，市场容量取决于生产流量，即取决于分工水平。扬据此将斯密定理解读成：分工水平决定了分工的演进。因此，研究增长问题可以归结为研究分工的动态变化。

斯密和扬的思想对内生增长理论的影响是巨大的。上述两种分工观在内生增长模型中都有所反映。以罗默为代表的内生增长理论主流思路接受了扬的分工观，将分工视为产品多样化，认为分工和技术进步二者是直接同一的。罗默等人对斯密和扬的思想的发展，在于明确指出了分工与完全竞争不能相容，他们改为在垄断竞争假设下说明分工或技术进步对增长的决定作用，并且从供给角度考察了制约分工深化的因素。斯密将分工等同于专业化的思想得到了贝克尔等人的继承和发展。由于将分工看成专业化程度的加深，在贝克尔—默菲模型中，分工和技术进步不再具有直接同一性，二者是相互影响的，分工的演进取决于知识积累。

二、产品品种增加与经济增长

（一）中间产品品种增加型增长模型

这种增长模型将分工演进理解为中间产品种类的增加。为了说明中间产品数量和种类的增加对最终产出的影响，罗默等人采用了一种特殊形式的生产函数：D—S生产函数。这种函数最早由斯彭斯、迪克西特和斯蒂格利茨作为一种效用函数提出，埃歇尔首先将D—S效用函数重新解释为一种生产函数。

1. 罗默模型

罗默首先将D—S生产函数引入增长理论研究中，以说明垄断竞争条件下技术进步对经济增长的影响。罗默假定第i种最终产品的生产者的生产函数可以表示为

$$Y_i = A \cdot L_i^{1-\alpha} \sum_{j=1}^{N} X_{ij}^{\alpha}, \quad 0 < \alpha < 1 \tag{1}$$

D—S生产函数的特点是：当中间产品的种类N不变时，私人厂商的生产技术是规模收益不变的；当中间产品的种类N增加时，生产将呈现规模收益递增的特征，这表明厂商偏好多样化的中间投入。

在罗默的模型中，经济分为中间产品部门和消费品部门。中间产品生产者花费固定成本研制出新产品并成为该产品的唯一生产者。中间产品厂商拥有一定的市场力量，其产品定价高于产品的边际成本，因此私人厂商愿意研制和生产新产品。消费品生产者是价格接受者，其利用劳动和所有中间产品生产出最终产品。中间产品品种的增加提高了消费品厂商的生产率，因此产品多样化对消费品厂商而言相当于一种外部经济。在这一模型中，以产品品种增加为表现形式的分工演进和技术进步是保证经济实现内生增长的唯一源泉。

2. 罗默的知识驱动模型

罗默和里韦拉构建了一个用知识积累和人力资本积累解释经济增长的模型。在这一模型中，第i种最终产品的生产者的生产函数可以表示为

$$Y_i = A \cdot L_i^{1-\alpha-\beta} H_i^{\beta} \sum_{j=1}^{N} X_{ij}^{\alpha}, \quad 0 < \alpha < 1, \quad 0 < \beta < 1 \tag{2}$$

罗默着重分析了技术的特征。他认为，作为一种商品，技术或知识既不同于正常的竞争性物品，又有别于公共产品。非竞争性和部分排他性二者共同刻画了技术的特征。技术的非竞争性表现在：一个厂商或个人对技术的使用并不妨碍他人同时使用该技术，技术的复制成本可以视为零。技术的部分排他性保证了研究厂商可以从技术创新中受益。

罗默的知识驱动模型包括三个部门。研究部门使用人力资本和总知识存量以产生新产品设计，一个厂商的新知识可以被所有其他研究厂商免费利用，因此，对于研究厂商而言，知识具有非排他性。中间产品部门向研究厂商购买生产新产品的专利权，利用新产品设计和其他投入品生产出中间产品，对中间产品厂商而言，新知识具有排他性。最终产品部门利用中间产品、人力资本和劳动以生产消费品，产品多样化对消费品生产者而言是一种外部经济。罗默假定中间产品部门与最终产品部门拥有相同的生产技术，研究部门的生产技术不同于中间产品部门和最终产品部门的生产技术，因此这一模型是一个两部门模型，而不像罗默所认为的那样是一个单部门模型。

在罗默的知识驱动模型中，收益递增是由知识积累引起的。知识具有两种外部性：知识积累提高了研究厂商的生产率，降低了研究厂商的生产成本；产品多样化提高了消费品生产者的生产率，使最终产品的生产呈规模收益递增。知识溢出效应的存在是经济实现持续增长不可缺少的条件。当经济中不存在知识溢出效应时，劳动工资率的提高将使研究成本增加，经济增长将不能持续。

经济的均衡增长率取决于研究部门的技术水平、制造部门的总资本收益率、消费者的偏好以及经济规模。一国的经济规模越大，经济增长率就越高。罗默认为，一国的人力资本存量而非人口规模是反映经济规模的合适变量，人力资本较多的国家，其经济将增长得更快。

如果不存在政府干预，那么经济将存在两方面的扭曲：一是由专利持有人实行垄断定价造成的价格扭曲，二是由知识溢出造成的外部性。知识积累提高了研究部门劳动者的生产率，但由于技术创新者没有得到新技术所带来的全部收益，所以创新的私人收益率低于社会收益率，经济的均衡增长率将过低，分散化均衡表现为一种社会次优状态。政府可以采取如下政策提高经济增长率和社会福利水平：（1）向中间产品的购买者提供补贴；(2) 向最终产品的生产者提供补贴；(3) 向研究者提供补贴。

3. 里韦拉—罗默的实验设备模型

里韦拉和罗默提出的第二个模型假定研究部门和物质产品部门拥有相同的生产技术，产品多样化对研究部门和消费品部门具有同样的溢出效应，从而将罗默的知识溢出模型改造为一个单部门模型。这一模型看上去比前者更合理些，但两者的分析结论基本上相同：经济增长的唯一源泉是研究部门的技术创新，外部性的存在使均衡增长率过低。政府可以通过鼓励厂商创新以提高经济增长率。

4. 专利保护的有限时效

巴罗和撒拉修正了上述模型中关于中间产品生产者获得无限期技术专利的假定，代之以专利保护期有限的假定。专利保护具有有限时效的影响之一是造成中间产品产量的不对称性，最终产品厂商将较少使用或不使用垄断性中间投入进行生产，整个经济的资本边际产品将降低，最终导致经济增长率下降。

专利保护的有限时效还阻碍了技术进步。有限期的专利保护使得新收益只能持续一段时间，从而减少了研究厂商的总收益，使研究厂商进行创新的激励减弱，技术进步将放慢。专利保护的有限时效使创新的社会收益率与私人收益率二者的差距更大，分散化均衡时的技术进步率和经济增长率都将更低。

(二) 消费品品种增加型增长模型

格罗斯曼和赫尔普曼、扬考察了消费品品种增加型技术进步对经济增长的影响。他们的模型是对罗默知识驱动模型的重要补充。

1. 格罗斯曼—赫尔普曼模型

格罗斯曼—赫尔普曼模型也是一个两部门模型。该模型假定经济存在研究部门和消费品部门。研究部门研制新型消费品；消费品生产者购买研究部门的新设计后，在收益不变的生产技术条件下生产出新型消费品。每一种消费品均由唯一厂商生产，厂商通过使其产品的定价高于边际生产成本来支付购买专利的费用。

格罗斯曼—赫尔普曼模型假定消费者偏好多样化消费，其效用函数是 D—S 型的。消费品品种的增加虽然并不会导致单个消费品生产者的收益增加，却会引起代表性消费者的瞬时效用的增加。因此，消费品品种的增加会产生两种外部性：新设计所蕴涵的知识促使研究部门的成本降低和生产率提高，消费多样化使消费者的满足程度提高。

在知识具有上述两种外部性的情况下，经济可以实现内生增长。在平衡增长路径上，每种消费品的产量保持不变，增长完全表现为消费品种类的不断增加。分散化均衡是一种社会次优状态，均衡增长率一般低于社会最优增长率。由于该模型假定每一厂商都实行垄断定价，因而垄断定价不会造成资源配置扭曲，私人收益与社会收益之间的差距完全是由知识外部性造成。政府为了使经济实现帕累托最优，只需要向研究开发者提供适当的补贴。

2. 阿·扬的创新与边干边学模型

罗默、格罗斯曼和赫尔普曼都认为，知识积累和知识外部性对于经济持续增长都是不可缺少的因素。阿·扬构建了一个用创新和边干边学共同解释经济增长的模型。在扬的模型中，创新也表现为消费品品种的增加，边干边学体现了创新的溢出效应。经济存在一条平衡增长路径，经济增长率的大小取决于创新成本的高低。如果创新成本很高，那么这时较低的创新率会成为经济增长的约束因素，经济增长率只取决于技术创新，边干边学因素对经济增长没有影响。相反，如果创新成本较低，那么经济增长率取决于边干边学的快慢即学习速度，创新率对经济增长没有影响。

（三）对产品品种增加型内生增长模型的评价

产品品种增加型内生增长模型是一类比较重要的内生增长模型。这类模型的重要性体现在以下两个方面。

第一，这类模型考察了分工演进及其对经济增长的影响，对决定分工水平和分工演进的因素提出了新见解。斯密认为，分工水平主要受市场容量的限制。以后的经济学家认识到斯密定理隐含着分工与完全竞争难以相容的问题，但对这一问题始终没有给出一个较好的理论解释。罗默认为，分工演进将导致厂商拥有一定的市场力量，因此考察分工演进的较好框架是垄断竞争分析框架。罗默还认为，决定分工水平的主要不是市场容量，而是生产新知识所需的固定成本，固定成本越低，经济的分工水平越高。这些见解深化了人们对分工的理解，对长期困扰经济学家的分工与完全竞争是否相容的难题提供了一种解释。

第二，这类内生增长模型着重说明了为什么经济能实现知识的不断积累。罗默给出的解释是：新知识是研究厂商进行意愿投资的结果，由于创新厂商拥有一定的市场力量，可能获得由新知识带来的垄断利润，因此经济中存在促使厂商投资于研究开发活动的激励。这要求新知识必须具有一定的排他性。此外，知识的不断积累还要求研究开发成本必须持续降低。罗默认为，成本的降低是由社会知识存量的增加带来的，因此，知识还必须具有正的外部性，才能保证经济实现持续增长。罗默考察了技术商品的特征后认为，技术具有非竞争性和部分排他性的特征。非竞争性使得技术可以产生溢出效应，部分排他性则保证了研究厂商存在生产新技术的激励。罗默的这一说明现在已经成为对技术商品的标准解释。

三、产品质量升级和经济增长

经济增长不仅表现为产品数量的持续增加，而且表现为产品质量的不断提高。增长理论家认为，像产品品种增加一样，产品质量升级也是经济的行为主体为追求利润最大化而不断进行技术创新的结果。产品品种增加和产品质量升级是产品创新的两种具体形式。

（一）格罗斯曼和赫尔普曼模型

格罗斯曼和赫尔普曼假定产品种类数 N 保持不变，每个部门生产一种产品，技术进步表现为产品质量的提高。技术产生两种溢出：一是研究厂商可以利用所有的创新成果，技术的这种溢出效应将导致分散经济的技术进步率和均衡增长率过低。二是生产某种产品的新技术的出现使原先生产该产品的厂商损失了全部资产价值，但创新厂商对此不予考虑，因而创新的私人成本可能小于社会成本，私人厂商具有过高的从事创新的激励，进而导致研究密度和增长率过高。分散经济的均衡增长率是过高还是过低，取决于上述两种效应哪一种占优势。

格罗斯曼和赫尔普曼认为，当创新规模是外生给定的时，分散经济的均衡增长率可能高于也可能低于社会最优增长率。为了使经济达到帕累托最优状态，政府必须对创新激励是过强还是不足做出判断，根据不同情况相机采取对策。若对研究开发的市场激励过强，那么政府的最优政策是向研究厂商征收适度的税收。若市场激励不足，那么最优政策是向研究厂商提供适当的补贴。当创新程度由经济系统内生决定时，均衡增长率一般将低于社会最优增长率。这时政府无法再通过前述的简单的税收或补贴政策使经济达到最优状态，政府向产出提供补贴或向研究提供补贴都不会影响经济的均衡创新程度。为了使经济政策能影响厂商的创新程度选择，政府必须对较大程度的创新提供更多的激励。

（二）阿格亨—豪伊特模型

格罗斯曼和赫尔普曼假设经济中存在众多部门，每一次技术进步只提高单一部门的生产率水平。阿格亨和豪伊特则考察了技术进步对整个经济产生影响的情形。在阿格亨—豪伊特模型中，经济的动态均衡既可能表现为平衡增长路径，又可能表现为非增长陷阱，这时私人厂商对未来时期创新程度过高的预期将导致厂商根本不从事创新。阿格亨和豪伊特认为，研究生产率的提高并不必然导致经济增长率的提高。由于创新具有破坏效应，较高的生产率将使其他研究产品遭淘汰的危险加大，从而削弱整个社会的研究努力程度，因此有可能导致经济增长率的降低。

（三）对产品质量提高型内生增长模型的评价

与产品品种增加型增长模型一样，质量升级型增长模型也是在垄断竞争假设下考察经济增长的决定的。这类模型所蕴含的核心思想与前者也是一致的，即二者都认为技术进步是经济增长的唯一源泉。两类模型的差别只在于技术进步的表现形式不同。因此，这两类模型是相互补充的。不过，由于质量升级的增长模型是从产品质量持续提高的角度理解技术进步的，因此这类模型包含了一些对经济增长问题的新见解。

在质量升级型内生增长模型中，经济增长或者表现为消费品质量的提高，或者表现为中间产品质量升级所导致的消费品数量的增加。由于明确地将产品质量升级纳入分析框架，这类增长模型突破了将经济增长等同于产品数量增加的传统思路，得出了一些有意义的结论。这类增长模型的特色还在于其突出了熊彼特的“创造性破坏”思想，指出了与经济增长过程相伴而生的是旧产品不断遭淘汰。质量升级型内生增长模型指出，分散经济可能导致均衡增长率过高，从而使经济的福利水平降低。这一论断至少对各国政府制定合适的增长政策具有一定的参考价值。它要求经济不应单纯地追求经济增长率指标的上升，而应通过制定和实施经济政策使经济增长率达到一个合理量值，并借此使经济福利最大化。

四、专业化与经济增长

上述两种内生增长模型在技术进步与分工直接同一的假定下，考察了技术进步采取产品种类增加与产品质量提高两种不同形式的均衡增长路径的决定和特征。第三类内生增长模型则用劳动者专业化程度的加深说明了经济增长，其中比较重要的是贝克尔—默菲模型。专业化加深型内生增长模型与前两类内生增长模型的主要区别在于：前两类模型假定产品品种可以内生地增加，而个人的专业化水平是外生给定的（个人被假定为只生产一种产品）；专业化加深型内生增长模型则在经济中的产品种类数不变的假定下，说明了劳动者专业化水平的加深对经济增长的影响。

（一）贝克尔—默菲模型

贝克尔和默菲认为，斯密定理只适用于劳动者完全专业化这种特殊情形；在一般情形下，劳动分工主要取决于工人的协调成本（将专业化工人联合起来的成本）和社会知识水平。因此，分工主要不是取决于市场容量，而是取决于工人的协调成本和知识存量。分工深化使经济产生规模递增的收益，同时使经济的协调成本上升。知识积累降低了协调成本，导致了分工的不断演进和经济的持续增长。人力资本积累和技术进步是经济增长的根本源泉。

贝克尔和默菲认为，企业生产是一种团队生产，企业内部分工的深化可以提高企业的产出水平。但是，专业化加深也使协调专业化工人的成本增加了。因此，有效的分工水平受限于协调成本而不是市场容量。

贝克尔和默菲指出，一方面，知识积累推动了专业化程度的加深，专业化程度是由经济系统决定的内生变量。另一方面，知识增长也不是外生的，对知识投资的激励又取决于专业化程度。因此，知识与劳动分工之间不是单向决定的关系，而是相互影响的关系。

由于贝克尔—默菲模型假定人力资本促进产量增加的直接效应和间接效应都会给个人带来收益，因此不存在知识的外部性，经济的分散化均衡同时又是社会最优，专业化不会给经济带来任何扭曲。经济增长率既可能持续上升，又可能保持不变或持续下降。

（二）对专业化加深型内生增长模型的评价

专业化加深型内生增长模型是比较重要的一类内生增长模型，这类模型的优点表现在：

第一，像产品品种增加型模型一样，专业化加深型增长模型也认为分工是经济长期增长的决定因素。不过，贝克尔等人从人的角度考察技术进步，从而将技术进步理解为个人专业化水平的不断提高。这就为研究经济增长问题提供了一个新的视角。

第二，贝克尔—默菲模型提出，个人的专业化水平取决于经济的知识存量，而对知识增长的激励又取决于社会的专业化程度，这一论述有助于我们理解知识进步与专业化发展之间存在的联动关系。

第三，这类模型的重要性还表现在其对斯密定理的突破和发展上。根据贝克尔等人的观点，斯密的分工取决于市场容量的论点并不是普遍适用的，而仅仅适用于每个人都已完全专业化这种特殊情况。在一般情况下，对个人的专业化程度构成限制的主要是专业化分工所带来的协调成本的大小。这些论证是言之有理的。

第四，专业化加深型内生增长模型回避了总量生产函数方法存在的问题，从由专业化水平决定的个人生产函数的角度揭示了经济的动态均衡特征。贝克尔—默菲模型通过考察代表性企业，直接建立了人均产出水平与专业化程度之间的关系。这样，他们就避开了将微观的个人或企业的生产函数加总为总量生产函数所造成的困难，提供了一个构建增长模型的新视角，这种研究思路是有新意的，也是有发展潜力的。

专业化加深型增长模型的主要缺陷是对知识积累的分析不足。贝克尔—默菲模型只是将个人的专业化程度内生化，分工深化的最重要的表现形式——中间产品种类的增加——在他们的模型中没有得到比较充分的说明。

五、对垄断竞争条件下内生增长理论的总体评价

垄断竞争条件下的内生增长理论具有一定的理论意义和政策借鉴价值，这主要表现在以下几个方面：

第一，这类新增长模型放弃了完全竞争的假设条件，转而在垄断竞争的假设下考察经济增长问题，从而克服了第一代内生增长模型存在的问题，在逻辑上更加一致。可以说，产品品种增加型增长模型的建立，标志着内生增长理论进入了一个新的发展阶段。

第二，内生增长理论说明，由知识积累或人力资本积累引起的内生技术进步是经济增长的源泉，这一说明有助于我们认识知识、技术在现代经济中所具有的至关重要的作用。在当今世界，国内竞争和国际竞争都日益加剧，知识、技术在经济增长中的地位日益重要，一国能否保持技术上的优势决定了该国的综合国力和国际竞争力的强弱。然而，正统的西方经济理论对知识积累和技术进步的理论分析非常贫乏。内生增长

理论从理论上说明了知识积累和技术进步是经济增长的决定因素，并对技术进步的实现机制做了详细的分析。

第三，内生增长理论关于技术进步是经济增长的决定因素的说明还有助于我们更深刻地认识中国实现经济增长方式转变的必要性和紧迫性。中国长期以来主要依赖要素投入量的增加推动经济增长，但随着闲置资源的减少，这种粗放型经济增长模式越来越难以为继。内生增长理论说明，要素投入的增加只有在其能够带来技术进步的条件下才能推动经济持续增长，这就从理论上说明了粗放型经济增长模式是不可持续的。

第四，内生增长理论具有比较丰富的政策内涵。该理论提出，为了刺激经济增长，政府应对研究开发提供补贴，降低资本税、关税等。这些政策建议对各国政府制定增长政策具有一定的参考价值。

垄断竞争条件下的内生增长理论仍然存在一定的缺陷。这主要表现在：

第一，内生增长理论在分析框架上的重要突破是将技术纳入经济学的研究范围之内，强调了长期以来一直为主流经济学所忽视的经济联系的一个重要因素。但是，在内生增长模型中，经济制度和个人偏好仍然被看做外生给定的，因此无法利用这一框架说明经济制度的变化或个人偏好的变化对生产技术和经济增长的重要影响。

第二，生产函数的构造是构建增长模型的关键。采用总量生产函数方法构建增长模型的思路始于索洛 1957 年发表的经典论文，罗默等人在构建增长模型时也采用了这一方法。但是，正如罗宾逊夫人等剑桥经济学家所指出的那样，总量生产函数概念存在严重的问题。沃尔特斯在详细考察了总量生产函数后认为：经过对总量生产函数的调查，人们或许很容易怀疑像总量生产函数这样的概念是否具有很大的意义。我们在现代经济中所发现的竞争与技术条件的类型表明，我们不可能满足具有实用价值的总量生产函数的基本要求。

第三，内生增长模型都采用了一些严苛的假设条件。如假定产品市场是可竞争性的，研究部门的生产函数具有二阶齐次性。这些假设在一定程度上降低了模型结论的可信度，损害了模型的解释力。

第四，内生增长模型采用的基本分析方法是动态一般均衡分析法，在内生增长理论之前，新古典增长理论就试图利用动态一般均衡方法，说明分散经济不但可以实现静态帕累托最优，而且能够实现动态帕累托最优，“看不见的手”将引导经济沿着最优增长路径移动。内生增长理论认为，在经济中存在外部性或垄断因素的前提下，分散经济可以实现均衡增长，但这种动态均衡一般不是帕累托最优的。这时，可以通过政府这只“看得见的手”消除市场机制造成的资源配置扭曲，即通过政府和市场两只手的共同作用使经济实现帕累托最优。

由此可见，尽管罗默等人多少认识到了市场机制存在的缺陷，从而使新增长理论在新古典理论的基础上前进了一步，但是由于内生增长理论家仍然主要采用动态一般均衡方法构建他们的模型，因此这种进步是有限的。事实上，作为内生增长理论和新古典增长理论的共同思想基础的一般均衡理论存在严重的缺陷，它主要表现为经济学家对市场机制这只“看不见的手”的一种信赖，而不是对经济现实的合理近似。

因此，虽然内生增长理论在新古典增长理论的基础上前进了一步，但是这一理论仍然存在一定的缺陷。内生增长理论存在的缺陷说明，内生增长理论像新古典增长理论一样，只是对经济现实的一种“寓言”式的解释。

参考文献

[1] P. Aghion and P. Howitt. A model of growth through creative destruction. Econometrica，1992，(2)：323－351.

[2] K. J. Arrow. The economic implication of learning by doing. Review of Economic Studies，1962，(29)：155－173.

[3] R. Barro. Government spending in a simple model of endogenous growth. Journal of Political Economy，1990，(5)：103－125.

[4] G. S. Becker and K. M. Murphy. The division of labor，coordination costs，and knowledge. Quarterly Journal of Economics，1992，(4)：1137－1160.

[5] G. M. Grossman and E. Helpman. Innovation and growth in the theory. MIT Press，1991.

[6] L. E. Jones and R. E. Manuelli. A convex model of equilibrium growth. Journal of Political Economy，1997，(5)：1008－1038.

[7] R. E. Lucas. On the mechanics of economic development. Journal of Monetary Economics，1988，(22)：3－42.

［8］S. Rebelo. Long-run policy analysis and long-run growth. Journal of Political Economy，1991，(3)：500－521.

［9］P. M. Romer. Increasing returns and long-run growth. Journal of Political Economy，1986，(5)：1002－1037.

［10］P. M. Romer. Growth based on increasing returns due to specialization. American Economic Review，1987，(2)：56－62.

［11］P. M. Romer. Endogenous technological change. Journal of Political Economy，1990，(5)：71－102.

［12］Alywn Young. Invention an bounded learning by doing. Journal of Political Economy，1993，(3)：443－472.

西方市场经济理论和政策*

一、市场经济定义及其特征

(一) 市场经济定义

西方经济学家对市场经济下了各种各样的定义。归纳起来，这些定义可以分为以下两类：

定义 1：市场经济是以资本主义私有制为基础的、通过市场供给和需求配置资源的经济制度。

定义 2：市场经济是通过市场供给和需求配置资源的经济。

定义 1 和定义 2 的根本区别在于市场经济是否要以生产资料资本主义私有制为基础。

西方大多数经济学家采用第一种定义，认为市场经济就是资本主义经济，市场经济同社会主义经济是完全对立的。奥地利经济学家米塞斯和哈耶克是采用第一种定义的早期代表。例如，米塞斯在 1920 年发表的《社会主义制度下的经济计算》一文中说："如果没有企业家（包括股票持有者）对利润、地主对地租、资本家对利息和劳动者对工资的追求，那么整个市场机制就不可能成功地运转。"他的结论是："问题仍然是二者必居其一，要么是社会主义，要么是市场经济。"① 此后，西方经济学家很多都追随米塞斯。直至今天，大多数西方学者仍然坚持市场经济就是资本主义经济的观点。最近的例子是，北欧经济学家伊萨克森、汉米尔顿和吉尔法松在合著的《理解市场经济》一书中说："没有所有权，就没有资本家；没有资本家，就没有资本主义；没有资本主义，就没有市场经济。"② 此书很快被译成俄文等文字在苏联和东欧国家出版，并产生了很大影响。

---

* 原载《著名经济学家谈 21 世纪中国的战略选择》，129～149 页，北京，西苑出版社，2000。

① 译文载《现代国外经济学论文选》第 9 辑，64～67 页，北京，商务印书馆，1985。

② A. J. Isachsen，C. B. Hamilton & T. Gylfason，*Understanding the Market Economy*，Oxford，Oxford University Press，1992，p. 6.

西方少数经济学家采用第二种定义，认为市场经济既可以同资本主义私有制相结合，又可以同社会主义公有制相结合。波兰经济学家兰格是采用第二种定义的早期代表。他在1936年发表的《论社会主义经济理论》一文中提出，社会主义公有制可以同市场经济相结合，在计划经济下模拟市场经济的运行可以更有效地配置资源。此后，西方经济学界有一些人追随兰格，研究市场社会主义。直至今天，西方仍然有一些经济学家认为资本主义和社会主义都可以通过市场配置资源。最近的例子是，瑞典经济学家克拉斯·埃克隆德在《瑞典经济——现代混合经济的理论与实践》一书中说："'资本主义'和'社会主义'的概念并非取决于市场经济的程度，而是由所有制状况所决定。"他提出：私人所有制同市场经济相结合是"私人资本主义"，集体所有制同市场经济相结合是"社会主义市场经济"。另一个例子是，美国经济学家费希尔、多恩布什和施马伦西在《经济学》（*Economics*）[①] 一书中提出，所有制的主要形式是私有制和国有制，资源配置的主要方法是市场和中央计划。两种所有制形式和两种资源配置方法进行组合，形成了四种不同的经济：（1）私有制和市场配置资源方法的结合，形成市场资本主义；（2）私有制和计划的结合，形成计划资本主义；（3）国有制和市场的结合，形成市场社会主义；（4）国有制和计划的结合，形成计划社会主义。

在西方国家，采用市场经济第一种定义的人为数众多，呼声很大；采用市场经济第二种定义的人为数较少，呼声较弱。

（二）市场经济的特征

西方经济学家对市场经济的特征做出了不同的论述，这些不同论述同他们所持的市场经济的不同定义有关。

采用市场经济第一种定义的西方经济学家认为，私有制是市场经济的首要特征。此外，市场经济还有一系列其他特征。例如，美国经济学家杜和克洛沃认为："市场经济的特征是，生产要素的私人所有制、由利润动机引导生产经营的私人积极性，以及家庭关于支出决策和储蓄决策的选择自由。"[②] 又例如，美国经济学家汤普逊认为："市场经济最重要的特征是：经济资源和生产资料私人所有制、个人选择自由、竞争、

---

① S. Fischer, R. Dornbusch, R. Schmalensee, *Economics*, New York, McGraw - Hill Book Company, 1983.

② John F. Due, Robert W. Clower, *Intermediate Economic Analysis, Resource Allocation, Factor Pricing and Welfare*, Homewood, ILL. R. D. Irwin, 1996, p. 7.

利润动机，以及市场需求和供给条件所决定的价格。"[①]

采用市场经济第二种定义的西方经济学家认为，不能笼统地讲市场经济的特征，而应当先区分资本主义市场经济和社会主义市场经济，再分别论述资本主义市场经济的特征和社会主义市场经济的特征。例如，美国经济学家博恩斯坦在他主编的《比较经济制度》(*Comparative Economic Systems*)[②] 一书中把市场经济分为两类：一类是"资本主义市场经济"，一类是"社会主义市场经济"。他认为资本主义市场经济的特征是：(1) 生产资料的私人所有制和占有生产资料的私人企业；(2) 经济利润作为生产决策的指导力量而居于支配地位；(3) 依靠市场和价格配置资源和分配产品。他认为社会主义市场经济的特征是：(1) 集体所有制和国家所有制；(2) 收入分配中有限的不平等；(3) 利用市场和价格配置资源和分配产品。

在西方国家，类似杜、克洛沃、汤普逊那样描述市场经济特征的经济学家占大多数，像博恩斯坦那样描述市场经济特征的经济学家为数很少。

二、理想世界的市场经济：效率

西方经济学家在论述市场经济的优越性和局限性、长处和短处时，区分了理想世界的市场经济和现实世界的市场经济。他们认为，在理想世界的市场经济中，资源配置是有效率的；在现实世界的市场经济中，资源配置达不到有效率的状态，存在市场失灵。

西方学者所说的理想世界的市场经济有一系列十分严格的假设条件：(1) 进入市场的买者和卖者都非常之多，谁都不能影响价格，大家都是现行价格的接受者，而不是价格的决定者；(2) 进入市场的产品同质，不存在产品差别；(3) 不存在外在性，即不存在单个经济单位的经济活动对其他单个经济单位和社会产生的外部影响；(4) 不存在公共产品；(5) 进入和退出市场完全自由，不存在任何障碍；(6) 市场参与者都具有完全信息。符合这些假设的经济被称为完全竞争经济。

---

① Artbur A. Thompson, Economics of the Firm, New Jersey, Prentice Hall, 1989, p. 20.

② See *Comparative Economic Systems*, edited by Morris Bornstein, New York, Richard D. Irwin Inc., 1985.

西方学者认为，只有上述所有假设条件全都成立的完全竞争经济才是理想世界的市场经济。在理想世界的市场经济中，资源配置可以达到有效率的状态。市场经济的优越性就在于此。西方经济学在这里所说的效率是指资源配置效率，或称配置效率。

理想世界的市场经济的资源配置效率被称为帕累托效率。帕累托是意大利经济学家，他在20世纪初提出了资源配置效率的概念。

帕累托被称为“资产阶级的马克思”。柯曼说：“帕累托似乎也提出，社会主义国家比基于私有财产经济的国家能更好地把经济引向均衡。”① 布西诺说：“帕累托发现社会主义计划经济和市场经常产生相同的结果，因而社会主义制度和完全自由的制度可能同样有效率。”② 罗尔说：“帕累托相信，可以证明，社会主义的生产在理论上可以达到恰好与理想的自由放任的资本主义经济的均衡力量所导致的相同的经济‘计划’。”③ 但是，在标准的西方经济学著作和教科书中，帕累托的这些引人注目的经济思想完全被抹掉了，剩下的是这样一个断言：只有在资本主义私有制的市场经济中，资源配置才能达到帕累托效率。这显然是对帕累托这个“资产阶级的卡尔·马克思”所做的符合统治阶级意志的重大修正。

西方市场经济理论的核心是要论证以资本主义私有制为基础的市场经济有效率，亚当·斯密的“一只看不见的手”的学说则是进行这种论证的出发点和归宿。美国经济学家阿瑟·奥肯说：“资本主义的效率建立在‘看不见的手’的理论基础上，这个理论是亚当·斯密在两个世纪以前首先提出来的。通过市场，贪欲被套上了笼头，以一种不受人的因素影响和表面上自动的方式为社会目标服务……利益引导资源从生产效率低档的用途中撤出，流向生产率较高的用途……对任何个人来说，并不要求他估计什么是对社会或制度有利的；即便他仅仅是追求自己的经济自我利益，他也会自动地为社会福利服务。”④

---

① 柯曼：《作为经济学家的帕累托》，载《新帕尔格雷夫经济学大辞典》，第3卷，861～865页。

② 布西诺：《维尔弗里多·帕累托》，载《新帕尔格雷夫经济学大辞典》，第3卷，856～860页。

③ 埃里克·罗尔：《经济思想史》，403页。

④ 奥肯：《平等与效率》，43～44页，北京，华夏出版社，1987。

三、现实世界的市场经济：市场失灵

西方经济学家在从理想世界回到现实世界时，普遍承认从来就不存在完全竞争的市场经济。也就是说，他们精心设计的那种理想世界的市场经济是空中楼阁，在现实中是不存在的。

（一）“一只看不见的手”的学说并不是得到了科学证明的真理

西方学者承认，用来论证市场经济优越性的“一只看不见的手”的学说并不是得到了科学证明的真理。例如，萨缪尔森说，关于一只看不见的手可以成功地引导自私地追求自身利益的个人来促进公众利益的学说，“斯密对此没有证明过，自1776年以来，任何经济学家都没有证明过”①。

（二）理想世界的市场经济有效率，现实世界的市场经济缺乏效率

西方学者认为，资源配置效率或帕累托效率只存在于理想世界的市场经济，而不存在于现实世界的市场经济。例如，曾任克林顿总统经济顾问委员会主席、世界银行副行长的斯蒂格利茨说：“帕累托效率——理想的竞争的市场经济可以达到，而现实的市场经济则无法达到。”②

（三）本来意义的市场失灵：资源配置无效率

西方经济学家认为，在现实世界的市场经济中，存在市场失灵（英语中的“market failure”直译为“市场失败”，通常译为“市场失灵”）。本来意义的市场失灵是指资源配置无效率，即指资源配置达不到帕累托效率的状态。

西方微观经济学具体论述了上述意义上的市场失灵。当理想世界的市场经济的任一假设条件得不到满足或不能成立时，就会出现这种市场失灵。例如，当进入市场的卖者和买者不是非常之多，而是存在垄断时，当进入市场的产品存在差别时，当进入或退出市场存在障碍时，当经济活动产生外部影响时，当存在公共产品时，当市场参与者存在不完全信息时，都会出现市场失灵，即出现资源配置缺乏效率的状态。

---

① P. A. Samuelson, W. D. Nordhaus, *Microeconomics*, New York, McGraw-Hill Book Company, 1989, p. 405.

② J. E. Stiglitz, Whither Socialism? Cambridge, Massachusetts, The MIT Press, 1994, p. 437.

（四）广义的市场失灵：宏观经济不稳定、微观经济无效率、社会不公平

20 世纪 70 年代末 80 年代初以来，西方经济学的市场失灵理论有了重大发展，即从研究本来意义的市场失灵发展为研究广义的市场失灵。

1977 年，美国经济学家加尔布雷思在《不确定的年代》中把宏观经济不稳定、微观经济无效率、社会不公平看做市场缺陷的三个重要表现。

1980 年，萨缪尔森在《经济学》第 11 版中把不合理的收入分配、垄断和外在性以及失业的不稳定性看做资本主义制度“偏离被认为是社会最优状态”的“三个主要方面”。从萨缪尔森的说法中可以感觉到加尔布雷思的影响。

1985 年，萨缪尔森和诺德豪斯在《经济学》第 12 版中，把上述偏离最优状态的三个主要方面归入市场失灵：“市场经济有时出现市场失灵的情况，例如垄断和外部效果；它们易于遭受重复出现的通货膨胀和失业。最后，市场经济中的收入分配对选民来说可以是不能接受的。”① 他们又认为，上述这些是市场机制的“三种始终存在的失灵之处”②。

到了 20 世纪 90 年代，广义市场失灵的概念在越来越多的西方经济学论著和教科书中得到了说明，其中最有代表性的是美国经济学家科勒在 1992 年出版的《经济学》教科书中的表述。科勒说：“市场经济显示出被叫做市场失灵的若干典型的缺点……这些缺点的任何一张清单都必定包括无效率、不公平和不稳定。”

从加尔布雷思在 1977 年提出的市场缺陷包括宏观经济不稳定、微观经济无效率、社会不公平，到科勒在 1992 年把无效率、不公平、不稳定写进经济学教科书，西方经济学的广义市场失灵理论有一条明显的形成和发展的线索。

现在，萨缪尔森对无效率、不稳定、不公平三种市场失灵的内容做了进一步的论述。在“萨缪尔森致中国读者——《经济学》第 16 版中文版序言”中，萨缪尔森就市场失灵问题批评了新自由主义经济学家。他写道：“一些经济学家，如哈耶克和弗里德曼，从‘自由放任’出发，强调‘纯粹资本主义’的完美，而不那么注意各种‘市场失灵’：垄断、

---

① 萨缪尔森、诺德豪斯：《经济学》，78 页，北京，中国发展出版社，1992。

② 萨缪尔森、诺德豪斯：《经济学》，96 页。

寡头，商业周期波动，股市崩溃、投机泡沫、金融危机，收入财富分配不公，等等。”① 其中，垄断、寡头意味着无效率，商业周期波动以及股市崩溃、投机泡沫、金融危机意味着不稳定，收入财富分配不公意味着不公平。

四、政府调控：市场失灵的矫正

（一）市场失灵是政府调控的理论根据

政府调控的必要性源于市场失灵，政府调控的目的在于矫正市场失灵。这已经成为西方多数经济学家的共识。

现在，一些西方经济学家提醒人们，对市场的热情应适当降温，对市场机制的美妙作用不要过于迷恋。例如，萨缪尔森说：“讨论市场失灵的情况，是为了将我们对市场的热情稍稍降温。对看不见的手有所了解之后，我们一定不要过分迷恋于市场机制的美妙。”②

很多西方学者现在都认为，由于市场机制这只看不见的手会失灵，所以必须让政府这只看得见的手介入。

（二）政府的经济职能：增进效率、促进公平、保持稳定

关于政府的经济职能，西方传统的说法是：“管得最少的政府，就是管得最好的政府。”自由主义和新自由主义经济学家普遍支持这种观点。

随着广义市场失灵理论的形成和发展，西方大多数经济学家对政府承担经济职能的必要性取得了共识。在他们看来，管得最好的政府并不是管得最少的政府，而是管得最合适的政府。

既然广义的市场失灵包括无效率、不公平、不稳定三个主要方面，那么相应地，政府的主要经济职能也包括三个主要方面：增进效率、促进公平、保持稳定。在 20 世纪 80 年代和 90 年代西方经济学教科书中普遍论述了政府的这三大职能。

（三）政府调控包括微观调控和宏观调控

市场失灵既包括微观经济的市场失灵，又包括宏观经济的市场失灵。相应地，西方国家旨在矫正市场失灵的政府调控既包括微观调控，又包括宏观调控。美国和法国的调节经济学、日本的规制经济学，都是

① 萨缪尔森、诺德豪斯：《经济学》，16 版，北京，华夏出版社，1999。

② 萨缪尔森、诺德豪斯：《经济学》，16 版，78 页。

研究微观调控的；凯恩斯主义的经济政策学，则是研究宏观调控的。

五、政府调控的三大系列政策

西方国家政府调控的目的在于矫正市场失灵，实现这一目的的手段是以下的三大系列政策。

（一）增进效率的政策

无效率是市场失灵的一个重要表现，西方国家政府调控的三大系列政策之一就是增进效率的政策。

增进效率的系列政策，主要包括国有化政策和私有化政策、反垄断政策和放松反垄断政策、调节政策和放松调节政策、政府生产公共产品的政策、环境保护政策、政府规定厂商向消费者提供产品信息的政策等。这里只简单介绍一下前两项政策。

首先简略介绍一下国有化政策和私有化政策。虽然西方部分经济学家的国有化主张出现较早，但是，这一主张成为政府经济政策并被付诸实施，则主要是在第二次世界大战之后。主张国有化的经济学家认为，私有企业缺乏效率，出路在于私有企业国有化。第二次世界大战后，欧洲不少国家的左翼政党执政，推行国有化政策，将一批私有企业改变为国有企业。这一开始就遭到了右翼政党及其理论家的反对。右翼政党的理论家断言，国有企业缺乏效率，出路在于国有企业私有化。右翼政党上台后，便推行私有化，半卖半送地把国有企业重新变为私人企业。右翼政党的私有化政策引起了选民的不满。在这种情况下，左翼政党提出了再国有化政策主张。可是，左翼政党执政后，通常采用高价赎买的办法把私有化企业再变成国有企业，这又引起了选民的不满。英国工党在20世纪70年代末竞选失败后，长达18年未能再上台，一个深刻的经济原因就在于此。英国保守党政府从20世纪70年代末开始大规模推行私有化，欧洲其他一些右翼政党执政的政府也广泛推行私有化，掀起了私有化浪潮。私有化加剧了社会两极分化，并使失业更为严重。

英国保守党撒切尔政府的私有化政策引起了人民的不满。工党布莱尔竞选时许诺停止私有化，并许诺向在私有化中暴富起来的人征收重税，同时给在私有化中失去工作的人特别是青年人以补偿。

垄断是导致无效率的一个原因。因此，反垄断政策被认为是增进效率的一项政策。不少西方国家都有反垄断方面的法律。但是，垄断是现代资本主义的最深厚的经济基础和经济实质，这就决定了西方各国政府不可能真正地、彻底地反对垄断。相反，目前很多西方国家政府都在放松反垄断，准许很多行业的巨型企业进一步合并，成为超级垄断企业。

（二）促进公平的政策

一些西方经济学家认为，效率和公平可以分开，经济学应当研究效率，而不必研究公平。另一些西方经济学家则认为，效率和公平密切相关，不公平会导致无效率，经济学应当既研究效率，又研究公平。

西方学者对公平和效率二者孰先孰后这一问题有三种提法。第一种提法是效率优先。美国新自由主义经济学家弗里德曼持这种观点。与此相反，第二种提法是公平优先。受美国哲学家罗尔斯影响的新左派学者中有不少持这种看法。介于二者之间的第三种提法是效率和公平兼顾。美国以研究公平和效率著称的学者奥肯是第三种提法的代表。在这三种提法中，效率和公平兼顾的提法已为多数西方学者所接受。

一些西方国家实行的促进公平的政策主要有：累进所得税，遗产税，向穷人提供食品券、低价公共住房和医疗照顾，实行义务教育，发放失业救济、伤残补助以及未成年家庭补贴等。

（三）保持稳定的政策

不稳定是市场失灵在宏观经济层面上的表现。经济衰退和失业、通货膨胀、滞胀等的出现，表明市场经济具有内在的不稳定性。

西方国家的宏观调控政策就是旨在保持稳定的政策，其目的是要在宏观经济方面预防、治理、减轻以至消除宏观经济波动。宏观经济目标是：(1) 充分就业；(2) 价格水平稳定；(3) 经济增长；(4) 国际收支平衡。

保持稳定的政策主要是由凯恩斯提出并经凯恩斯主义者补充和发展的一套宏观经济政策。其中最重要的是财政政策和货币政策。

财政政策分为扩张性财政政策和紧缩性财政政策。实行何种财政政策取决于经济风向。当出现经济衰退和大量失业时，实行扩张性财政政策，增加总支出，主要措施是增加政府支出和减税；当出现通货膨胀时，实行紧缩性财政政策，减少总支出，主要措施是减少政府支出和增税。

货币政策也分为扩张性货币政策和紧缩性货币政策。实行何种货币政策也取决于经济风向。当出现经济衰退和大量失业时，实行扩张性货币政策，刺激总支出，主要措施是降低商业银行的法定存款准备金率，增加货币供给和信贷，降低利率；当出现通货膨胀时，实行紧缩性货币政策，抑制总支出，主要措施是提高商业银行的法定存款准备金率，减少货币供给和信贷，提高利率。

六、社会主义国家怎样从计划经济转到市场经济

西方经济学家不仅研究他们自己的资本主义市场经济，而且还在他们政府的资助下研究社会主义国家怎样从计划经济转变为市场经济。归纳起来，主要有两种观点。

（一）第一种观点

第一种观点认为社会主义国家从计划经济转变为市场经济的关键在于私有化。伊萨克森等人是这种观点的代表。他们提出：

（1）私有化是从计划经济向市场经济转变的核心内容，要建立市场经济就必须实行私有制。伊萨克森等人说："一个社会如果想要建立市场经济，那就必须接受私有制"。① "从计划向市场转变必须实行生产资料私有制。"② "私有化是向市场经济转变的核心内容。"③

（2）制定保护私有制的法律，颁布私有化法。伊萨克森等人说，"要制定一部保护私有制的适当法律"④，"私有制必须得到保障"⑤。"私有化法"是"最重要的法律"之一。⑥

（3）最重要的改革是国有企业私有化。伊萨克森等人说："在原社会主义国家，从计划到市场的转变所需要的最重要的改革可能是把共产主义制度下国有化的财产私有化。"⑦

（4）国有小企业私有化方式：出售。伊萨克森等人说，"小企业可

---

① A. J. Isachsen, C. B. Hamilton & T. Gylfason, *Understanding the Market Economy*, p. 39.

② A. J. Isachsen, C. B. Hamilton & T. Gylfason, *Understanding the Market Economy*, p. 40.

③ A. J. Isachsen, C. B. Hamilton & T. Gylfason, *Understanding the Market Economy*, p. 203.

④ A. J. Isachsen, C. B. Hamilton & T. Gylfason, *Understanding the Market Economy*, p. 77.

⑤ A. J. Isachsen, C. B. Hamilton & T. Gylfason, *Understanding the Market Economy*, p. 84.

⑥ See A. J. Isachsen, C. B. Hamilton & T. Gylfason, *Understanding the Market Economy*, p. 85.

⑦ A. J. Isachsen, C. B. Hamilton & T. Gylfason, *Understanding the Market Economy*, p. 190.

以拍卖"[1]，"可以逐个地出售"，"一家小企业可以较容易地卖给一个新的所有者"[2]。

（5）国有大企业私有化方式：建立投资公司（控股公司），将国有大企业改组为股份公司，出售股票。伊萨克森等人说："可以设立投资公司（控股公司），其唯一任务是在若干不同的企业中行使职业所有者的职能……投资公司的股票可以免费送给或出售给居民。"[3]"先把国有企业转变为国家拥有全部股票的股份公司，然后再将它们私有化。"[4]

（6）多给党政官员发股票，使他们从改革的阻力变为改革的动力，并公开宣称两极分化不可阻挡。伊萨克森等人赞成多给党政官员股票的主张："为了让以前的权力集团加入'市场经济队伍'……在国有企业重组为私有的股份公司时，额外给这些人一部分股票。果真如此，那么，过去这些市场经济的最凶猛的反对者就会成为新制度下改革进程的急先锋。"伊萨克森等人知道这种做法"不具有合法性"，"自然难以为多数人所接受"，但他们又认为这是不可避免的，因为"随着市场的到位，几乎不可阻挡的是，一些人会发财致富，而另一些人则不得不加入长期失业队伍之中"[5]。

（二）第二种观点

第二种观点认为，社会主义国家从计划经济转变为市场经济的关键不在于私有化，而在于竞争化。曾任克林顿总统经济顾问委员会主席和世界银行副行长的美国经济学家斯蒂格利茨是这种观点的代表。他提出了以下的主要论点和主张：

（1）没有理由相信市场经济是最优的。像许多西方经济学家一样，斯蒂格利茨也把市场经济同社会主义经济对立起来，在他看来，"市场经济是一种主要通过个人（居民）和私人企业的相互作用配置资源的经

---

① A. J. Isachsen, C. B. Hamilton & T. Gylfason, *Understanding the Market Economy*, p. 191.

② A. J. Isachsen, C. B. Hamilton & T. Gylfason, *Understanding the Market Economy*, p. 195.

③ A. J. Isachsen, C. B. Hamilton & T. Gylfason, *Understanding the Market Economy*, p. 200.

④ A. J. Isachsen, C. B. Hamilton & T. Gylfason, *Understanding the Market Economy*, p. 232.

⑤ A. J. Isachsen, C. B. Hamilton & T. Gylfason, *Understanding the Market Economy*, p. 232.

济”①。他所理解的市场经济是资本主义经济，而社会主义经济则是消灭了私有制的中央计划经济。斯蒂格利茨提出的问题是：“市场经济一定会比社会主义经济优越?”②

对这个问题，他没有做出肯定的回答。相反，他说：“没有理由相信市场经济会‘天生地’做出正确的权衡，特别是没有理由相信竞争过于残酷的市场经济比竞争较为温和的经济会更有效率。”③ 对于一些西方经济学家根据不切实际的市场经济模型所提出的原理和思想，斯蒂格利茨深表怀疑，他告诫说：“不要被那些建立在不切实际的市场经济模型基础上的原理和思想弄糊涂了。”④

(2)“市场社会主义”同时具备了社会主义经济和市场经济的长处，避免了其短处。

斯蒂格利茨用市场社会主义同市场经济相对立，并对二者加以比较；又用市场社会主义同社会主义经济相对立，并对二者加以比较。

斯蒂格利茨给出了市场社会主义的定义：“市场社会主义是指生产资料归政府所有（在任何社会主义制度下都是如此）但像市场经济一样利用价格配置资源的经济组织形式。”⑤ 他说明了市场社会主义和社会主义经济的共同之处和不同之处：共同之处在于生产资料所有制，不同之处在于资源配置方式。市场社会主义和社会主义经济一样实行生产资料政府所有制，但是，市场社会主义利用价格配置资源，而社会主义经济通过中央计划配置资源。他还说明了市场社会主义和市场经济的共同之处和不同之处：共同之处在于资源配置方式，不同之处在于生产资料所有制。市场社会主义和市场经济一样利用价格配置资源，但是，市场社会主义实行生产资料政府所有制，而市场经济实行生产资料私有制。

斯蒂格利茨认为，市场社会主义可以同时具备社会主义经济和市场经济的长处，避免二者的短处。

斯蒂格利茨说：“有意思的是，正当试验市场社会主义的经济遭到放弃的时候，经济学的一些新进展给市场社会主义的论据注入了新的活力。同时，这些新进展对市场社会主义的必要性和可行性提出了新的问

---

① J. E. Stiglitz, Economics, New York, W. W. Norton & Company, 1993, p. A9.

② J. E. Stiglitz, *Whither Socialism*?, p. 4.

③ J. E. Stiglitz, *Whither Socialism*?, p. 276.

④ J. E. Stiglitz, *Whither Socialism*?, p. 267.

⑤ J. E. Stiglitz, *Whither Socialism*?, p. 9.

题。”① 又说：“现代理论提出，市场社会主义有更大的合理性”，“现代经济理论……增强了对市场社会主义的信仰。”②

（3）国有企业的效率不如私有企业的论断没有根据。斯蒂格利茨多次反驳了西方经济学家关于国有企业的效率不如私有企业的论断。他以法国、加拿大、新加坡等国成功的国有企业为例，证明国有企业可以是有效率的。同时，他又以西方失败的私有企业为例，证明私有企业可以是无效率的。

斯蒂格利茨认为，在比较国有企业和私有企业的效率时，应该考虑到不可比因素。他说，在许多国有企业中，经济目标和社会目标混在一起，很难辨别企业是不是有效率。有的企业亏损是政府政策所导致的，而不能归结为企业缺乏效率。

斯蒂格利茨的基本看法是，既存在无效率的国有企业，又存在有效率的国有企业。同样，既存在无效率的私有企业，又存在有效率的私有企业。问题的关键在于竞争，而不在于所有制。垄断，无论在公共部门还是在私人部门，都会造成无效率。他说：“没有证据证明国有企业效率低于私人企业。”③

（4）科斯定理是“科斯谬误”，产权清晰论是“产权神话”，其实质是要私有化。一些西方学者对“科斯定理”的正确性提出了怀疑，例如，《科斯定理》④ 的作者库特提出：“科斯定理是真理还是谬误？”并回答说：“科斯定理有可能是错误的或仅仅是同义反复。”

对于这个问题，斯蒂格利茨 1989 年在《关于国家的经济作用》⑤中明确回答：科斯定理是“科斯谬误”。1994 年，斯蒂格利茨指出：“科斯定理认为为确保经济效率而需要做的一切，就是使产权明晰。这一定理是完全不正确的。”⑥ 他把这种以产权明晰为核心的产权理论称为“产权神话”，并指出这一神话误导了许多从计划经济向市场经济过渡的国家把注意力集中在产权问题即私有化上。斯蒂格利茨写道：“在

① J. E. Stiglitz, *Whither Socialism*?, p. 15.

② J. E. Stiglitz, *Whither Socialism*?, p. 16.

③ J. E. Stiglitz, *Whither Socialism*?, p. 238.

④ 《新帕尔格雷夫经济学大辞典》，第 1 卷，497～500 页，北京，经济科学出版社，1992。

⑤ 载于 *The Economic Role of the State*, A. Heertje (ed.). Oxford, Basil Black-well, 1989, pp. 9-85.

⑥ J. E. Stiglitz, *Whither Socialism*?, p. 197.

经济学中，大概还没有一种神话像产权神话那样影响人们的观点和行动。”这一神话认为，人们需要做的一切，就是正确地分配产权，这样，经济效率就有了保证。至于产权如何分配则无关紧要……这种神话是一种危险的神话，因为它已经误导了许多处于过渡中的国家把注意力集中在产权问题上，即集中在私有化问题上。”①

斯蒂格利茨说，没有一个社会的产权界定是完全清晰的，美国大公司领导人处置的未明确界定的产权并不比社会主义企业经理所处置的少。

斯蒂格利茨提出了一个新的论点：产权清晰不一定导致效率，产权不明晰也不一定出现问题。不通过明晰产权，也能成功地进行市场改革。

（5）私有化不是灵丹妙药，私有化是迈向成功的第一步的结论没有科学根据。在私有化问题上，斯蒂格利茨和主张私有化的西方经济学家也存在明显的意见分歧。“按照科斯的观点，社会主义的根本问题是不能清晰地界定产权”，而“政府所必须做的一切就是使产权清晰。一旦做到这一点，经济效率就会自然而然地随之而来”②。斯蒂格利茨不同意这一观点。他认为，产权清晰、私有化，不一定有效率；不明晰产权、不实行私有化，也不一定没有效率。斯蒂格利茨说：“没有私有化，甚至没有清晰地界定产权，也能成功地进行市场改革。”③ 他还说：“私有化不是万应灵药。”④ 自由市场论者所持的结论是，迈向成功的第一步是国有企业私有化。斯蒂格利茨反驳了这个结论说：“我可以肯定，他们的这个结论没有科学根据。”⑤ 又说：“私有化不能保证经济有效运行。”⑥

斯蒂格利茨和萨平顿1987年在《私有化、信息和激励》一文中提出了一个“私有化基本定理”：“在一般情况下，我们不能保证私人生产必定比公共生产‘更好’。”⑦ 换一种表述就是：“萨平顿—斯蒂格利茨

① J. E. Stiglitz，*Whither Socialism?*，p. 252.

② J. E. Stiglitz，*Whither Socialism?*，p. 173.

③ J. E. Stiglitz，*Whither Socialism?*，p. 262.

④ J. E. Stiglitz，*Whither Socialism?*，p. 180.

⑤ J. E. Stiglitz，*Whither Socialism?*，p. 261.

⑥ J. E. Stiglitz，*Whither Socialism?*，p. 173.

⑦ D. Sapping-ton，J. E. Stiglitz，Privatization，Information and Incentive，*Journal of Policy Analysis and Management*，1987，6：567－582.

私有化基本定理证实，一个理想的政府经营企业会比私有化更好。"①

因此，斯蒂格利茨认为，"竞争比私有化重要得多"②。他认为，对社会主义经济来说，缺乏私人产权并不是问题的关键，问题在于缺乏竞争、激励和分权。

作为西方经济学家，斯蒂格利茨当然不会去维护社会主义公有制。下面关于中国改革的一段话很能说明他的立场。他说："在私有化之前，中国先建立广泛的激励结构并进行市场改革。同时，中国也清楚地认识到，从长期看，如果要维持投资，那么产权问题就必须提出来。于是就开始了企业的股份合作化的进程。在股份合作制企业中，股份首先由本单位员工分享。一旦现在的这种所有权结构得到明确界定之后，进入'完全的资本主义'就将是一件较为容易的事。"③

（6）市场和政府恰当平衡，集权和分权适当结合。关于市场和政府的关系，斯蒂格利茨主张，不要把市场和政府对立起来，而要在市场和政府之间保持恰当的平衡。他认为，市场配置资源或价格配置资源通常都缺乏效率，会导致市场失灵，这就要求政府干预。斯蒂格利茨说，在一般情况下，市场不存在有约束的帕累托效率，这就要有政府干预，以增进福利。

斯蒂格利茨和格林沃德 1986 年在《具有不完全信息和不完全市场的经济中的外在性》④一文中提出了一个"非分散化基本定理"：在一般情况下，如果没有政府干预，那么就不能实现有效率的市场资源配置。斯蒂格利茨等人批评了科斯等人的没有政府干预市场可以实现有效率的资源配置的观点。"格林沃德—斯蒂格利茨定理"认为，政府差不多总有潜力对市场资源配置做出改进，政府具有私人部门所不具有的能力。

按照斯蒂格利茨的观点，从计划经济向市场经济过渡的国家，不能削弱政府的作用，而是要重新对它加以规定。

斯蒂格利茨区分了两种资源配置：一种是价格配置，另一种是非价格配置。传统的西方经济理论只强调价格和市场在资源配置中的作用，

---

① J. E. Stiglitz，Whither Socialism?，p. 179.

② J. E. Stiglitz，Whither Socialism?，p. 261.

③ J. E. Stiglitz，Whither Socialism?，p. 263.

④ B. Greewald，J. E. Stiglitz，"Externalities in Economies with Imperfect Information and Incomplete Markets"，*Quarterly Journal of Economics*，1986，101：229－264.

斯蒂格利茨对此不以为然。他说："价格（和市场）在资源配置中只起比较有限的作用，而非价格机制则起更重要的作用。"① 斯蒂格利茨批评市场社会主义只重视价格和市场配置，而对非价格机制配置资源的重要作用则缺乏足够的认识。他还强调，政府在协调大规模投资方面能够充当更有效率的角色，以避免在市场经济中不时显现出的生产能力过剩的问题。

关于集权和分权的关系，斯蒂格利茨既不赞成原苏联式的过度集权，又不赞成西方国家市场经济的过度分权。他说，以分权化的方式做出决策，还是以集权化的方式做出决策，这是经济体制选择问题的核心。在高度分权化的市场经济中也有集权，在高度集权化的社会主义经济中也有分权。人们看到的往往是分权化和集权化的混合体。斯蒂格利茨说："集权化决策和分权化决策的适当结合确实是市场经济面临的关键问题之一。"②

① J. E. Stiglitz，Whither Socialism?，p. 102.

② J. E. Stiglitz，Whither Socialism?，p. 197.

《当代西方经济学流派与思潮》序*

当代西方经济学流派与思潮是指20世纪30年代凯恩斯经济学产生以来西方国家的经济学流派和思潮。在西方经济学界，学派林立，思潮迭起。本书将这些流派和思潮分成34个专题，每一专题邀请一位对此素有研究的学者撰写。全书是在国内多所大学和中国社会科学院的34位作者的通力协作和分工下完成的。这些专题包括四个组成部分：一是国家干预主义的各个学派；二是新自由主义的各个学派；三是介于或游离于国家干预主义和新自由主义之间的一些学派；四是西方经济学若干新的研究领域和若干研究领域的新进展。

本书可以看做西方经济学教科书的扩展和延伸。西方任何一个经济学派都有其对立面。了解该学派的对立面，特别是了解对立双方的论战和相互批评，会有助于更全面、更深入地认识对立双方的理论和政策主张的是非功过。西方有的经济学派由于反对西方正统经济学，因而一直受到西方正统经济学的排斥。在西方经济学教科书中，没有它们的地位。这不是因为它们的经济理论不科学，相反，被排斥的往往恰好是它们的理论中比较科学的成分。例如，新制度经济学（请注意是neoinstitutional economics，而不是也译为新制度经济学的new institutional economics）正视资本主义世界存在的各种问题，批判资本主义现存制度，而不是为资本主义现存制度辩护；认为资本主义制度是一种对抗的制度，而不是一种和谐的制度。正是这些有科学因素的思想遭到西方正统经济学的排斥，这些学派的理论才被西方主流派打入冷宫。西方经济学教科书中论述的西方经济学，主要是西方主流经济学。因此，即使熟读了西方经济学的初级、中级甚至高级教科书，所了解的主要还只是西方主流经济学。事实上，在西方国家的经济学界，除了主流派，还存在许多学派。这些学派有各自的经济理论体系和经济政策主张。要想比较全面地了解西方各家各派的经济思想和政策主张，要想比较正确地把握住它们之间的分歧所在，要想比较客观地评论它们的是非功过，以便在

---

* 载吴易风主编：《当代西方经济学流派与思潮》，北京，首都经济贸易大学出版社，2005。

借鉴西方经济学时能更全面地思考问题，少犯片面性错误，就很有必要了解和研究西方各种经济学流派和各种经济思潮。例如，在治理通货膨胀的问题上，如果只读过西方经济学教科书，那么一说到治理通货膨胀的政策，大概就只会想到紧缩性宏观经济政策。但是，当你不仅读过西方经济学教科书，而且读过《当代西方经济学流派与思潮》这类教科书或著作后，你的思路就会打开。因为你会发现，与后凯恩斯主流经济学即新古典综合派的政策主张不同，后凯恩斯主义经济学的主张是，治理通货膨胀的办法不是宏观的紧缩性政策，而是微观的反垄断政策和价格调节政策。又例如，在收入分配问题上，读过西方经济学教科书的，一说到收入分配，大概就会想到按生产要素分配，也会想到西方经济学教科书为按生产要素分配所提供的那些理由。但是，当你研读了《当代西方经济学流派与思潮》这类教科书或著作后，你的思路就会打开，因为你会发现，按照后凯恩斯主义经济学的逻辑，为保持较高的总需求水平和充分就业，政府应当进行收入再分配，扩大工资在国民收入中的份额，也就是收入分配要向非财产收入者倾斜。总之，在学习了西方经济学课程之后，很有必要再学习当代西方经济学流派与思潮方面的课程。

《当代西方经济学流派与思潮》可以看做经济思想史教科书的继续和发展。在学习了外国经济思想史课程之后，再学习当代西方经济学流派与思潮课程，就可以更深刻地认识经济思想史上的各种经济理论、学说和思想的意义和影响，以及当代西方经济学家是如何继承和发展思想史上的经济理论、学说和思想的。

细心的读者会发现，本书的某些内容有些重复。例如，有的经济学家在这个学派中出现，在另一个学派中又出现。或者，一种理论，在有关学派中出现，在有关思潮中又出现。这种情况是客观事实的反映，因而可以说是必要的重复。如果硬要避免这种重复，反而不利于比较完整地把握每一个学派和每一种思潮。当然，我们已经尽可能地把这种重复降低到了最低限度。

作为西方经济学流派和思潮课程的教科书，本书的内容较多，分量较重。采用本教科书的老师可以根据教学时数选择若干专题讲授。课堂上不讲授的专题，可以让学生在课外阅读。我们之所以选择较多的专题，是为了让读者通过这本书知道更多的流派和思潮。

主编此书，颇有力不从心之感。好在我约请的各位作者都对自己撰写的专题很有研究，功劳属于他们。当然，作为主编，本书的任何缺憾均与撰稿人无关，概由本人负责。竭诚地欢迎专家和广大读者斧正。

读克鲁格曼《萧条经济学的回归》*

克鲁格曼的新著《萧条经济学的回归》中译本最近已由中国人民大学出版社出版。作者于 1994 年发表在《外交事务》上的《亚洲奇迹的神话》曾经引起广泛的关注，他预言会爆发亚洲金融危机。《萧条经济学的回归》是他在亚洲金融危机期间写成的一本分析性的小书，目的在于寻找危机的原因和新的预防措施。

克鲁格曼是一位有独立思想的西方经济学家，他的这本小书具有在其他西方学者著作中较为少见的独到见解和分析深度。这突出地表现在以下几个方面。

第一，关于亚洲金融危机的原因，克鲁格曼的认识明显比其他许多西方经济学家的认识深刻和全面。西方经济学家和政治家差不多都认为危机的原因只在发生危机的经济体内部，认为“裙带资本主义”（Crony Capitalism）是唯一原因，而对遭受危机的国家或地区所说的阴谋论则采取完全否定的态度。与此不同，克鲁格曼承认“裙带资本主义”在危机中所起的作用，同时坦率地认为，国际货币基金组织、美国财政部以及对冲基金在危机中起了很不好的作用，阴谋论并非空穴来风。克鲁格曼说：“相当一些人认为，正是国际货币基金组织（以及在后面实际操控国际货币基金组织的政策的美国财政部）造成了危机，或者说令危机火上浇油。”对于这一观点，克鲁格曼的看法是：国际货币基金组织确实犯了错误，“在尽力防止一轮恶性循环时，又造成了新一轮的恶性循环”。国际货币基金组织的某些政策“是世界上最失败的政策”。克鲁格曼无情地揭露了这样一个事实：墨西哥、泰国、印度尼西亚、韩国、巴西等都“不得不听命于华盛顿”，“并尽力遵守华盛顿建议的计划”，可是“到头来却是一场灾难”。克鲁格曼感慨地说：“回想起来，我们太信任华盛顿，太信任国际货币基金组织和美国财政部了。”至于阴谋论，克鲁格曼说：“在某种意义上，我们不应该责怪作为马来西亚首相的马哈蒂尔提出‘阴谋论’。”他接着说：四家对冲基金同时进入市场，“攻击香港”，就是一个“彻头彻尾的阴谋”，而且是“历史上最大的市场阴

---

* 原载《中国人民大学学报》，2000（1）。

谋”。克鲁格曼说：索罗斯的形象是“欺凌弱小者的金融强盗形象”，对冲基金具有“野兽的本性”，“蹂躏了世界市场”。对于最近这场席卷亚洲和拉美的危机，西方经济学家通常都就事论事，用不同国家的特殊因素加以解释，例如，用银行的粗心大意解释日本危机，用腐败解释印度尼西亚危机，用财政赤字太大解释巴西危机。与此不同，克鲁格曼看出，“最近一连串危机是资本主义制度出了问题”。这一认识使克鲁格曼比许多西方经济学家高出一筹。

第二，关于中国没有发生金融危机的原因的分析和中国没有发生危机对其他国家的意义，克鲁格曼也提出了自己的独到见解。国际货币基金组织提出将资本项目自由化作为政策目标，“在许多西方国家的强烈鼓励下，中国曾经探讨过如何实行货币的完全自由兑换”。可是到亚洲危机爆发时，“包括国际货币基金组织在内的每个国家，都庆幸中国没有开放资本账户”。克鲁格曼说：“在中国，由于货币不可兑换，这种高速衍生的金融危机当然不可能发生。”他高度评价了中国没有发生危机的意义：“这个人口大国对危机的免疫力，是亚洲危机没有演变成为彻底悲剧的重要原因。”中国的经验启发了克鲁格曼，使他想到了资本管制。“实施紧急的资本管制”，“在必要时实施外汇管制”，这是克鲁格曼为危机中的经济体开的药方。他说：亚洲经济 1997 年应对金融危机的能力之所以明显地比 5 年前或 10 年前弱，“是因为它们开放了金融市场，它们有了更自由的市场经济（而不是逆市场自由化而行）”。

第三，关于萧条经济学的回归的见解，使克鲁格曼在西方经济学界独树一帜。一些西方经济学家，特别是一些美国经济学家认为，“严重衰退，更不用说世界性的大萧条，已经被抛到一边去了”。与这些经济学家相反，克鲁格曼称这场亚洲危机为“大衰退”，他宣告：“萧条经济学已经回归了。”他说，在西方，关于经济衰退的论题已经成为“专业雷区”，“越来越少的经济学家敢于去探索”。克鲁格曼认为，当前的这场大衰退，“未必是 20 世纪 30 年代事件的重演，但它们却有惊人的相似之处”。他不同意“这只是亚洲的危机”的说法，而是用冷静的眼光观察世界，研究了“为什么市场经济会经历衰退”，明白了衰退的必然性。克鲁格曼发出警告说：既然日本也陷入了危机，那么其他发达国家也就有可能陷入危机。他十分担心西方国家的隐患发作，说：“我们又怎么可以肯定明年，或者是后年，我们体制中的隐患不会发作，令我们自己也无法抵抗呢?”克鲁格曼说，尽管目前世界经济还没有进入萧条，但是“萧条经济学，即专门讨论 20 世纪 30 年代世界经济面临的问题的经济学，已经重返历史舞台了。……世界经济处在比我们想象的危险得多的境地”。这比宣称已经进入“长期繁荣”时代的西方学者的观点要现实得多。

此外，克鲁格曼关于俄罗斯私有化的严重后果的分析、关于现存国际经济秩序不平等的分析、关于西方经济学教条和经济政策失灵的分析等，都有精彩的论述和引人入胜之处。当然，他的凯恩斯主义立场限制了他对衰退和萧条的认识的深化，同时也决定了他的政策建议的局限性。

总之，克鲁格曼的这本书值得一读，他的不少观点对我国读者，尤其是对青年读者有一定的启发性。

艾伦《数理经济学》中译本序言*

一

本书作者罗伊·乔治·道格拉斯·艾伦（Roy George Douglas Allen）是英国现代著名的数理经济学家和统计学家。他生于 1906 年，中学毕业后在剑桥攻读数学和统计学，1927 年毕业。从 1928 年起，艾伦在伦敦经济学院讲授统计学。1938 年，他的成名著作《供经济学者用的数学分析》（*Mathematica1 Analysis for Economists*）一书出版。1939 年，艾伦离开伦敦经济学院到伦敦大学讲授经济统计学，并攻读经济学博士学位。1948 年，艾伦取得学位。次年起，艾伦在伦敦大学任经济统计学教授，并在其他一些学校兼职讲授数理经济学课程。

艾伦在担任教学工作的同时，还在英国政府机关兼职。第二次世界大战期间，英国政府委派艾伦先后在美国任华盛顿英国供应委员会统计主任和华盛顿联合生产与资源委员会英方研究与统计主任。第二次世界大战后，艾伦又多次在英国政府机关任职，并在 1949—1950 年和 1952 年两次任联合国统计顾问。

艾伦在英国学术界有一定的地位，他是英国科学院、皇家统计委员会、皇家经济学和经济计量学会、国际统计研究所以及其他一些学术团体的重要成员。

1966 年，艾伦晋封爵士。

在写作《数理经济学》以前，艾伦已从事多年经济数学、经济统计学和数理经济学的教学，并发表过不少论著，主要的有《价值理论的重新考察》(与希克斯合著，1934)、《家庭支出》(与鲍莱合著，1935)、《供经济学者用的数学分析》(1938)、《经济统计学》(1949) 和《国际贸易统计学》(与埃利合著，1953)。在这些论著中，《价值理论的重新考察》一文第一次在英语国家用无差异曲线分析来建立边际效用序数论以取代边际效用基数论，被西方经济学界说成价值理论取得重大进展的

* 载艾伦:《数理经济学》，北京，商务印书馆，1988。合著者：高鸿业。

标志。《家庭支出》一书根据家庭消费支出对家庭总支出的线性关系计算了支出弹性，被西方经济学界认为是对消费支出进行经济计量分析的最初著作。《供经济学者用的数学分析》这本书由浅入深，由简单到复杂，由初等数学到高等数学，以大量经济例证向经济学者介绍了系统的数学知识，这对现代西方经济学家在经济研究中应用数学方法起了推动作用。

《数理经济学》是艾伦继《供经济学者用的数学分析》这一成名著作之后的一部代表作。如果说，《供经济学者用的数学分析》是一部以经济为例证的数学教科书，那么，《数理经济学》则是一部以数学方法表述现代西方经济理论若干重要专题的经济学教科书。《数理经济学》出版于 1956 年，再版于 1959 年，并且很快被译成几种文字在国外出版。

二

在艾伦写作《数理经济学》之前，西方经济学家在经济研究中应用数学方法已经走过很长的历史过程。从法国经济学家古诺（1801—1877）的《财富理论的数学原理研究》（1838）一书出版，到艾伦的《供经济学者用的数学分析》（1938）一书问世，整整相隔一百年之久。古诺是现代西方经济学家公认的数理经济学的始祖，他的《财富理论的数学原理研究》是现代西方经济学家公认的数理经济学最初的代表作。古诺用函数形式表达了需求和价格、供给和价格之间的关系，把以数学形式表述的需求规律作为价格理论的基础，并用数学方法对垄断、双头垄断、寡头垄断以及无限制竞争等各种类型厂商的价格决定问题求解。继古诺之后，德国经济学家戈森（1810—1858）出版了《人类交换规律的发展和人类行为的规则》（1854）一书，广泛应用数学方法说明了以主观价值理论为基础的经济理论。但是，在 19 世纪 30 年代和 50 年代出现的古诺的著作和戈森的著作，当时并未引起资产阶级经济学界的注意。直到 19 世纪 70 年代，由于英国经济学家杰文斯（1835—1882）和法国经济学家瓦尔拉斯（1834—1910）的推崇，古诺和戈森用数学表述的经济理论以及经济理论的数学方法才受到西方经济学界的普遍重视。

杰文斯在 1871 年出版的《政治经济学理论》和瓦尔拉斯在 1874 年出版的《纯粹政治经济学要义》以及意大利经济学家帕累托（1848—

1923）在 1906 年出版的《政治经济学教程》被认为是 19 世纪末 20 世纪初西方数理经济学的主要代表作。在经济思想史上，他们被称为数理经济学派。数理经济学派的经济学家把数学方法看做经济理论的主要方法甚至是唯一方法，他们用数学方法表述了自己的边际效用价值理论和均衡理论。

从 20 世纪 30 年代起，西方经济学家在应用数学方法方面有了较快的发展。微积分、差分方程、线性代数、概率论、数理统计、对策论(博弈论)、线性规划等数学工具越来越多地被应用于经济研究之中。第二次世界大战以后，西方经济学家在经济研究中应用数学方法的趋势进一步加强。1956 年，英国和美国同时出版了总结西方经济学界在数理经济学方面的研究成果的两本专著，一本是美国经济学家克洛沃和数学家布肖合著的《数理经济学导论》，另一本就是艾伦的《数理经济学》。在这两本专著中，无论就其涉及的范围来说，还是就其影响来说，后者都远大于前者。

艾伦的《数理经济学》并不是数理经济学派及其先驱者的观点和方法的简单继续，而是对现代西方经济学界数理经济学的新的研究成果的总结和概括。作者关于写作《数理经济学》的动机的自述，也表明了这一点。艾伦曾经提到，他的这本书是在以下三种想法的推动下写成的。第一，他的《供经济学家用的数学分析》一书只写到微积分为止，可是后来矩阵代数、矢量和复数以及其他数学方法已经在经济学中广为应用，因此，有必要写一本能够反映这些新情况的著作；第二，数理经济学比经济计量学出现得早，可是经济计量学却比数理经济学发展得快，如此下去，落后的数理经济学会妨碍经济计量学的发展，因此，必须加强对作为经济计量学的理论基础的数理经济学的研究；第三，自从凯恩斯主义产生以来，西方经济理论结构发生了重大变化，因此，必须重新考察经济理论的形式和范围。由此可见，艾伦这本书的意义主要不是在于它总结和概括了艾伦个人关于数理经济学教学和研究的经验，而是在于它总结和概括了英、美等国的资产阶级经济学界应用数学方法论述经济理论的经验。这本书的素材很多都来自英国和美国现代数理经济学家的著作，这些经济学家包括：希克斯、萨缪尔森、汉森、哈罗德、里昂惕夫、库普曼斯、巴纳、鲍莫尔、多马、多夫曼、杜森贝里、戈德温、克莱因、麦柯沃、莫顿、菲利普斯、索洛、图维以及迪布鲁。

艾伦的《数理经济学》不是经济数学教科书。作为经济数学教科书，在内容安排上必须从数学这门科学的体系出发，循序渐进，并充分考虑经济专业的需要，结合经济专业的特点。但是，数理经济学不可能也没必要遵循数学的顺序来安排自己的内容。

《数理经济学》也不是经济计量学教科书。经济计量学是经济学、数学和统计学的结合，它把经济学的原理用数学方法表示为方程体系，再用数理统计方法根据实际统计资料进行估算和验证。但是，数理经济学只把经济学原理归结为准确的函数关系，进行推导，并得出结论，没必要也不可能用实际统计资料进行估算和验证。

《数理经济学》是以数学方法论述的现代西方经济理论著作。在内容安排上，它从现代西方经济学的理论体系出发，由浅入深，由简到繁。动态模型只需研究少数总量，因而被作为本书的起点。消费者决策和厂商决策涉及一系列经济变量，因而被放在后面讨论。数学内容的安排，完全从属于经济学的内容。但是，《数理经济学》也不是按照一般经济学教科书写的。它集中叙述的是20世纪30年代以来特别是第二次世界大战以来西方经济学和数学相结合的几乎所有的重要之点。全书内容大致可以划分为以下几个单元。第一单元主要讨论动态模型。其中，第一章是蛛网模型和其他简单动态模型；第二章是凯恩斯模型和“古典”模型：乘数原理；第三章是加速原理。动态理论的说明要用微分方程和差分方程，振荡的说明要用复数。因此，第四、五、六章分别讲解复数、线性微分方程、线性差分方程。第二单元主要讨论经济周期理论和经济调整问题。其中，第七章是萨缪尔森—希克斯模型，第八章是戈德温、卡莱茨基和菲利普斯的经济周期模型，第九章是经济调整：闭环控制系统。第三单元主要讨论一般均衡理论。其中，第十章是一般经济均衡，第十一章是部门间联系，分别叙述瓦尔拉斯的一般均衡理论和里昂惕夫的投入产出分析。这些问题的说明要用线性代数。因此，第十二、十三、十四章分别讲解矢量和矩阵、矩阵代数、矢量和矩阵代数的应用。第四单元讨论对策论（博弈论）和线性规划。其中，第十五章是对策论，第十六章是线性规划。第五单元主要讨论微观经济学的一些基本问题。其中，第十七章是活动规划和资源配置，第十八章是厂商理论，第十九章是价值理论。最后，第二十章是加总问题和福利经济学问题。全书可以分为两大部分：第一章至第九章主要讨论宏观经济学问题，从第十章以后主要讨论微观经济学问题。

三

如何正确看待现代西方数理经济学？这是摆在我国经济理论工作者面前的一个重要问题。有两种倾向值得注意：一种倾向认为，现代西方数理经济学表明现代西方经济学正在发展成为一门精确的科学，因而应当基本上予以肯定；另一种倾向认为，现代西方数理经济学只不过是数学化了的庸俗经济学，因而应当全部加以否定。在我们看来，这两种看法都带有片面性。对于现代西方数理经济学，我们不应当采取简单的“不是肯定，就是否定”的态度，而应当采取批判和分析的态度。列宁曾经指出：“不是闭起眼睛不看资产阶级科学，而是注意它，利用它，批判地对待它，不放弃自己完整的明确的世界观，这是一回事；匍匐在资产阶级科学面前，重复马克思‘有片面性’等等这类具有十分明确意思和意义的词句，这是另一回事。”① 对于现代西方数理经济学，我们应该睁开眼睛来看它，注意它，利用它，批判地对待它，不放弃马克思主义的完整的和确定的世界观。盲目崇拜现代西方数理经济学，夸大它的意义和作用，是完全错误的。

数学是具有高度抽象性的科学，它研究的是纯粹的量的关系和形式。正因为如此，数学具有广泛的应用范围，它在许多知识领域中起着十分重要的作用。任何事物都具有质的方面和量的方面，都是质和量的统一。对事物的质的认识是认识量的前提，由质到量，则是对质的认识的深化。从这个意义上说，一门科学只有在成功地运用数学时，才能达到真正完善的境地。经济范畴和经济过程同样是质和量的统一。在对经济关系进行质的分析的前提下，对反映经济关系的经济范畴和经济过程进行量的分析，将有助于对经济关系的质的认识的深化。从这个方面说，马克思主义政治经济学所揭示的原理和规律，不少都有可能用数学语言来表达，用数学模型来表示。马克思自己就曾经想用数学方式说明经济危机的规律性，他写信给恩格斯，说：事情是这样的：你知道那些统计表，在表上，价格、贴现率等在一年内的变动是以上升和下降的曲线来表示的。为了分析危机，我不止一次地想计算出这些作为不规则曲线的升和降，并曾想用数学方式从中得出危机的主要规律。马克思的这

① 《列宁全集》，第3卷，581页，北京，人民出版社，1984。

番话是在《资本论》第一卷出版后的第六年说的，他在信中还表示：而且现在我还认为，如有足够的经过检验的材料，这是可能的。①

西方经济学家在经济研究中广泛应用数学方法，大致上出于两个目的。一个目的是，他们竭力回避资本主义的矛盾，不敢对资本主义的经济关系进行质的分析，而把注意力集中在量的分析上，并力图用严密的数学形式把根本经不住检验的内容空虚的理论装扮成精密科学。19世纪70年代出现的数理经济学派在经济研究中广泛应用数学，主要就是出于这一目的。其否认价值这一经济范畴是生产关系的体现，把边际效用说成价值的基础。为了使庸俗的边际效用理论和以此为基础的均衡理论具有精密科学的外观，其运用了微积分、代数等数学方法。同历史上的数理经济学派一样，现代资产阶级数理经济学家企图用现代数学手段，把以边际主义为基础的微观经济学和以凯恩斯主义为基础的宏观经济学的一系列庸俗原理乔装成精密科学。

现代资产阶级经济学家广泛应用数学方法的另一个目的是，他们试图根据资产阶级的实际需要，寻求新的工具，为厂商的经济决策和资产阶级政府的经济政策提供依据。这是20世纪30年代以来的一个重要现象。1929—1933年震撼整个资本主义世界的大危机，宣告了西方经济学家关于资本主义经济可以自行调节以保持均衡的传统说法的彻底破产。在新的情况下，西方经济学家为了给厂商和政府提供有用的东西，加强了应用数学方法解决厂商和政府面临的实际经济问题的研究，这些研究包括市场需求分析、部门间联系分析等。

艾伦的《数理经济学》明显地反映了以上两个目的。《数理经济学》的宏观经济学部分是以凯恩斯主义为基础的，微观经济学部分是以经过修改和补充的旧数理经济学派的边际主义为基础的。因此，就这本书的大部分篇幅来说，其徒有数学科学形式而无经济科学内容。《数理经济学》的主要目的是赋予凯恩斯主义和边际主义的理论以科学的外观。《数理经济学》的另一目的是企图用现代数学手段解决实际经济问题，例如，关于部门间联系的分析以及关于运筹学的某些应用等，就是如此。

对包括艾伦在内的西方经济学家用现代数学手段把庸俗理论伪装成精密科学的辩护手法，我们必须加以揭露。数学本身不能证明任何经济

---

① 参见《马克思恩格斯〈资本论〉书信集》，329～330页。

理论，不能创造任何经济范畴和经济规律。数学只是从前提出发经过推理得出结论的。结论要正确，首先要求前提正确。从错误的前提出发，不可能得出正确的结论。数学形式的正确，绝不能证明数理经济学的结论的正确。数理经济学的结论必须由客观经济事实来检验。凯恩斯主义和边际主义的基本理论经不起经济事实的检验，不管艾伦的著作和他所利用的著作如何以数学形式来表示，都绝不能证明这些基本理论是正确的。连西方的自然科学家也知道，在数学这个磨盘中，你放进小麦，可以磨出面粉，你放进草籽，就绝不会得到相同的东西。质的分析，是量的分析的前提。为了在经济科学中应用数学方法，经济理论本身必须具备正确性、准确性和精确性。数学方法只能作为经济科学的一种辅助方法，帮助经济学家更好地从正确的理论前提中得出结论。

对包括艾伦在内的西方经济学家用现代数学手段解决实际经济问题的研究，我们应当认真而仔细地加以批判分析，去伪存真，在正确的理论基础上加以改造，以达到为我所用的目的。不采取严肃的马克思主义的批判立场，反而不可能借鉴和吸收其中某些有意义的因素。

对艾伦《数理经济学》一书所依据的宏观经济学和微观经济学基本原理的批判，可以写成一系列文章或者一大本专著。对现代西方经济学有研究的读者可以去做这方面的工作。更多的读者关心的可能是在经济研究中如何应用数学方法的问题。对于这些读者来说，他们可以从本书中看到，现代西方经济学家是如何将他们的经济理论数学化的，是如何将前提和条件公式化的，是如何将经济过程模型化的，是如何对所建立的数学关系求解并得出数学答案的。他们将会从这些方面得到某些经验并汲取许多教训。

在经济理论研究中应用数学方法，绝不意味着能用数学的政治经济学取代理论的政治经济学。经济理论思维不可能被经济数学方法所代替，正确的经济理论永远是在经济研究中应用数学方法的前提和出发点。不过，在经济理论中应用数学方法，必然要求经济理论避免含混的、模糊不清的、冗长的叙述，代之以准确的、清晰的、简洁的叙述。

在社会主义经济研究中应用数学方法有许多有利的条件，特别是有社会主义社会经济计划和统计这一有利条件。这是艾伦和其他资产阶级经济学家都承认的事实。我们相信，随着具有坚实的马克思主义经济理论基础和数学基础的青年经济学者的成长，在经济数学方法这一领域中必将不断涌现出重要的研究成果。

罗伯特·E·霍尔、约翰·B·泰勒《宏观经济学》中译本序言*

校者前言

美国斯坦福大学霍尔和泰勒撰写的《宏观经济学》是一本最新的西方宏观经济学中级教科书①，很有参考价值。

一

由于这本书是西方最新的现代宏观经济学教科书，它在很多方面不同于传统宏观经济学的同类著作。这本书的主要特点是，在传统宏观经济理论的框架中融合了最新的宏观经济理论。

传统宏观经济学和现代宏观经济学的词义在西方经济学界发生了重大变化。传统宏观经济学多年来曾被凯恩斯主义者用来指50年前在资本主义国家经济学界占统治地位的“古典”经济模型，即以马歇尔、埃奇沃思、庇古等人为代表的宏观经济观点体系，与之对立的凯恩斯主义被称为新经济学或现代宏观经济学。现在，当凯恩斯主义陷入严重危机而新的学说“脱颖而出”的时候，传统宏观经济学则首先被用来指凯恩斯主义，而与之对立的新的学说则被称为现代宏观经济理论。

凯恩斯主义是指凯恩斯在20世纪30年代创立并为他的追随者所发展的宏观经济理论体系。从第二次世界大战结束到20世纪60年代，在西方经济学界占统治地位的是以萨缪尔森、托宾、莫迪利安尼等为代表的新古典—凯恩斯综合经济学或后凯恩斯主流经济学。这种经济理论认为，资本主义社会的总需求低于充分就业产量时，存在失业，但价格水

---

* 载罗伯特·E·霍尔、约翰·B·泰勒：《宏观经济学》，北京，中国经济出版社，1992。

① 对现代西方经济学还不太了解的读者，在读本书之前最好先读一下已有中译本的初级教程，例如萨缪尔森的《经济学》、雷诺兹的《微观经济学》和《宏观经济学》或哈维的《现代经济学》。

平下降；高于充分就业产量时，不存在失业，但价格水平上升；等于充分就业产量时，不存在失业，也不存在价格水平的波动。由此引申出来的“微调”或斟酌使用的（相机抉择的）政策原则是：总需求低于充分就业产量时，扩张财政和（或）货币，刺激总需求，特别是刺激投资需求，以消除失业；总需求高于充分就业产量时，紧缩财政和（或）货币，抑制总需求，以消除通货膨胀。这种理论长期以来不仅是西方经济学界的正统思想，而且是西方政府经济决策的主要依据。

但是，20世纪60年代末以来，西方国家的滞胀即失业和通货膨胀并发的现象，严重地动摇了后凯恩斯主流经济学的统治地位。在滞胀面前，它在理论上提不出能使西方经济学界信服的解释，在实践上又提不出能使西方政府同时对付通货膨胀和失业的政策措施。就连萨缪尔森本人也承认：“混合经济现在反复地闹滞胀病。有利于缓解滞胀中‘滞’的部分的政策导致‘胀’的部分恶化，而有利于缓解‘胀’的部分的政策又导致‘滞’的部分恶化。因此，可以看到，我们仍然处于进退维谷之中。”①

被本书作者列入传统宏观经济学的除了凯恩斯主义还有货币主义。以弗里德曼为代表的货币主义认为，货币供给的变动是产量和价格水平变动的根本原因。货币主义反对凯恩斯主义关于财政政策具有决定作用的观点，认为财政政策是无效的。货币主义也反对凯恩斯主义的斟酌使用的（相机抉择的）货币政策，认为货币政策效果的滞后对经济会造成严重后果。货币主义主张实行货币供给按一个固定比率增长的单一的政策规则。

理性预期学派的主要代表人物卢卡斯、萨金特、华莱士对凯恩斯主义和货币主义都采取完全排斥的态度。例如，卢卡斯说：“凯恩斯主义不再有用了，它的末日已来临。”萨金特说：“凯恩斯主义和货币主义？它们都已过时，都已死亡。”霍尔和泰勒并不同意理性预期学派领袖人物的这种极端的观点，他们认为，“传统的宏观经济学——无论是凯恩斯主义还是货币主义，仍有许多值得保留的内容”。

本书作者所说的传统宏观经济学中值得保留的内容，主要是指凯恩斯主义和货币主义关于总需求的分析。作者认为，虽然凯恩斯主义和货币主义有严重分歧，但是两者的共同点在于都把分析的重点放在总需求方面，并企图从总需求方面稳定经济，消除波动。它们的争论和分歧主

① 萨缪尔森：《经济学》，11版，251页。

要在于达到目标的手段。

本书作者虽然在一定程度上保留了凯恩斯主义对总需求的分析，但并不认为宏观经济学的主要任务只是分析总需求，并不认为控制总需求就能消除经济波动。这是他们和凯恩斯主义者之间存在的原则性分歧。作者明确地说："20 世纪 60 年代，一些凯恩斯主义者开始认为，控制总需求实际上能消除经济波动。例如，1969 年，马丁·布朗芬布伦纳在一本名为《经济周期死亡了吗?》的书中就持这种观点。更多的新近研究结果以及 20 世纪 70 年代和 80 年代的实际经历证明，这种观点是错误的。现在，我们都很清楚，对总需求的管理不会消除经济波动，也不可能使失业永远保持在很低的水平上。"

本书作者十分重视近些年来西方宏观经济学的发展，力图用理性预期和价格调整的新理论来改进传统的宏观经济学，不是用宏观经济学的新理论来排斥或否定传统的宏观经济理论，而是尝试着把它们结合起来以建立现代宏观经济理论体系。因此，本书的总的特点用作者的话说就是："现代宏观经济理论在传统的凯恩斯主义和货币主义的框架中融合了关于理性预期和价格调整的新思想。"

二

最近几十年，西方宏观经济学正经历着重大的变化。本书的一个重要特点就在于总结、概括和叙述了这些变化。本书作者说："20 世纪 70 年代和 80 年代，宏观经济学的研究出现了许多激动人心的变化——有人说是革命性的进展。其影响，明显地表现在这一学科的各个方面。在本书中，我们试图以一本中级程度的大学教科书所能表达的形式，把握和反映这种进展的实质和内容。"

本书把近些年来宏观经济学的发展主要归结为两个方面：理性预期和价格调整。

首先是理性预期。预期是许多宏观经济学体系都用的概念。例如，凯恩斯主义就多次说到预期。但是，理性预期学派认为，凯恩斯主义的预期是非理性的。理性预期的原意是指微观经济学的一种预期模型，最初是由穆思在 1960 年研究农产品的供求问题时提出来的。[①] 为了制订

① 参见约翰·穆思：《理性预期和价格运动理论》，载《计量经济学》，1960（29），315～335 页。

种植计划，农民必须预测未来的价格。穆思提出，可以根据农民了解供求模型的假设来建立农民的预期模型。20 世纪 70 年代初期，卢卡斯在几篇有影响的论文中将理性预期思想应用于宏观经济政策问题。此后，理性预期宏观经济理论得到了迅速发展。

理性预期学派认为，在预算约束下使效用最大化的消费者和在成本约束下使利润最大化的生产者都是理性人，这种理性人为了自身的利益会按照所获得的信息对经济变量的未来数值进行预测和估计。理性预期理论假定，理性人头脑中都有作为经济行为的依据的经济模型。人们通过看电视、读报纸或者聊天获得信息，根据这些信息运用头脑中的模型对长期中经济变量的精确数值进行估计。他们的估计和职业经济学家运用经济数学模型解出的结果不相上下。因此，理性预期是指理性人利用所获得的信息对经济变量在长期中的数值所做出的能为实际情况所证实并且和所运用的经济模型相符的预期。

理性预期理论在本书中占有相当重要的地位，它贯穿于全书的始末，尤其是在论述消费、投资、外贸、货币、不完全信息模型、工资和价格决定、价格调整和政策规则等问题时，作者都大量运用了理性预期理论。

其次是价格调整。本书所说的价格调整在其他宏观经济学教科书中有时叫做短期总供给。不过，本书作者强调这是两个完全不同的概念。他们认为，总供给只同经济的供给方面有关，而价格调整是通过需求和供给的相互作用进行的，把它叫做总供给会引起混乱。

价格调整理论是针对凯恩斯主义的简单黏性价格模型提出来的，也是针对 20 世纪 60 年代末以来的通货膨胀的事实提出来的。在西方宏观经济学史上，“古典”模型是伸缩性价格模型。它假定产品和要素市场的价格具有完全伸缩性，认为市场可以通过价格的自行调整，使产量恒等于资本存量和劳动数量决定的潜在产量。这种伸缩性价格模型是 20 世纪初资产阶级经济学家分析宏观经济活动的理论。在 20 世纪 30 年代，“古典”模型因无法解释空前严重的危机和失业而彻底破产。代替“古典”模型的是凯恩斯模型。按照西方经济学家的说法，后者取消了伸缩性价格的假设，代之以黏性价格的假设，认为在固定价格水平下产量等于总需求，而总需求经常波动，因而产量经常偏离潜在产量。本书认为，伸缩性价格模型能解释长期内产量趋向于潜在产量，但不能解释短期内产量对潜在产量的偏离；黏性价格模型能解释产量的短期波动，但不能解释产量的长期趋势。

在本书中，价格调整理论不仅试图弥补黏性价格模型和伸缩性价格模型的不足，把所谓短期经济波动和长期经济稳定联结起来，而且试图对西方国家通货膨胀的趋势提供理论说明。

三

本书讨论的宏观经济模型有很多，其中有一个主要模型。这个主要模型把价格调整的新理论、理性预期的新理论和凯恩斯主义总需求和产量决定的理论结合在一起。这个主要模型的基本内容是：在短期内，价格水平是不变的，不进行调整。企业将价格确定在一个水平上，并观察市场在这一价格水平上的需求情况。但是，价格最终是要调整的，一直到市场出清为止。最后，价格调整过程将使产量等于潜在产量。在本书第一篇中出现的是这个主要模型的基本形式，在以后几篇中出现的则是它的比较复杂的形式。

本书用总需求、价格调整和总供给三者的相互关系来系统地展开主要模型的内容。在短期内，由于价格水平是不变的，产量决定于总需求；在长期内，产量决定于生产要素的供给，价格水平决定于总需求。经济如何从短期过渡到长期，则由价格调整来说明。

这里显示出本书的又一个重要特点，这就是总需求、总供给和价格调整并重，都处于同等重要的地位。① 凯恩斯主义和货币主义的宏观经济理论把分析的重点放在需求方面，试图从需求方面寻求消除资本主义经济波动的方案；与此相反，供给学派的宏观经济理论把分析的重点放在供给方面，试图从供给方面寻求消除资本主义经济波动的方案。霍尔和泰勒的这本《宏观经济学》既重视总需求，又重视总供给，他们用总需求来解释短期内资本主义经济的波动，用总供给来解释长期内资本主义经济的发展趋势，用价格调整来解释资本主义经济从短期到长期的发展。

在解释短期内资本主义经济的波动时，本书运用了总需求曲线和前定的价格水平曲线。价格水平是一个前定变量，它是在求解本期内生变量之前就已经由前期经济事件确定的变量，本期的经济事件对本期价格

---

① 本书的篇章设置也体现了总需求、总供给和价格调整的同等重要地位。例如，在讨论宏观经济学基础的第一篇中，第四章是总需求，第五章是总供给和价格调整。又例如，在讨论宏观经济学的微观基础时，第二篇是总需求的微观基础，第三篇是总供给和价格调整的微观基础。

水平没有影响。因此，在以纵横两轴分别表示价格水平和产量的坐标平面（以下简称价格—产量图）上，前定的价格水平曲线是一条水平线。总需求曲线表示价格水平和产量之间的关系，在价格—产量图上，它是一条向右下方倾斜的曲线，产量决定于前定的价格水平曲线和总需求曲线的交点。因为价格水平是固定的，所以总需求决定产量。总需求提高或降低时，产量也随之提高或降低。因此，总需求的变动引起实际产量对潜在产量的偏离，即实际产量可以低于或高于潜在产量。由于总需求经常变动，所以实际产量经常偏离潜在产量。

在解释长期内资本主义经济的发展趋势时，本书运用了总供给曲线。总供给描述经济社会的基本资源用于生产时可能有的产量，即现有资本存量和潜在就业量（所有愿意工作的人们都参加生产时的就业量）所能生产的产量，这个产量就是潜在产量。因此在长期中，总供给和潜在产量被认为是一致的，实际产量和潜在产量是恒等的。在价格—产量图上，总供给曲线是位于实际产量等于潜在产量处的一条垂线。总供给或潜在产量会受到生产要素供给的影响，但同价格水平无关。

在解释经济社会从总需求低于或高于潜在产量或总供给的状态到总需求等于潜在产量或总供给的状态运动时，本书运用了价格调整理论。价格调整理论是从微观层次上的企业价格调整问题发展成为宏观经济理论的。企业不可能随需求条件的变化而迅速调整价格。就这个意义而言，价格是黏性的，它黏着在前定水平上。但是，企业最终要根据市场条件调整价格。要素价格尤其是工资率是企业价格调整的决定因素。企业进行价格调整是要改变相对价格，即本企业的价格和其他价格的相对关系。对其他价格企业是通过预期得到的。企业的价格变动的百分数，取决于实际产量超过潜在产量的比率乘上一个系数。把经济社会所有的企业汇总，就可以写出总价格调整方程，得到通货膨胀率，即

$$\pi = f\,\frac{Y_{-1} - Y^*}{Y^*}$$

式中 π 代表通货膨胀率，f 是系数，Y_{-1} 代表上期产量，Y^* 代表潜在产量，$\frac{Y_{-1} - Y^*}{Y^*}$ 表示实际产量对潜在产量的偏离或产量缺口，公式表明，通货膨胀率同实际产量对潜在产量的偏离正相关。这种关系用图形表示出来就是菲利普斯曲线。

如果预期到通货膨胀，那么在上式等号的右边还要加上预期通货膨

胀项 π^e，公式就成为

$$\pi=\pi^e+f\frac{Y_{-1}-Y^*}{Y^*}$$

这个公式表示的关系被称为附加预期的菲利普斯曲线。

没有预期的菲利普斯曲线表示，相对于潜在产量的实际产量越高，通货膨胀率就越高。当实际产量低于潜在产量时，通货膨胀率就为负值，即价格水平下降。菲利普斯曲线就是价格调整曲线。

附加预期的菲利普斯曲线表示，如果公众预期到通货膨胀，那么菲利普斯曲线就按预期的通货膨胀率的幅度提高。预期到的通货膨胀率越高，实际通货膨胀率也就越高。

价格调整曲线包含下列性质：为了降低通货膨胀率，实际产量必须低于潜在产量。就是说，衰退是降低通货膨胀率的必要条件。衰退越严重，通货膨胀率下降的速度越快。相反，实际产量越是高于潜在产量，通货膨胀就越严重。

价格调整理论试图说明，正是价格调整过程使实际产量趋向于潜在产量。实际产量高于潜在产量时，价格水平上升；实际产量低于潜在产量时，价格水平下降。这样，随着时间的变化，实际产量在向左或向右偏离潜在产量之后，最终仍然回复到潜在产量。

四

详细论述宏观经济学的微观基础是本书的一个显著的特点。全书一共四篇，关于宏观经济学的微观基础的讨论就占两篇。

在凯恩斯主义风行于西方国家的一个时期内，相当多的西方经济学家曾经认为只有凯恩斯的宏观经济学是正确的。后来，凯恩斯的一些追随者把凯恩斯的宏观经济理论同洛桑学派和剑桥学派的微观经济理论简单地拼合在一起，认为经济达到充分就业时，旧的微观经济理论将再度适用。现在，西方经济学家普遍强调，微观经济学是宏观经济学的理论基础，不理解消费者和企业的经济动机和经济行为，就不能正确地理解政府行为和经济社会的总体行为。目前，西方经济学家热衷于宏观经济学的微观基础的研究，这在相当大的程度上和理性预期学派有关。

本书在这一方面比较充分地反映出西方经济学中的这一新的研究情况。第二篇用了 5 章的篇幅叙述总需求的微观基础，其中包括消费需求、投资需求、外贸和汇率、政府对总需求的影响以及货币制度等问题。第三篇用了4章的篇幅叙述总供给和价格调整的微观基础，其中包括完全伸缩性价格和经济增长与通货膨胀、理性预期学派的不完全信息的总供给模型、交错的工资决定的微观基础、最优契约模型以及价格调整对宏观经济动态行为的影响等问题。作者认为，“深入和完整地论述了宏观经济理论的微观经济学基础”是这本书的一个特色。

五

在宏观经济政策方面，本书概括地总结了近些年来西方经济学家提出的若干新的观点。

凯恩斯主义者主张的是斟酌使用的（或相机抉择的）宏观经济政策。货币主义者主张的是单一的货币政策规则。本书认为，凯恩斯主义者和货币主义者的分歧和争论只在于达到目的的政策手段（财政手段和货币手段），他们的政策目标是共同的，这就是稳定总需求。理性预期学派的萨金特、华莱士怀疑反周期的总需求政策手段对产量和就业是否会有任何作用，他们认为，有意消除总需求波动的政策对产量根本无效，它不是消除而是加剧了总需求的不稳定性，其结果可能比产量和价格水平的波动更为有害。

本书在分析和评价宏观经济政策方面显然吸取了理性预期学派的许多论点，但对传统宏观经济政策的一些内容也进行了有条件的保留。

一般说来，本书既不把失业看做主要敌人，也不把通货膨胀看做主要敌人，而是强调失业和通货膨胀两者都是公众所厌恶的。然而，在字里行间，通货膨胀似乎更引起作者的担心。书中提到，美国公众已经十分明确地表示不欢迎通货膨胀。福特和卡特都在连任总统的竞选中败北，就因为这两届政府没有遏制住严重的通货膨胀。通货膨胀从来都是和政府的垮台联系在一起的。每当年通货膨胀率超过10%时，民意测验就表明通货膨胀是头号经济问题。作者认为，政府不应当再制造价格冲击。

传统宏观经济学教科书差不多都把没有通货膨胀和充分就业作为政策目标。与此不同，本书公开承认：“年复一年，至今还没有任何政策能实现低失业和零通货膨胀的理想目标。一个以低失业率为目标的政策必须容许价格的相当大的不稳定性；一个坚持价格目标的政策会带来严重的衰退。决策者面临失业稳定和价格稳定之间的替换。”按照作者的意见，政策制定者必须在两者之间选择最优政策。

本书运用社会无差异曲线和政策边缘线说明了什么是最优政策。在以纵横两轴分别代表通货膨胀损失和失业损失的坐标平面上，社会无差异曲线是凹向原点的曲线。曲线表示关于通货膨胀和失业的社会偏好，它是被公众视为相等的平均通货膨胀损失和平均失业损失的各种组合。社会无差异曲线离原点越远，通货膨胀和失业就越严重。公众偏好的是离原点较近的社会无差异曲线。政策边缘线体现了通货膨胀和失业之间的替换关系，它表示一个国家可选择的价格稳定和就业稳定的组合。在以纵横两轴分别表示通货膨胀损失和失业损失的坐标平面上，政策边缘线是一条凸向原点的曲线。将社会无差异曲线图和政策边缘线图重合在一起，政策边缘线和一条社会无差异曲线相切，这个切点就是最优政策。最优政策是在通货膨胀损失和失业损失之间的一种妥协。本书作者认为，能同时改善失业和通货膨胀的唯一政策就是能使政策边缘线向内移动的政策。但是，作者承认：不幸的是，这种政策的前景似乎有限。

凯恩斯主义斟酌使用的（相机抉择的）政策受到批评，因为这种政策具有主观任意性。这种政策是建立在后向参照的适应性预期的基础上的，只要考虑到理性预期的作用，它的有效性就成了问题。本书强调的是政策规则，政策规则可以像货币供给的不变增长率规则那样具体，但它一般是确立取决于经济状况的应变范围。政策规则把政策变量看做内生变量，而不像传统观点那样把它们看做外生变量。政策规则注重的是政策的长期效果，而不是一次性政策变动的影响。为了使政策规则能顺利运行，决策者必须做出对这一规则的坚定承诺。如果前后不一致，决策者就会失去人们的信任。

六

从以上关于本书特点的分析和说明中可以看到，本书是一部典型的折中主义的宏观经济理论教科书。它把那些本来被认为是相互对立的理论加以调和、融合，捏在一起，构成“现代宏观经济理论”，其中有“古典”宏观经济模型、凯恩斯主义、货币主义，还有理性预期模型。

在西方宏观经济学史上，凯恩斯主义宏观经济学的出现被称为“凯恩斯革命”，是对“古典”宏观经济理论的“革命”，货币主义宏观经济理论的出现被称为“货币主义的再度革命”，是对“凯恩斯革命”的“革命”；理性预期宏观经济理论的出现又被称为“理性预期革命”，是对凯恩斯主义和货币主义的“革命”。不管“革命”一词在这里用得怎样不当，至少有一点是明确的，那就是，这些形形色色的宏观经济理论之间存在矛盾和冲突，它们是相互对立的。

本书作者的全部“智慧”在于，磨掉上述这些宏观理论相互倾轧的锋芒，巧妙地重新加以安排，把它们相安无事地纳入“现代宏观经济理论”体系之中，使它们各得其所。

在现代西方经济学家中，凯恩斯—新古典综合派是以折中或综合不同的经济理论著称的，该学派最初综合的是凯恩斯主义和“古典”宏观经济理论，目的是调和两者的矛盾和冲突，以保持这两种理论之间的一致性，和该学派相比，霍尔和泰勒的这本书综合的不仅是凯恩斯主义和“古典”宏观经济理论，而且还有货币主义和理性预期宏观经济理论，目的是要调和所有这些理论的矛盾和冲突，以保持所有这些理论之间的一致性。

就本书所综合的各种宏观经济理论来说，无论是“古典”宏观经济理论还是凯恩斯主义，也无论是货币主义还是理性预期理论，每一种理论体系都是非科学的理论体系，都没有对现代资本主义经济的内在联系做出过理论分析。本书通过综合这些理论所建立的“现代宏观经济理论”体系，也必然是非科学的理论体系。事实也正是如此。读者仔细阅读全书后就会发现，本书把资本主义生产内在的矛盾和冲突造成的经济危机和失业仅仅说成流通领域中总供给和总需求的短期的不一致现象，把通货膨胀仅仅说成从短期向长期发展过程中的一种预期现象，并且宣称资本主义在长期内由于产量达到潜在产量而使各种资源都能得到充分利用。也就是说，资本主义经济虽然在短期内不稳定，但在长期内是稳定的。可见，这种“现代宏观经济理论”和各种传统的宏观经济理论一样，具有明显的辩护性。

尽管如此，这本书还是值得一读的。首先，它可以帮助我们了解近些年来西方宏观经济理论所发生的重大变化，了解曾经占统治地位的凯恩斯主义在理论上是怎样陷入困境的，了解理性预期学派等是怎样批判凯恩斯主义并寻求新的理论出路的。其次，它可以帮助我们了解近些年来西方经济学界关于宏观经济政策的重大争论，了解凯恩斯主义的“微调”或斟酌使用的（相机抉择的）财政政策和货币政策为什么失灵，了解理性预期学派等是怎样批判凯恩斯主义的宏观经济政策并寻求新的政策出路的。最后，它还可以帮助我们从宏观层面上了解西方国家特别是美国的经济状况，了解在像美国这样一个实行多年凯恩斯主义政策的国家为什么没有而且不可能达到充分就业、价格水平稳定、国际收支平衡和持续增长的政策目标。此外，现代宏观经济理论分析问题的某些方法、概念和论点对我们也可能有一些参考价值。

现在常常可以听到有关借鉴西方经济学的议论。借鉴一词的全面的含义不仅包括跟别的人或事相对照以取长补短，而且还包括跟别的人或事相对照以吸取教训。如果这样来全面地了解和借鉴，那么，这本《宏观经济学》对于我们是有借鉴作用的。例如，读了这本书并进行认真思考之后，就可能形成这样的认识：凯恩斯主义政策是现代西方国家干预经济的一种形式，而不是唯一形式。这种形式的干预虽然对国家垄断资本主义的发展是有利的，但是，财政和货币的扩张会造成巨额的赤字和严重的通货膨胀，而财政和货币的紧缩又会触发并加剧衰退。对于社会主义经济来说，这种宏观经济政策原则上是不适用的。

吴易风

1987 年 2 月

特纳《琼·罗宾逊与两个剑桥之争》中译本序言*

在1989—1990年访问美国期间，我带着很大的兴趣阅读了玛乔里·谢泼德·特纳的新著 *Joan Robinson and the Americans*（M.E.夏普出版公司，1989）。回国后，我请胡希宁同志组译此书，供我国读者参考。经过胡希宁、范重庆等同志的通力合作，这本书的中译本现在已经和我国读者见面，书名改为《琼·罗宾逊与两个剑桥之争》。

琼·罗宾逊是我国读者所熟悉的英国当代著名经济学家。她的研究范围很广，著作很多，仅由商务印书馆出版的中译本就有《不完全竞争经济学》《就业理论引论》《论马克思主义经济学》《资本积累论》《经济学论文集》《现代经济学导论》（与伊特韦尔合著）以及她编的论文集《凯恩斯以后》等。

琼·罗宾逊于1903年出生于英格兰坎伯利的一个军官家庭。她结婚前的名字是琼·维奥列特·莫里斯。1922—1925年，她在剑桥大学攻读经济学。1926年，她和经济学家奥斯汀·罗宾逊结婚，并一起去印度，1929年回国。在取得经济学硕士学位后，罗宾逊夫人开始在剑桥任教。1965—1971年，罗宾逊夫人任剑桥大学经济系教授，此后任剑桥大学经济系名誉教授。1983年逝世。享年80岁。

特纳的这本书是一部研究罗宾逊夫人的专著。这本书展示了广阔的视角，系统地考察了罗宾逊的生平，特别是她的学术活动，研究了她的理论贡献，重点论述了她与美国经济学家的关系。罗宾逊和美国经济学家的关系是多方面的，其中包括：作为不完全竞争经济学创立者的罗宾逊和作为垄断竞争理论创立者的张伯伦的关系，作为英国剑桥凯恩斯学派领袖的罗宾逊和作为美国剑桥凯恩斯学派代表人物萨缪尔森、索洛的关系，作为英国后凯恩斯主义者的罗宾逊和美国后凯恩斯主义者戴维森、艾克纳的关系，以及罗宾逊和美国新制度学派领袖加尔布雷思的关系等。

---

* 载玛乔里·谢泼德·特纳：《琼·罗宾逊与两个剑桥之争》，南昌，江西人民出版社，1991。

特纳在撰写这本书时，查看了有关罗宾逊的各种档案资料，采访了英、美的许多经济学家，借阅了和罗宾逊通信的复印件，掌握了大量的第一手材料。因此，本书内容翔实，叙述生动。作者对罗宾逊许多主要论著的写作背景、撰写过程、基本思想、对西方经济学的理论贡献，以及其所得到的学术界的评论和社会反响等，都有比较详细的介绍、分析和评论。

在本书中，我们可以看到，罗宾逊是西方经济学家中相当少见的一位批判家。她心目中没有偶像，敢于对西方正统经济理论进行严厉的批评。她不愿意批判小人物，而常常紧紧抓住头面人物不放。“她集中与索洛和萨缪尔森论战的原因是她认定他们是在美国讲授主流经济学的头面人物。”（本书第147页）罗宾逊甚至对马歇尔和凯恩斯也不客气。据她回忆：“当我在1922年到剑桥开始攻读经济学时，马歇尔的《经济学原理》是圣经，除此之外我们几乎什么也不知道。”（本书第14页）罗宾逊相信过这部“圣经”，但是后来她指出，马歇尔充当了“食利者的战士”，把利润等同于利息，把利息说成“等待的报酬”。“她反对马歇尔用‘等待’作为一种对所有权索取报酬的辩护，她说那只不过是使索取合理化而已。”（本书第151页）说到美国的克拉克的著作，罗宾逊指出，那是“新古典学派庸俗化的美国翻版”。（本书第152页）罗宾逊对正统理论的批判尽管是在西方经济学家的视野内进行的，但是确实有相当深刻之处。本书作者说，“本世纪很少有经济学家像罗宾逊那样独自一个人向那么多人发起进攻”（本书第159页），“惹得一些世界上有名望的经济学家气得发抖”（本书第1页）。

在本书中，我们可以看到，在现代西方经济思想史上，罗宾逊的《不完全竞争经济学》有资格和张伯伦的《垄断竞争理论》平起平坐。我们知道，这两本书都是1933年出版的，后者只比前者早几个月。张伯伦声称自己享有优先权，罗宾逊夫人则断然否认她所使用的概念同“随意剽窃”之间有任何关系。本书作者在周密细致地调查研究之后，了结了此案，确认这两部著作是“不好辨认的双胞胎”，纯属巧合，这种巧合是经济思想史上的六个重合发现之一。

在本书中，我们可以看到，罗宾逊在两个剑桥之争中是一个十分重要的角色，她经常主动出击，使萨缪尔森等人处于守势。罗宾逊在凯恩斯的《就业、利息和货币通论》出版之前就已经是凯恩斯主义者，自认为是正宗的凯恩斯主义者。有时她自称“凯恩斯主义左翼分子”（本书第

115 页)。萨缪尔森则自认为他的新古典综合是后凯恩斯主流经济学。由于罗宾逊在英国剑桥，萨缪尔森在美国剑桥（即麻省理工学院所在地坎布里奇)，他们的论战因而被称为两个剑桥之争。这是一场旷日持久的论战。从罗宾逊发表《生产函数与资本理论》一文的 1953 年算起，到她逝世的 1983 年为止，论战经历了 30 年之久。争论的问题很复杂，涉及的范围很广。该书作者用很多篇幅详细地讨论了这场论战，叙述了论战的起因、经过和结果。我们在该书中看到，罗宾逊夫人多次指责萨缪尔森和索洛等人，指出后凯恩斯主流经济学是“冒牌的凯恩斯主义”，人为地复活了被凯恩斯革命清算过的陈腐教条“萨伊定律”。罗宾逊说，萨缪尔森等人的冒牌的凯恩斯主义“凭借着全能美元的翅膀传播到世界各地”，甚至影响了本应能了解萨缪尔森真相的发展中国家的经济学家（本书第 158 页)。罗宾逊不仅在自己的论著中揭露和批判萨缪尔森的许多观点，而且当面责难，弄得萨缪尔森很难堪，使萨缪尔森“做出了某种公开的认错”(本书第 248 页)。罗宾逊说：“新古典理论已是一团糟，正如萨缪尔森现在已私下承认的那样。”（本书第 271 页）不过，本书作者认为，总的说来，两个剑桥在论战中打了一个平手，没有一方获胜。有的西方评论家认为：罗宾逊对美国剑桥经济学家的资本理论和生产理论的批判可能是正确的。但是，破坏容易重建难。意思是：罗宾逊没有创立一套可以替代的理论。罗宾逊本人看来也完全意识到了这一点，她和伊特韦尔的《现代经济学导论》就是为此目的而写的。“她希望这本书会在美国广泛地采用，以便与萨缪尔森的《经济学》相抗衡。”(本书第 225 页)

在本书中，我们可以看到，罗宾逊在美国经济学家中也有交情很好的朋友，加尔布雷思就是其中和她友谊最深的一个。他们从 20 世纪 30 年代在英国剑桥相识到 1983 年罗宾逊夫人去世一直保持着十分友好的关系。共同的思想和观点把他们联系在一起。罗宾逊着力批判冒牌的凯恩斯主义，加尔布雷思也把萨缪尔森的经济学作为进攻的靶子。罗宾逊和加尔布雷思在反对军备竞赛方面都进行了大量的政治活动，这也是他们的一个共同点。值得一提的是，罗宾逊并不因私人友谊而袒护加尔布雷思的某些理论错误。她反对加尔布雷思的抗衡力量论，认为这是对美国资本主义的另一种辩护。

在本书中，我们可以看到，罗宾逊夫人是一位对马克思主义经济理论比较有研究的西方经济学家。在 20 世纪 30 年代，马克思主义在剑桥大学的学生中是“尽人皆知”的，“马克思主义成为可供选择的经济学之一”（本书第 85 页）。从 1940 年起，罗宾逊开始读《资本论》，“想看看里面有些什么”。罗宾逊说：“结果我发现了许多东西，它的追随者与反对者都未曾料到我会发现它们。”（本书第 91 页）罗宾逊发现，马克思主义经济学与正统派经济学之间的本质区别有两点：第一，正统派经济学家认为资本主义制度是永恒的自然秩序的一部分，而马克思则认为它是从封建主义过渡到社会主义的一个发展阶段；第二，正统派经济学家认为社会各部分的利益是调和的，而马克思则认为不劳动的财产所有者和没有财产的劳动者之间的利益是冲突的。罗宾逊主张西方经济学家“向马克思学习”。她批评西方学者说：“传统的理论学派由于拒绝向马克思学习而显得极为愚蠢。”（本书第 116 页）罗宾逊指责西方经济学忽视了马克思理论中的最有价值的部分，其中包括马克思的扩大再生产图式。她认为，经过很长时间，卡莱茨基的动态经济理论和哈罗德、多马的经济增长理论才重新发现了经济发展理论的基础。如果早点重视马克思主义经济学的话，那么本来是可以节省大量时间的。但是，罗宾逊把劳动价值论说成“简单的教条主义”，硬说劳动价值论不能提供一种价格理论。她还力图寻找马克思和马歇尔、李嘉图、凯恩斯之间的“相同点”。有人把罗宾逊称为“马克思化的凯恩斯主义者”。本书作者不同意这一说法，而是认为罗宾逊实实在在是一名“带有斯拉法观点的卡莱茨基—凯恩斯主义者”（本书第 306 页），“实际上是一个资产阶级的经济学家”（本书第 132 页）。这一评价是符合实际的，也符合罗宾逊自己的看法。她自己承认：“我本人也是资产阶级的一员，我写它的目的只是告诫我那些资产阶级同仁们，在《资本论》中存在深刻而重要的思想，对于这些思想他们不应该继续忽视下去。”（本书第 127 页）

在本书中，我们还可以看到，罗宾逊是一位对我国态度友好的经济学家。从 1953 年到 1978 年，她先后六次访问中国，交了许多朋友。她公开称赞中国的社会革命（本书第 308 页），赞成共产主义者在中国的社会实验（本书第 1 页）。她发现，“马克思列宁主义在这里取得了良好的声誉”，“马列主义还向中国揭示它能够变成一个伟大的工业化国家”。罗宾逊的结论是：“在我看来，中国似乎最终证明，共产主义并非资本主义之外的一个阶段，而是资本主义的替代物。”（本书第 122 页）

关心诺贝尔经济学奖的人会注意到这样一个问题，这就是：为什么罗宾逊夫人没有获得诺贝尔奖？本书作者对此进行了专门研究，并提供了答案。作者系统地、全面地研究了历年诺贝尔经济学奖的情况，发现该奖获得者中没有女性，没有西方的左翼人士。作者说："我所访问的一些经济学家在评论罗宾逊没能获得诺贝尔奖时，他们集中认为：要么是由于琼·罗宾逊的性别，要么是由于她的政治倾向。"（本书第 320 页）作者还告诉我们，有人认为，罗宾逊的《论马克思主义经济学》的发表"影响到她获取诺贝尔奖的资格"（本书第 108 页）。罗宾逊夫人对此似乎坦然自若，她说："我宁愿感到自己受到了一种不公平的待遇。"（本书第 323 页）

总之，我们从特纳的这本书中可以透视到西方经济学的内幕，看到许多在西方经济学论文、专著和教科书中看不到的东西。这对我们研究和思考西方经济学是有益的。因此，本书值得一读。

K. E. 凯斯、R. C. 费尔《经济学原理》中译本序*

美国经济学家 K. E. 凯斯和 R. C. 费尔的《经济学原理》已由几位译者译成中文，由中国人民大学出版社出版。作为这个中译本的校译者，我想谈谈该书的一些特点，并着重谈谈该书论述的西方市场经济理论的几个问题。

一

西方经济学研究的主要是资本主义市场经济，因此，西方经济学教科书本质上是论述资本主义市场经济的教科书，其涉及市场经济的基本特征、市场经济的结构、市场经济的运行、市场失灵和微观经济政策、市场经济的不稳定和宏观经济政策、市场经济和计划经济的比较等问题。

凯斯和费尔的《经济学原理》是 20 世纪 80 年代末 90 年代初在美国颇为流行的一部经济学教科书。全书由四篇组成。第一篇是导论，第二、三、四篇依次为微观经济学、宏观经济学和国际经济学。按照西方的标准，这是一部完整的经济学教科书。和同类教科书相比较，这部教科书主要有以下几个特点。

首先，这部教科书力图确立并保持微观经济学和宏观经济学的一致性，把微观经济学作为宏观经济学的逻辑出发点，尝试着为宏观经济学提供微观基础。微观经济学研究单个决策单位如厂商和家庭的经济行为。它假设厂商的行为是使利润最大化，家庭的行为是使效用最大化。通过这些假设，微观经济学导出市场如何运行、资源如何配置的结论。与此不同，宏观经济学研究经济社会的所有家庭和所有厂商的总量行为。它关心的不是单个家庭收入，而是国民收入；不是单个商品价格，而是价格总水平；不是单个厂商或行业的劳动需求量，而是经济社会的

* 载 K. E. 凯斯、R.C. 费尔：《经济学原理》，北京，中国人民大学出版社，1994。

总就业量。它着重研究国民生产总值或国民收入的决定。以往的许多经济学教科书虽然也包括微观经济学和宏观经济学，但是二者不仅缺乏有机联系，而且存在理论上的不一致或矛盾现象。本书的特点是以微观经济学为基础，用微观经济原理来论证宏观经济原理，注意把宏观分析同微观经济学的假设前提和结论协调起来。

其次，同上述特点相联系，这本教科书的主要理论同时具有传统的新古典经济学和凯恩斯主义经济学的特征。新古典经济学的主要内容是微观经济学，凯恩斯主义经济学的主要内容是宏观经济学。本书一方面依据新古典经济学制定微观经济理论，并以此作为宏观经济理论的基础和出发点；另一方面又依据凯恩斯主义经济学强调了市场的非出清状态，特别是劳动市场的非出清状态。

再次，这部经济学教科书试图把实证经济学和规范经济学结合起来。实证经济学说明经济行为和经济运行，而不对结果是好是坏做出判断。它回答“是什么”和“怎么样”的问题。规范经济学研究经济行为的后果，要对结果是好是坏做出判断。它回答“好不好”和“应该怎样”的问题。本书的特点是，既回答实证经济学的问题，又回答规范经济学的问题。它在说明了经济行为和经济运行“是什么”和“怎么样”之后，紧接着又论述了“好不好”和“应该怎样”的问题。常见的西方经济学教科书按照实证经济学原则把每个经济社会的基本经济问题归结为三个问题：生产什么？如何生产？为谁生产？本书则根据实证经济学和规范经济学相结合的原则把每个经济社会的基本经济问题归结为六个问题：生产什么？怎样生产？为谁生产？为什么？结果是好是坏？能否加以改进？后面两个问题就是规范经济学所要回答的问题。

最后，这本教科书对问题的论述注重全面性，力图避免片面性。例如，它既讲市场经济的优点，又讲市场经济的弊端；既讲市场失灵，又讲政府失灵；既讲宏观调控或“微调”的作用，又讲宏观调控或“微调”的失败。

以上这些特点，也许就是这本教科书一问世就流行起来的原因。

二

凯斯和费尔的《经济学原理》对经济学的研究对象做了如下规定：

经济学研究人们和社会怎样做出抉择来利用自然和前辈提供的稀缺

资源。

按照这一规定，资源分两类，一类是自然提供的资源，一类是人们的前辈提供的资源。两类资源都是稀缺的。对于人们和社会来说，这些稀缺资源具有各种不同的用途。人们和社会要在稀缺资源的各种不同用途之间进行选择。这样，人们和社会怎样做出抉择来利用自然和前辈提供的稀缺资源即怎样配置资源便成为经济学的研究对象。

现代西方经济学家相当普遍地认为经济学的研究对象是资源配置。这种观点可以追溯到英国经济学家莱昂内尔·罗宾斯于1932年发表的论文《经济科学的本质和意义》。在这篇论文中，罗宾斯提出了经济学的新定义：经济学是一门研究作为目的和具有不同用途的稀缺手段之间的关系的人类行为的科学。自这篇论文发表以来，西方经济学教科书都越来越明确地把罗宾斯对经济学的研究对象的规定奉为圭臬。现在，几乎所有的西方经济学教科书都无一例外地以这种或那种形式重申罗宾斯的经济学定义。

现代西方经济学把资源配置规定为经济学的研究对象，这就完全脱离了力求在一定的社会结构中来研究资本主义生产的生理学的古典经济学传统。现代西方经济学家把人和物的关系、人和自然的关系摆在首位，而不愿意研究人和人的经济关系。他们愿意抽象地脱离一定的经济结构来研究生产，而不愿意具体地研究资本主义生产以及同它相适应的经济关系。马克思主义经济理论和西方经济理论的原则性分歧不在于是否要研究资源配置，而在于如何研究资源配置。经济学对资源配置的研究绝不能取代对生产方式以及同它相适应的生产关系的研究。资源配置本身不仅受到特定历史阶段的生产方式的制约，而且受到特定社会经济结构的制约。因此，只有通过对一定的生产方式以及同它相适应的生产关系的研究，才能对一定的资源配置做出正确的分析和说明。

三

西方经济学无法一般地证明市场经济可以实现最优资源配置，而只能证明完全竞争的市场经济可以实现最优资源配置。因此，西方经济学家认为，在完全竞争、垄断竞争、寡头和垄断四种市场结构中，资源配置可以达到最优状态的只有完全竞争这一种市场结构。

最优资源配置又被称为最有效率的资源配置。在这本教科书中，效率有比较通俗的和比较正式的解释。比较通俗的解释是，效率指的是社会以最低成本生产人们所需要的物品的状态。如果资源的配置使经济能以最低成本生产人们所需要的物品，那么这种资源配置就是最有效率的。比较正式的解释是，效率指的是帕累托最优状态。这种状态是指一种改变至少使一些人的状况好起来而不使其他人的状况坏下去的状态。达到帕累托最优状态的经济是最有效率的。如果一种变化使一些人的境况好起来而使另一些人的境况坏下去，那么只要证明收益的数值超过损失的数值，就可以说经济是潜在地有效率的。

本书作者强调，只有完全竞争的经济才是最有效率的经济，而完全竞争的经济必须具备一系列十分严苛的假设条件：(1) 所有的市场都有大量的卖者和买者。他们都是价格的接受者，而不是价格的决定者。也就是说，他们都面对既定的价格，谁也没有力量控制或影响价格。(2) 每个市场的所有产品都是同质的，不存在任何产品差别。(3) 不存在外部成本或外部收益，即不存在外在性问题。(4) 厂商对投入品，消费者对产品的质量、价格和可获得的情况具有完全信息。作者认为，这个清单还可以继续列下去，但至少具备这四个假设条件的市场结构才算得上是完全竞争的市场结构。

只有在符合上述假设条件的完全竞争的市场经济中，资源配置或各种生产要素的利用才能达到最有效率的状态，即帕累托最优状态。为了证明这一点，就有必要证明资源在厂商之间的配置是有效率的，最终产品在家庭之间的配置是有效率的，经济社会在生产人们所需要的产品。

资源配置达到最大效率的条件是：边际成本等于价格，平均成本也等于价格。只有完全竞争的市场经济能满足这两个条件。

按照西方经济学的分析，当平均成本等于价格时，平均成本曲线和边际成本曲线的交点必定是平均成本曲线的最低点。生产者按最低成本进行生产，证明在现有的技术水平下各种资源已经得到充分利用。这时产量最大。又由于价格等于平均成本，所以这时价格也最低。

按照西方经济学的分析，当边际成本等于价格时，生产者供给的产品最能满足消费者的需要。从生产者方面看，将生产进行到边际成本等于价格时，就意味着增加一种产品的边际单位的价值正好等于为此而牺牲的别的产品的价值。这时资源在厂商之间的配置达到最优状态。从消费者方面看，消费者为增加一种产品的边际单位的消费所获得的满足正好等于为此支付货币所失去的满足。这时最终产品在家庭之间的配置达到最优状态。总之，边际成本等于价格意味着资源配置在生产和消费方面都达到最优状态。

本书作者知道，上述完全竞争的四个假设条件太严格了，实际上很难成立。首先，并不是所有市场都有大量的卖者和买者，而是存在卖方垄断和买方垄断，它们有力量影响和控制价格。其次，市场上的产品存在差异，而不是同质的。再次，实际上存在外部成本和外部收益，而不是不存在外在性问题。最后，厂商和消费者只具有不完全信息，而不是具有完全信息。所以，作者一再强调，只要放宽了假设，市场经济就会是缺乏效率的。他们承认，如果完全竞争不能成立，那么市场经济必将产生有效率的资源配置的结论就会站不住脚。

四

西方经济学评价经济运行和经济政策的标准通常有两条：一是效率，二是平等。在本书中，评价市场经济运行的标准有四条：(1) 效率；(2) 公平（或平等）；(3) 增长；(4) 稳定。效率指经济社会以最低生产成本生产人们所需要的物品，即上面提到的帕累托最优状态。公平意味着收入和财富的比较平等的分配。在二者中，效率是就最优资源配置来说的，公平则是就最优收入分配而言的。增长指人均产量的增加。稳定指低通货膨胀率和充分就业情况下的生产稳定。稳定包括产量稳定、就业稳定和价格水平稳定。

按照以上四条标准来衡量，本书作者认为市场经济有利也有弊。

首先是效率。作者提出的问题是：就效率而言，市场制度是好还是不好？政府应当干预经济，还是应当把资源配置留给自由市场？对于自己提出的这些问题，作者避免做出正面的回答，而是说：一方面，就完全竞争模型反映市场实际运行的方式而论，市场制度似乎有某种优越性；另一方面，当放宽假设条件并将该模型扩大到包括非竞争行为、公共产品、外在性和不完全信息的可能性时，至少看到了政府的作用。

其次是公平。在公平问题上，和其他常见的西方经济学教科书一样，本书也宣扬“三位一体公式”，断言资本主义市场经济决定的“劳动—工资”，“资本—利润、利息”，“土地—地租”是“公平”的，都是根据对生产的“贡献”而取得相应的“报酬”。这是一方面。另一方面，作者又承认，在市场经济中，收入和财富的分配存在不平等。政府有理由以公平或平等的名义对收入和财富进行再分配。

再次是增长。资本主义市场经济的增长率取决于许多因素，例如，资本积累率、人力资本形成的数量、技术进步率等。增长率是许许多多私人选择的最终结果。本书注意到，市场经济的增长很短暂。本书作者在比较市场经济和计划经济的增长速度之后说：即使计划经济具有比市场经济增长率高的潜力，替换关系也明显地存在。作者的意思是说，计划经济的较高增长率是以别的方面的牺牲为代价的。

最后是稳定，本书作者就稳定问题对市场经济和计划经济进行比较时说：中央计划经济在宏观稳定方面无疑比市场经济存在的问题要少些。这是因为，计划经济可以防止通货膨胀，能使失业率保持在很低水平。而在市场经济中，价格和就业水平一般是不受控制的。超额需求、外部冲击和预期变化都会引起通货膨胀，周期性衰退也会导致高失业率。

总之，本书作者认为，市场经济在一些事情上做得很好，在另一些事情上又做得相当糟。一方面，作者认为完全竞争的市场经济在资源配置上具有优越性。他们说：如果完全竞争的假设全部成立，那么资源配置就是有效率的，即经济制度生产了人们需要的物品，而且是用最低成本生产的。另一方面，作者又认为市场经济具有天生的弊端。他们说：甚至自由企业制度的忠诚卫士也承认，市场制度不是完美无缺的。自由市场制度自然地遇到这样一些问题：(1) 它们并不总是以最低成本生产人们需要的物品，也存在缺乏效率的现象；(2) 报酬（收入）可能分配不公；(3) 失业时期和通货膨胀时期会以某种规律出现。

五

本书有一节专门论述“市场失灵经济学”。什么是市场失灵？市场失灵指的是市场经济中资源配置缺乏效率的情况，也就是市场机制的某种障碍造成资源配置失误或生产要素浪费性使用的情况。

在本书中，造成市场失灵的原因被归结为四个：(1) 不完全竞争的市场结构的存在；(2) 公共产品的存在；(3) 外部成本和外部收益的存在；(4) 不完全信息的存在。这四个原因对应着完全竞争的四个假设条件。引起市场失灵的每一个原因都意味着完全竞争的市场经济所依据的假设条件的破坏。

导致市场失灵的第一个原因是不完全竞争的市场结构的存在。按照西方经济学对市场结构的分类，除了完全竞争的市场结构之外，垄断竞争、寡头和垄断这三种市场结构都属于不完全竞争市场结构。不完全竞争市场结构的存在破坏了完全竞争所必要的第一个假设条件，即市场有大量的买者和卖者，谁都没有力量影响或控制价格。例如，垄断厂商可以通过减少产量来提高价格。垄断的结果是资源的配置缺乏效率。

导致市场失灵的第二个原因是公共产品的存在。公共产品是对集体有益而私人厂商不愿意生产的产品和劳务，如国防、空间研究、气象预报、灯塔等。这些产品和劳务要由政府来提供。消费者要享用私人产品，就得付钱。按照西方经济学的说法，市场迫使消费者显示出对私人产品的偏好或愿意支付的程度。但是，消费者不用付钱就可以享用公共产品。市场没有任何机制迫使消费者显示出对公共产品的偏好或愿意支付的程度。私人厂商发现，生产公共产品是无利可图的。在这里，出现了市场失灵。市场对生产公共产品的资源配置不起作用。结果是缺乏效率。

导致市场失灵的第三个原因是外部成本和外部收益的存在。完全竞争的必要假设条件之一是不存在外部成本和外部收益。外部成本和外部收益的存在破坏了这一假设条件。作为私人决策者的厂商和家庭都不考虑私人生产和私人消费所造成的社会成本和社会收益。在这种情况下，资源配置就不可能达到最优状态。

导致市场失灵的第四个原因是不完全信息的存在。要使资源配置达到最优状态即最有效率的状态，私人决策者必须具有完全信息。但是，实际上，任何私人决策者都只能掌握若干信息而不能掌握完全信息。不完全信息会导致私人决策者的错误抉择和缺乏效率的资源配置。

按照西方经济学的观点，导致市场失灵的每一个原因都暗含着政府在经济中的潜在作用。西方学者认为，政府通过微观调控，例如生产公共产品、实施反垄断方面的法律、调节垄断、制定控制外部影响的规则和条例等，可以发挥矫正市场失灵的作用。

问题是，政府通过微观经济政策对市场进行调控，能否成功地矫正市场失灵呢？本书的作者承认，就像存在市场失灵一样，也存在政府失灵。政府的政策并不能保证市场经济达到最优资源配置。市场失灵并不是政府干预所能矫正的。政府失灵的原因是：（1）衡量社会损失和社会收益是困难的、不精确的；（2）不存在可以准确地知道公众对公共产品的偏好的机制；（3）没有多少理由可以预期政府机构是有效率的；

(4) 无论选举还是任命的官员都有自己的偏好和需要，不能天真地期望他们为社会的利益而无私地行动。

在西方经济学界，主张政府干预的人常常强调市场失灵，反对政府干预的人则常常强调政府失灵。分别持市场配置和政府干预两种意见的学者长期在进行争论。

六

西方经济学教科书现在都承认市场经济的不稳定性。这种不稳定性的主要症状是失业、周期性衰退和通货膨胀。本书作者在总结市场经济不稳定的历史经验时说：根据历史经验可以知道，市场经济的增长看来很短暂。增长和扩张之后，看来就是紧缩和下降时期；充分就业的后面，看来跟着的就是高失业率时期；价格稳定时期之后，看来接踵而来的就是通货膨胀时期。宏观经济学的产生和发展、宏观调控措施的采用，根源都在于市场经济的不稳定性。

面对资本主义市场经济的不稳定性，西方经济学家和经济政策制定者寄希望于政府的宏观调控。他们认为，政府应该而且能够采取政策措施来稳定宏观经济。西方宏观经济学最担心的两个问题是失业和通货膨胀。政府在宏观方面的主要作用就在于控制通货膨胀率和失业率。

本书中论述的政府对市场经济进行宏观调控的政策有四种：财政政策、货币政策、收入政策和供给政策。财政政策是西方国家政府通过财政收入和支出的变动来影响宏观经济活动水平的政策。货币政策是西方国家中央银行通过对货币供给的管理来调节信贷和利率以影响宏观经济活动水平的政策。财政政策和货币政策是西方政府进行宏观调控的主要手段。收入政策是政府直接对厂商的价格和工资进行控制来影响宏观经济活动水平的政策。上述这些政策的着眼点都是凯恩斯主义稳定总需求的观念。与此不同，供给政策的着眼点是增加总供给。供给学派倡导的这种政策的主要手段是降低所得税。从这个意义上说，供给政策可以看做财政政策的一个特例。

在本书中可以看到，从第二次世界大战后到现在，西方经济学家对宏观调控作用的认识经历了两个不同的阶段。

第一个阶段是 20 世纪 50 年代和 60 年代。在此期间，西方国家的经济增长比较平稳，物价水平比较稳定，失业率比较低。例如，美国在

1951—1969年这一期间，年通货膨胀率没有超过5%，失业率也很少超过5%，在这种经济背景下，西方经济学家对政府的宏观调控普遍持乐观态度。他们相信宏观调控能够稳定经济。不仅如此，他们中的许多人还认为政府能够相当精确地运用宏观经济政策控制失业率和通货膨胀率，实现特定的产量、就业量和价格总水平的目标。这种认识在20世纪60年代达到了顶峰。那时，肯尼迪总统和约翰逊总统的经济顾问委员会主席沃尔特·海勒首创了“微调”一语，用来指政府精确地调控宏观经济的行为。那时，凯恩斯主义者感到欣慰，他们认为自己终于找到了进行宏观调控的有效手段，借助这些手段可以减轻甚至消除市场经济的波动。

第二个阶段是20世纪70年代和80年代。在此期间，西方国家的经济不稳定。例如，美国经历了两个严重的通货膨胀时期和两个严重的失业时期。通货膨胀率最高曾达10%以上。失业率最高时（1982）曾达10.7%，即有1 200万人在找工作。尤其严重的是滞胀的出现。滞胀是经济衰退或失业和通货膨胀并存的现象。本书作者承认：对于宏观经济学理论家和政策制定者来说，滞胀是一个难以对付的问题。在这种经济背景下，西方经济学家对政府的宏观调控普遍持悲观态度。他们不再赞美微调，而是承认微调失灵，承认微调幻想的破灭。货币学派经济学家对政府管理宏观经济的能力持怀疑态度。他们认为，有意识地企图刺激或紧缩经济会使经济更加不稳定，而不是较为稳定。他们把经济不稳定的责任推到政府身上。继货币学派之后，新古典宏观经济学派进而宣布政策无效。该学派认为，政府政策只有在人们没有预料到时才影响实际产量，而在被人们预料到时对实际产量则没有影响。人们通过理性预期，可以预料到政府的政策。因此，政府的经济政策是无效的。更值得注意的是凯恩斯主义者的观点的变化。他们大部分人关于微调的有效性的信念也已经动摇，最多不过认为宏观经济政策有助于预防更大的经济灾难。本书作者说：在经历了20世纪70年代以后，大部分凯恩斯主义者也许同意，货币工具和财政工具都不是精确地校准的。货币和财政的扩张和紧缩可以对经济运行进行“微调”的见解已经一去不复返了。有许多人仍然感到，20世纪70年代的经历也表明，反周期波动的政策可能有助于预防更大的经济灾难。要不是1975年和1982年削减税收和扩张货币供给，这几次衰退也许更为严重。这些人还会认为，要不是采用紧缩的货币政策抵制1973—1974年和1979—1981年的通货膨胀，这两次通货膨胀也许变得更为严重。

从以上论述可以看到，凯斯和费尔的《经济学原理》一书值得一读，这本书以简单易懂的形式论述了形式上复杂而艰深的现代西方经济理论，特别是市场经济理论。多了解一点西方市场经济理论，将有助于我们在市场经济问题上拓宽思路，加深认识，避免片面性。当然，在学习国外的经济理论时，要注意从我国国情出发，要坚持马克思主义的分析态度。

《现代经济周期理论》中译本序言*

第二次世界大战结束以后的二十多年时间里，凯恩斯主义一直是西方宏观经济学的正统，也是西方国家提出宏观经济政策的依据。这种情况到20世纪70年代初发生了变化。凯恩斯主义因无法对当时西方世界普遍出现的滞胀现象做出理论上的解释和提出政策上的建议而受到其他学派的抨击和责难，开始失去其无可争议的统治地位。在同凯恩斯主义的论战过程中，一个新的学派脱颖而出，其影响力日益增大，极大地改变了西方宏观经济学的面貌。它就是新古典宏观经济学。

提到新古典宏观经济学，人们容易把它和货币政策无效性命题、意料之外的货币冲击产生实际影响等观点联系起来。的确，这些正是该学派的早期代表人物罗伯特·卢卡斯、托马斯·萨金特、尼尔·华莱士等的主要理论观点。但是，进入20世纪80年代以来，新古典宏观经济学有了新的发展。一批学者自称新古典宏观经济学第二代，向卢卡斯的货币经济周期理论提出了挑战，试图用实际因素解释经济波动的根源。此外他们还对财政政策、政策的时间一致性等问题进行了研究。第二代的代表人物有罗伯特·巴罗、爱德华·普雷斯科特和芬恩·基德兰德。目前，这批学者以其与众不同的周期理论和令人眼花缭乱的统计检验技术，活跃于西方宏观经济学界。

真实经济周期理论的提出同新古典宏观经济学的发展有着密切的联系。第二代学者既作为新古典宏观经济学派的成员，参加了对凯恩斯主义的批判；又作为新生力量，在新古典宏观经济学内部对货币经济周期理论及其政策主张做了否定的回答。为此，在考察新古典宏观经济学的新动向之前，有必要回顾一下该学派在20世纪70年代的发展。

一

20世纪70年代初，凯恩斯主义的失败源于两方面的原因。

---

* 载［美］罗伯特·J·巴罗主编：《现代经济周期理论》，北京，商务印书馆，1997。合著者：方松英。

首先，凯恩斯主义受到经验上的批判。20 世纪 70 年代初仍占据统治地位的凯恩斯主义是新古典综合的宏观经济学体系：这种传统的宏观经济学主要是由 *IS* 曲线、*LM* 曲线和菲利普斯曲线构成的。原来表示工资增长率和失业率之间的关系的菲利普斯曲线被新古典综合派用来表示通货膨胀率和失业率之间的替换关系：失业率高时，通货膨胀率下降；失业率低时，通货膨胀率上升。可是，20 世纪 70 年代出现的滞胀意味着高失业率和高通货膨胀率并存。这就从根本上动摇了菲利普斯曲线，从而动摇了新古典综合的宏观经济学体系。因此，滞胀的现实从经验上批判了占统治地位的凯恩斯主义，使新古典宏观经济学得到了发展的机会。"就像 20 世纪 30 年代大萧条推动了凯恩斯主义的发展一样，20 世纪 70 年代的滞胀也有助于促进新古典经济学的形成。"①

其次，凯恩斯主义在理论上受到了致命打击。在新古典宏观经济学出现以前，货币学派和其他一些非主流学派就已经对凯恩斯主义的一些方面进行了理论批判。但是，真正动摇了凯恩斯主义宏观经济学大厦根基的是新古典宏观经济学派。他们宣称凯恩斯主义宏观经济学缺乏微观基础，是个矛盾的体系，应被彻底抛弃。例如。在凯恩斯主义模型中。经济当事人不以追求利益最大化为目标；同一经济人在不同函数或方程中具有不同的行为；评价政策的标准是就业和价格水平而不是个人福利状况。这些都违背了西方微观经济学的基本假设。新古典宏观经济学派着重批判了凯恩斯主义关于预期的观点，认为它违背了经济当事人是"理性人"的假设。凯恩斯主义宏观经济学模型采用的是适应性预期机制，即经济当事人是根据他们以前的预期的误差来修正本期的预期的。比如，对 t 时刻的价格所做的适应性预期是

$$P_t^e = P_{t-1}^e + \lambda\ (P_{t-1} - P_{t-1}^e)$$

其中 $\lambda(0 \leqslant \lambda \leqslant 1)$ 决定了预期对过去的误差进行调整的程度。新古典宏观经济学派认为上述机制是特定的或任意的，并没有以"理性人"是行为最大化者为依据。照该学派看来，利益最大化者在进行预测时，不仅会利用所测变量的过去值，而且会利用一切相关信息做出理性预期，比如，在预测价格水平时，会利用过去的产量信息。这样，对价格的理性预期行为可表示为 $P_t^e = E(P_t \mid I_{t-1})$，其中，$I_{t-1}$ 表示在 $t-1$ 时期所

---

① ［美］K.E. 凯斯、R.C. 费尔：《宏观经济学原理》，476 页，新泽西，普伦蒂斯—霍尔出版公司，1989。

能获得的信息。所以预期的价格水平是给定信息集 I_{t-1} 的条件下价格的数学期望。

新古典宏观经济学派在抨击凯恩斯主义的过程中建立起了自己的声望，并引导了为宏观经济学寻找微观基础的潮流。由于其特别强调理性预期的概念，所以一度被称为理性预期学派。但是理性预期的概念逐渐为其他学派（包括新凯恩斯主义学派）所接受，不能再用来突出卢卡斯等人的理论特色，因此进入 20 世纪 80 年代以来，该学派被称为新古典宏观经济学，在英语中是 new classical economics。

新古典宏观经济学简称新古典经济学。注意这个称谓同也曾译为新古典经济学的 neoclassical economics 的区别，后者在西方经济文献中主要指马歇尔等人的经济理论。以下我们用“新古典经济学”指新古典宏观经济学，用“‘古典’经济学”指马歇尔经济学。

新古典经济学同“古典”经济学有着极为密切的联系。除了新加上的理性预期假设外，它全盘接受了市场连续出清这一古典假设。在某种意义上，它退回到了凯恩斯以前的经济学。理性预期和市场出清这两点构成了新古典经济学的基础。在这个基础上，卢卡斯试图解释宏观经济波动，其结果便是货币经济周期理论。

卢卡斯的周期模型试图阐明两个问题：经济波动的初始根源是什么？波动的传导机制又是什么？

关于第一个问题，卢卡斯认为：货币对产量和其他经济变量有重要影响，货币因素是波动的初始根源，货币供给的冲击引起经济波动。波动的传导机制是信息障碍。由于经济当事人不能获得完全信息，所以不能准确判断价格变化的实际情况，从而导致了产量的波动。具体过程是这样的：一次意外的货币冲击使得价格总水平上涨，但各种商品的相对价格水平没有变化。厂商由于不了解市场的全部情况，误把自己产品的价格上涨看做相对价格的提高，是对他的产品的需求增加的信号。在此情况下，厂商自然会增加供给。当所有厂商都这样行动时，实际产量就会超出正常水平。货币冲击产生的这种影响虽然在长期中会消失，但在短期中会引起经济波动。如果货币冲击是意料之内的，则不会产生任何影响，因为此时不存在信息障碍，经济当事人不会产生错觉。

在货币经济周期理论被提出以后，西方学者做了一些检验，有一些证据支持该理论，但也存在一些疑问。首先，信息障碍问题在实际中并非那么重要，如果真的重要的话，那么人们不必花很大代价就能很快获得关于货币和价格的信息。因此，用信息障碍解释经济波动很勉强。其次，意外货币冲击产生实际影响的结论对模型的假设过于敏感。对模型的深入分析可以得到完全不同的结论：意外的冲击也不能改变产量和就业。更极端的看法是，货币不但不能影响实际经济变量，甚至它本身的变化也是由经济内生的。对第二次世界大战后美国经济的实证研究也不能找到支持货币冲击导致价格上涨，进而导致实际产量变化这一机制的证据。①

由于理论上的缺陷和实践上的缺乏支持，自 20 世纪 80 年代以来，新古典经济学派学者们转向实际因素，用实际因素去解释宏观经济波动。第二代新古典经济学就是以真实经济周期理论闻名的。

二

真实经济周期的思想最早出现在巴罗 1980 年的文章中。② 在那篇文章中，他试图将实际冲击结合进标准的新古典模型中，结果却开辟了偏离新古典教条的新路。尔后陆续出现了一系列属于真实经济周期理论的文章，包括：霍尔（1980），巴罗（1981），基德兰德和普雷斯科特（1982），朗和普洛塞（1983），金和里贝罗（1986），格林伍德、赫尔科威茨和赫尔普曼（1988）等。③

真实经济周期理论认为波动的根源是实际因素，其中特别值得注意的是技术冲击。至于传导机制并不唯一，关于这一点我们将在后面介绍。所有的真实经济周期模型本质上都继承了新古典主义特色：波动被描绘成竞争性的均衡现象，所有市场都是出清的；经济人的代表是具有无限期的、追求利益最大化的家庭；生产函数是古典的，受到随机的技术冲击。真实经济周期模型的支持者们声称他们原则上不排除货币对产量的影响，但这种影响小得可以忽略，因而他们的模型往往不涉及货币因素。典型的真实经济周期模型推导出的结果是帕累托最优的，因而该理论的支持者们认为经济波动本身不足以构成政府干预的理由。基本模

① 参见［美］R.J. 巴罗编：《现代经济周期理论》，3 页，马萨诸塞，哈佛大学出版社，1989。

② 参见［美］E.S. 费尔普斯：《宏观经济思想的七个学派》，42 页，牛津，克拉伦敦出版社，1990。

③ 参见 E.S. 费尔普斯：《宏观经济思想的七个学派》，83 页。

型可以进一步扩展，以包括公共物品和税收等外部施加的影响，这样做的结果是不再达得到帕累托最优。但真实经济周期理论认为这类扭曲仍是古典式的，即涉及的是社会效益的损失，而不是凯恩斯式的缺口，因而需要的政策也不同于传统宏观经济学。

真实经济周期模型的倡导者们特别强调对模型的统计检验。如果在他们看来模型的一些结果不符合实际情况，那就修改模型的假设，或增加一些条件。下面首先介绍真实经济周期的基本模型。

假设一个经济由大量相同的、具有无限期界的家庭组成，每个家庭都试图在时间 t 最大化：

$$E_t=[\sum_{j=0}^{\infty}\beta^j u(c_{t+j},\ I_{t+j})] \tag{1}$$

其中，c_t和I_t分别代表家庭的消费和闲暇，$\beta(0<\beta<1)$ 是贴现因子，表明比起未来的消费—闲暇组合来，经济人更偏好当前组合。算子$E_t(\cdot)$产生的是基于当前和过去的完全信息的数学期望。设 N_t是家庭在时间t 提供的劳动，则经过适当的单位转换可得到闲暇 $I_t=1-n_t$。效用函数 u 对两个变量来说都是增函数，可微，具有标准的形态，使得：$u_i>0$，$u_{ii}<0$，$u_i(0)=\infty$，$u_i(\infty)=0$。

每个家庭面临的生产函数形式是

$$y_t=z_t f(n_t^d,\ k_t^d) \tag{2}$$

其中，n_t^d和k_t^d分别是在家庭生产中投入的劳动和资本量，y_t是家庭的某种产出。随机变量 z_t代表时间t 的技术状况。f 是一阶齐次函数，具有正的递减边际产品。家庭的产出可被消费或储存，储存的部分就加入到了家庭的资本存量中。每期资本以 δ 的比例折旧。

假设劳动和资本市场是完全竞争的，工资率和租赁率分别是 w_t和q_t。典型家庭在时间 t 面临的预算约束是

$$c_t+k_{t+1}=zf(n_t^d,k_t^d)+(1-\delta)k_t-w_t(n_t^d-n_t)-q_t(k_t^d-k_t) \tag{3}$$

在时间 t，每个家庭在一系列形似（3）式的约束下最大化（1）式。在此过程中得到一系列一阶条件，经分析可知在时间 t 的经济状态完全由 $k_t z_t$所定义，因而可以得到如下形式的解：

$$k_{t+1}=k(k_t,z_t) \tag{4}$$

$$c_t = c(k_t, z_t) \tag{5}$$

$$n_t = n(k_t, z_t) \tag{6}$$

可以在上述模型中加入政府购买 g_t（每个家庭摊到的数量）。解的形式大致如（4）～（6）式，只是 g_t 将作为第三个变量。

上述模型的困难之处在于只有很少的 u 和 f 的函数形式，能允许模型得出简洁的封闭解。有一组函数常见于一些文章中，能解得理想形式的解。一个是对数形式的效用函数，一个是科布—道格拉斯生产函数：

$$u(c_t,\ 1-n_t) = \theta \log c_t + (1-\theta)\log(1-n_t) \tag{7}$$

$$z_t f(n_t, k_t) = z_t n_t^{\alpha} k_t^{1-\alpha} \tag{8}$$

把函数代入模型，并令资本的折旧在一期内完成（$\delta=1$），解得的结果显示这样一种性质，即，如果技术冲击 z_t 有下述形式的一阶自回归［AR(1)］过程：

$$\log z_t = \rho \log z_{t-1} + \varepsilon_t \tag{9}$$

则 k_{t+1}、消费 c_t 和产量 y_t 的对数形式都表示出二阶自回归［AR(2)］过程。也就是说，t 时刻的资本、消费和产量的波动受到前两期波动情况的影响。这里涉及了经济中主要变量序列相关的问题。据称上述结论符合美国经济的情况，美国各季的系列统计数据能很好地用二阶自回归模型拟合。

这个简单模型虽然能对实际情况做些解释，但也在一些重要方面没有很好地拟合数据。为了使之更有说服力，需要改变关于折旧的假设，使 $\delta < l$，这样做的代价是得不到明确的解，但据说通过模拟的方法得到了一些重要结论，比如投资波动幅度（以偏离趋势的百分比来计）数倍于消费波动。因而真实经济周期论者认为上述的基本模型已能在几个重要方面提供了与实际情况相符的结论。

基德兰德和普雷斯科特在《构造和汇总波动的时间》（1982）中提出的模型可说是最早最有名的一个，对于以后的所有模型来说是一个范例。它给上述简单模型增加了几点假设。

虽然基—普模型在波动的初始根源这一问题上同卢卡斯模型存在分歧，但两者有一个重要的共同点，即都认为关于冲击的信息是不完全的，当冲击来临时经济当事人必须以某种方式从噪音中选择信号，而且正是他们不能完全做到这一点引起了周期波动。此外，类似于卢卡斯模型，基—普模型假设技术冲击既包括暂时性的分量，又包括永久性的分量，且它们的组合方式难以为当事人所分辨。基—普模型甚至还从卢卡斯那里借用了具有高度跨时闲暇替代弹性的劳动者效用函数，因而暂时的冲击具有重大影响。基—普模型的一个新颖假设是：从投资到资本品的产出需要一段时间，在这段时间里需要连续投资。

在基—普模型中周期以下述方式产生。假设存在正的技术冲击。这个冲击会增加产量、提高劳动需求和实际工资。经济当事人（劳动者或生产者）必须判断这一冲击有多少是暂时性的，有多少是永久性的。这取决于技术冲击序列相关的程度。经济当事人面临一个信号筛选的问题。假定一种极端的情况，劳动者估计这一冲击是暂时性的，现时的实际工资相对于未来是高的。劳动者为了利用这一时机，将推迟对闲暇的享受，提供更多的劳动，于是产量和就业量均上升。假定另一种极端情况，劳动者估计这一冲击是永久性的，这对他们的劳动供给可能不会产生影响，但生产者将进行新的资本投资以便在将来增加生产。技术冲击是序列相关的，这造成了产量波动的持续性。它鼓励生产者不仅在冲击开始时，而且在初始冲击过后的一段时间里进行新的资本投资。资本的扩大需要一定时日，因此产量在初始冲击的相当长的时间中增加，并且在一系列序列相关的冲击后的一段较长时间中继续增加，直到冲击消失。如果不存在对于技术的进一步冲击，那么生产者会发现，同保持稳定状态的增长所需要的资本相比，他们持有了太多的资本。此时，最优计划将促使他们减慢投资速度，直到资本折旧使经济恢复到稳定增长的路径。在这一过程中，产量和就业会同资本一起波动。可见，跨时闲暇替代特别是资本形成需要一定时日成为波动的传导机制。

基德兰德和普雷斯科特后来又对基—普模型做了几次改进，使该模型能较好地拟合实际的就业波动，并且使模型中为产生波动所需的技术冲击不致过大。但是对这个模型的批评也是尖锐的。人们很难相信深刻的衰退及其带来的种种社会危机竟然产生于人们对实际工资变化的最优反应。即使跨时闲暇的替代弹性很高，人们也从经验上不能接受这种传导机制。基—普模型的另一重要假设，即资本扩大需要一定时日，被认为仅仅来自常识，经不起对实际情况的推敲。

为了克服基—普模型的缺陷，加里·汉森（1985）、朗和普洛塞（1983）、金和普洛塞（1984）都提出过做了不同假设的模型。但是，各种真实经济周期模型面临一些共同的难题。一个重要的问题是：在模型中为了产生经济波动所需的技术冲击的规模是否可信？普雷斯科特计算了实际中的冲击大小，认为它符合模型所需规模。但其他一些学者认为他过高地估计了实际冲击。另一个需要解释的重要问题是：技术冲击的实质是什么？如果是指投入—产出技术关系的变化，则它导致宏观经济波动的可能性很小。因为在现代社会里各行各业所需要的技术和设备都很不相同，任何具体的技术革新都只能影响到少数几种产品的生产函数。有一种来自供给方面的重要冲击有可能影响到各个行业，即进口原材料（特别是能源）价格的变化，它会使总生产函数发生移动，但是在实际中这类价格变化是可以得知的，因而把它当做引起技术变革的未知力量并不理想。还有其他的种种假设，都没有获得一致意见。

真实经济周期模型的构造也有严重缺陷，其既没有考虑政府部门的作用，又完全忽略了货币对经济的影响。这两点都脱离了实际情形。尽管存在上述种种问题，但西方学者一般认为真实经济周期理论为宏观经济分析提供了新的思路和技术工具。它提醒人们，波动可能是由不可避免的实际经济冲击引起的，而不是像过去许多经济学家所认为的那样源于政府的货币政策。

三

新古典经济学中一个不变的主题是反对政府对经济的干预，为此新古典主义者努力证明宏观经济政策是无效的，甚至是有害的。卢卡斯等人从不完全信息模型出发，得出了货币政策无论在短期还是在长期都无效的命题，因为据说理性预期的经济当事人能够利用他们所拥有的关于货币当局的政策规则的知识，形成对于未来价格的准确预期，从而使政府改变产量的努力失败。但是，卢卡斯还是赞成规则型的货币政策。这类政策使得政府对经济形势的反应符合事先约定的某种规则，而不是斟酌行事。这样公众更容易做出正确的预期，减少经济波动。因为按卢卡斯的模型，经济波动源自公众的预期错误。

新一代新古典主义者并不满足于货币政策无效性命题，他们进而将新古典主义研究方法应用于财政政策分析，得出财政政策也无效的结论。他们认为，政府支出的增加、各种税率的提高都会产生减少私人投资、降低社会资本存量、导致人们“永久性财富”减少的后果。仅就这些结论，还不足以构成新古典经济学的特色。巴罗特别研究了所谓的“李嘉图等价”的问题。彻底否定了用预算赤字影响经济需求水平的财政决策。

传统的宏观经济学认为，政府可以用向公众借债的方法筹措资金，然后把这笔资金以政府支出的形式注入经济。其结果可以直接增加总需求，并通过乘数作用使社会总的就业和收入水平提高。在这一机制里隐含着一个假设，即个人不认为其财富因政府的债务而减少，因此其消费决策不受政府的借债行为的影响。巴罗不同意这种推断，他复兴了李嘉图曾经提出的一个命题。

李嘉图在 19 世纪初提出，在某些情况下。赋税和债务融资（发行债券）是政府筹措资金的相同的方法，这就是被后人称为“李嘉图等价”的命题。从表面看来，以税收筹资和以债务筹资不相同。政府的税收减少了一个人的财富，但是出售相当于赋税价值的债券给同一个人，然后在以后连同利息偿还，似乎没有改变这个人的财富。但是，政府在后来为了支付带有利息的债券，将不得不提高税收。因此，预见到这一事实的纳税人定会把他们的财富中等于税收的一部分积蓄起来。其可支配的财富正好同当初对其征税时所剩余的财富相同：在理论上，赋税和债务融资是等价的。

李嘉图本人并不认为该等价在实践中成立，因为它需要一系列假设条件。但是，巴罗在 20 世纪 70 年代复兴了这一观点，并且在他后来的一系列文章中，试图对各种反对意见做出反驳。巴罗认为在给定政府支出路径的条件下，有两方面的考虑可使“李嘉图等价”成立。第一，每期的政府预算约束表明预算赤字仅改变了征税的时间，而没有改变税收的贴现值。这是因为政府或迟或早要为它的支出付账，不存在“免费午餐”。第二，每个家庭在做出消费、劳动供给等决策时，关心的只是税收的贴现值，而不是赋税的时间安排。这两点结合在一起产生“李嘉图等价”。因为预算赤字正是通过改变消费、劳动供给来影响利率和产出等变量的，既然每个家庭已注意到政府债券仅改变了税收的征收时间，而没有减少税收量，那么它们自然会“未雨绸缪”，把一部分钱储蓄起来，以备将来纳税。各个家庭多储蓄的部分恰好抵消了政府扩大的支出，使整个经济的投资和储蓄状况不变。巴罗考察了用以反对该命题的主要理由：有限的寿命、不完全的私人借贷市场、未来税收的不确定性、不同的赋税时间带来的收入效应等。巴罗认为，虽然在每种情形下都不可能再得到精确的“李嘉图等价”形式，但是偏离本身并不意味着财政政策是有利的。这时的预算赤字仍不一定如所希望的那样减少国民储蓄或提高实际利率。总之，巴罗得出结论：个人的跨时最优化消费决策会完全抵消政府赤字财政的影响，因而传统的财政政策无效。

除了分析财政政策之外，普雷斯科特、基德兰德和巴罗等人还在一般的意义上讨论了政府的决策行为。他们认为在新古典主义早期模型中存在令人讨厌的不对称性：组成公众的经济当事人是具有理性预期的最优化者，而政策制定者却只能在斟酌或规则类的政策中做出简单选择，没有唯一最优选择。这些学者认为，政策制定者也有目标和偏好，并且受到其应变能力的约束，他们完全可以同个体经济人一样自由地进行决策。于是一个很自然的想法就是扩展新古典主义原理，将政策制定者也作为最大化其目标函数的经济当事人纳入模型。

在传统的完全竞争模型中，每一个经济当事人是如此之小的参与者，以至于他只能采取其他参与者所采取的行动。而当政府作为经济当事人参与到模型中时，上述假设便不再成立，因为它的行动影响所有的参与者。特别重要的是，政府所关心的是整个社会的福利情况，而公众所关心的只是个体的利益，两者之间往往存在冲突。这样，对策论就被引入了新古典主义模型。

最早将对策论应用到宏观经济学中的是基德兰德和普雷斯科特。他们用这种方法分析了政策的时间不一致性问题。所谓时间不一致性，大意是说，在制定政策的时刻看来是最优的政策，到了真正实施的时候就不再是最优的了。此时，除非有某种机制捆住政府的手脚，否则最优化的政府很可能改变最初的承诺，使公众上当受骗。普雷斯科特等人认为，产生时间不一致性问题的根源是经济当事人之间的利益冲突，包括政府和私人、私人和私人之间的冲突。定量地研究这类问题的对策论便被引入了宏观经济分析。后来，巴罗和戈登也进行了类似的研究。据说，“当新古典主义原理被足够大地向前推进时，它们似乎自然会导向对策论的分析”①。

四

新古典主义宏观经济学是现代西方经济学中一种值得重视的学说。它的影响不可低估。同传统的宏观经济学相比，新古典宏观经济学的吸

① ［美］胡佛：《新古典主义宏观经济学》，108页，北京，中国经济出版社，1991。

引力在于它保持了微观经济学和宏观经济学的一致性。正是在这一点上，它动摇了凯恩斯主义的统治地位，开拓了西方学者研究宏观经济问题的新思路。在 20 世纪 60 年代，西方学者一般认为宏观经济的主要问题已由凯恩斯理论做出了很好的解释，剩下的不过是些枝节问题。新古典宏观经济学的创始人卢卡斯承认，他的早期工作的出发点并不是向凯恩斯主义提出挑战，而恰恰是试图完善凯恩斯主义正统理论，为有关工资—价格的计量经济学模型提供微观基础。① 但是他随后的研究成果却大大偏离了初衷，给了凯恩斯理论以致命一击。虽然新古典宏观经济学对凯恩斯主义的系统批判既不是自觉的，也没有超出西方经济学基本教条，但其还是有积极意义的，它破除了凯恩斯主义处方可以祛除西方经济百病的神话。

新古典宏观经济学在其早期的发展中便显示了三方面的特色：一是在基本理论中强调理性预期的概念；二是在政策分析中试图证明政策无效；三是在分析手段上大量采用计量经济学方法。所谓第二代新古典宏观经济学无非是把这三点发展到了极致。

在真实经济周期理论里，新一代新古典宏观经济学者用实际因素来解释宏观经济波动，的确使它不同于以往的周期理论。但是它们的区别仅此而已。真实经济周期理论仍局限于对流通领域的供给和需求的分析，完全不涉及对生产领域的生产关系的研究，这就决定了其不可能得到科学的结论。其研究甚至进一步粉饰了资本主义：经济周期乃是技术变动引起的，是任何社会都不可避免的；若没有外部影响，则冲击的结果仍是帕累托最优的。这种观点更表明了新古典宏观经济学是“在凯恩斯《就业、利息和货币通论》以前曾经是经济学家共同财产的古典经济学的翻版”②。

在政策分析上，第二代新古典经济学者比卢卡斯等人走得更远。后者从其不完全信息模型中，推导出了货币政策无效性命题，但是还暗示了一项温和的货币政策有可能消除经济波动。巴罗、普雷斯科特等人则不但试图证明财政政策无效，而且反对政策选择机制本身。他们一反传统上把政府决策当做外生变量的做法，把政策作为内生变量纳入模型中，要解出最优决策路径。从表面上看，把对策论引进宏观经济模型，

---

① 参见［美］R. E. 卢卡斯：《经济周期理论研究》，2 页，马萨诸塞，麻省理工学院出版社，1987。

② W. C. 比文：《谁扼杀了凯恩斯》，189 页，道 · 琼斯-欧文出版公司，1989。

似乎是新古典主义原理的自然扩展，但是在把政策制定者的行为简化为一个定义清楚的模型的解时，他们也抹掉了政策制定者的选择权，甚至连西方传统的规范经济学和实证经济学之间的区别也被抹掉了。这种观点是极端脱离现实的。西方发达资本主义国家的现实是政府规模的日益扩大，和它对社会经济生活介入的日益增多。在这种条件下，难以想象西方政府会放弃对经济的决策权。所以，不难理解为什么新古典宏观经济学的影响主要是在学术方面，而不是在政策方面。

再从分析手段上看，西方学者普遍认为，真实经济周期理论所热衷使用的统计检验方法为宏观经济分析提供了新式工具，将产生深远影响。但是这种研究思路，正如一位西方学者所指出的那样，忽视了经济学的社会性，用方差和相关系数代替了对衰退和萧条的研究。但是仅就相关系数本身而言，是不是因其具有某种技术性，其说明的结论便具有客观性呢？实际上，西方经济学家“不得不做出许多辅助性的假定以建立对一种理论的计量经济学验证，以致似乎对一方来说总是有发现另一方验证错误的根据”①。由此可见，西方学者自己也承认，在使用统计方法的过程中往往要加入个人的主观判断和倾向，因而得出的结论自然不可能是客观的。

目前新古典宏观经济学还在热热闹闹地发展着，吸引的学者很多，但是，它的理论走向是不难捉摸的：用现代数学工具复活“古典”理论和政策主张。

① ［澳］卡特、麦道克：《理性预期：八十年代的宏观经济学》，6页，上海，上海译文出版社，1988。

Market Economy and Governmental Intervention: The Debate between New Classical Macroeconomics and New Keynesian Economics*

In the twenty years from the 1970s to the 1990s, Western macroeconomics has undergone a fundamental change. The time has gone in which Keynesian economics reigned supreme. This scenario has been replaced by a debate between new classical macroeconomics and new Keynesian economics. Their differences and antagonisms remind people of those between Keynesian economics and classical economics.

I. New Classical Macroeconomics: The School of Monetary Business Cycles

New classical macroeconomics is an important school that came into being in the 1970s. It is based on the Principle of maximization of classical economics and takes the latter's target of continuous market clearing as its prerequisite. "New classical macroeconomics" was first used by Thomas J. Sargent in titling one of the chapters of his *Macroeconomic Theory*, published in1979. ①

New classical macroeconomics is also called the New Classical School, which embraces a group of economists including Robert E. Lucas, Jr., of the University of Chicago, Thomas J. Sargent of Stanford University, Robert J. Barro of Harvard University, Edward Prescott and Neil Wallace of the University of Minnesota, and Robert

---

* *Social Sciences in China*, 1995 (1).

① Thomas J. Sargent, *Macroeconomic Theory*, P. 366, New York, Academic Press, 1979.

Townsend of Carnegie Mellon University.

This group is subdivided into two schools due to differences in their theory of the business cycles. One is represented by Robert E. Lucas, based on monetary business cycles, and the other is led by Edward Prescott, based on real business cycles.

1. The basic hypotheses of new classical macroeconomics

New classical macroeconomics has three key hypotheses: the Principle of the maximization of the economic client, rational expectations, and continuous market clearing.

The first hypothesis indicates that the economic client behaves rationally for his own interest: the family seeks the maximization of effect and the factory the maximization of Profit.

The second hypothesis denotes that to realize the principle of maximization, the economic client has to form expectations in an astute way. The economic models on which economic behavior is based are held in the mind. On the basis of information already obtained, one tries to employ the models held in the mind to size up the accurate value of future economic variables. The results thus obtained are not very different from those obtained by professional economists using economic mathematical models. As the models in the brain of a rational individual are correct, people will not consistently commit the same errors of expectation. The hypothesis of rational expectation hints that people will, in the end, come to know what policy the government should adopt. So, the government cannot fool the majority for long.

Market clearing is the most important hypothesis developed by the new classical macroeconomists. They believe that wages and Prices have full flexibility and can be quickly readjusted. Through repeated readjustments of wages and Prices, supply always equals demand and the market is continuously cleared. According to this hypothesis, there is no oversupply on the product and labor markets. It hints that there is no such a thing as involuntary unemployment.

2. The monetary business cycle model

The two basic questions that new classical macroeconomics have to answer are: What is the initial source of economic fluctuation? and, What is its mechanism of transmission?

On the cause of economic fluctuation, Lucas in his economic model believes that money exercises an important impact on output and other economic variables; money is the initial source of economic fluctuation; and the shock of the money supply, namely, the stochastic changes in the monetary stock, causes the economic fluctuation. Since an increased money supply causes economic fluctuation through the movement of the curve of general demand, the school of monetary business cycle believes that demand shock or demand interference gives rise to economic fluctuation.

On the mechanism of transmission, the Lucas model introduces the factor of information. In this model, monetary shock is integrated with information obstacles or incomplete information. Precisely because of this, Lucas' model is also called the model of incomplete information.

Lucas' model tries to interpret economic fluctuation according to the microeconomic theory of factory supply. When the general level of prices rise, relative prices will not necessarily change. When the relative prices of factory products rise, the factory will increase production. If the rising level of the prices of factory products is identical with that of general prices, the factory will be given to know that relative prices have not changed and will not increase production. Though the decision concerning supply by the factory is related to the movement of the general level of prices, its knowledge of the information concerning prices is asymmetric. Generally , the factory purchases input that has many specifications and sells output that has very few specifications. The factory is well versed over time with information concerning prices and market changes of its own products and is not so with information concerning prices and market changes of products not its own. Such asymmetric or incomplete information is the mechanism of transmission Lucas has in mind when interpreting the business cycle. Because of information obstacles, the economic client can not get complete information. As a result, economic variables may or may not be anticipated. The increase of the monetary stock that has been anticipated will not give rise to the change in actual output. However, the increase of monetary stock that has not been anticipated will cause changes in actual output and other relevant aggregate volumes.

Lucas, earlier than others, studied the positive correlation between output and unanticipated changes in prices. This correlation is called the "Lucas supply function", or "Lucas supply curve." The Lucas supply curve says that the deviation of actual output to normal output is determined by the deviation of actual prices to anticipated prices. In other words, the Lucas supply curve indicates that the total output of the products all factories are willing to supply rises as the ratio of the actual price level to the anticipated price level rise.

Lucas states that just as factories will supply more products at the price level that has not been anticipated than at the price level that has been anticipated, workers will provide more labor at the price level that has not been anticipated than at the price level that has been anticipated. Like factories, there is asymmetry between purchasing and selling by the workers. A worker needs to buy daily necessities and labor services but sells only labor. As information is incomplete, the worker only knows the price of his labor and is not in a position to know the prices of other goods and labor services. When the shock of the monetary supply helps boost the general price level, the worker will mistake it as a sign of a rise in the price of his own labor and will increase his labor supply.

In a word, only the shock of the monetary supply that has not been anticipated or unexpected price changes will have an impact on actual output. When prices rise unanticipated, factories will increase production and workers will increase their labor supply; when prices drop unanticipated, factories will decrease their production and workers will cut their labor supply. This is the basic principle of the Lucas supply curve.

The monetary business cycle model indicates that if the money supply of the central bank is announced in advance or can be anticipated from the previous behavior of the central bank, the public will know the cause for the rise of the price level and public anticipation of the price level will be adjusted upwards, namely, changes will take place in anticipation. At this time, the Lucas supply curve will rise as the demand curve rises, that is to say, the anticipated monetary shock will only influence the price level, but not the actual production. If the money supply of the central bank is not announced in advance and cannot be anticipated from previous behavior, the public anticipation of the price level will not be adjusted upwards. At this time, the production and price levels will all experience changes determined by the point of intersection between the new general demand curve and the original Lucas supply curve: production increases and the price level rises. The monetary shock that has not been anticipated will not only influence the price level but also production.

3. The proposition of policy-ineffectiveness

The policy implications of Lucas' incomplete information model is the proposition of the invalidity of policy. Its central content is that changes in the money supply that have been anticipated will only influence the price level, not production. Only those changes in money supply that have not been anticipated will influence production.

The policy implications of the monetary business cycle model was first proposed by Thomas. J. Sargent and Neil Wallace in " 'Rational' Expectations, the Optimal Monetary Instrument, and the Optimal Money Supply Rule. "① This proposition "startled the (Western) economics profession. "② Though the money business cycle school tries to prove the proposition of the invalidity of policy from the approach of monetary policy, it is often generalized to show that macroeconomic policy, whereby the government intervenes in the economy, is invalid.

New classical macroeconomics greatly stresses public expectation of future policy. The policy-makers may choose policy rules of differing

---

① *Journal of Political Economy*, 83 (April, 1970s), 241 - 254.

② Robert J. Gordon, *Macroeconomics*, p. 200, London, Scott, Foresman & Company, 1990.

natures: rigid or feedback policy rules. The rigid policy rule is a policy rule without feedback. It calls for the persistent implementation of policy without change, for instance, the fixed growth rule for money supply. The feedback policy rule demands that the growth rate of money supply be adjusted in a normal manner in accordance with the economic status quo so as to be in accord with the policy rules of macroeconomic events. New classical macroeconomics believes that anticipation changes as policy changes, and since the feedback rule demands that any increase or decrease of the money supply will be anticipated by the public and that the money supply that is anticipated will not influence production, the feedback rule for the money supply is invalid.

The policy view of new classical macroeconomics also espouses the following implication: if the government publicly announces an anti-inflationary policy and carries it out persistently with high credibility, inflation will be eliminated without any pain. However, if the policy enjoys no credibility and lacks continuity and persistency, the public will not lower their anticipation of inflation and will not believe that the government will carry through to the end the anti-inflationary policy. This will lead to recession. It maintains that as a matter of fact policy makers often betray the policy they have just announced and lose public confidence. As a result, it is hard for the anti-inflationary policy to be of any avail. So, new classical macroeconomics stands for rigid policy rules which bind the government hand and foot, restrict the government's willful policy behavior, and forces it to practice persistent and credible policy.

4. Analysis and comments

New classical macroeconomics is a noteworthy doctrine in modern Western economics and its impact should not be underestimated. Compared with Keynesianism, its advantage lies in that it maintains the consistency and compatibility of microeconomics and macroeconomics and provides a new theoretical basis for the analysis of macroeconomic questions. It is precisely because of this that it has great appeal for the young economists of the Western world, and it is precisely on these questions that Keynesianism leaves room for criticism. The positive significance of new classical macroeconomics lies in its systematic critique of Keynesianism. Though such a critique is conducted within the Western economic field in line with the basic Western economic principles, it shakes the very foundation of Keynesianism to a great extent.

The new classical macroeconomic concept of rational anticipation plays a major role in defining the importance of anticipation in economic studies. It is now in wide use in Western economics and has been even adopted by new Keynesianists. New classical macroeconomics is a nuclear course in departments of economics of Western universities.

However, its impact lies mainly in the academic field, not in the field of policy. Western scholars acknowledge: "The conquest of rational expectations has been primarily at the theoretical level. It has had a minimum effect, up to this Point, on practical policy-makers and still lacks convincing empirical support."①

New classical macroeconomics, in central content, is but the reemergence of classical macroeconomic theory before Keynes under new historical conditions. For instance, new classical economics, except for rational expectations, is virtually identical with classical economics. It shares the same view with the latter in that the change in money supply will only affect price level, not production.

The fundamental error of new classical macroeconomics on the question of business cycles is that it attributes the root cause of business cycles to erratic expectations. It denies that the direct cause for the capitalist economic crisis is the contradiction between the limitless expansion of production and the relative shrinkage of the purchasing power of the laboring masses. It negates the argument that the basic contradiction of capitalism is the fundamental cause of economic crisis. Some Western economists also find unconvincing the new classical macroeconomics view on the cause of economic cycles. American macroeconomist Robert J. Gordon says: "Expectational errors seemed an implausibly weak reed on which to rest

① W. Carl Biven, *Who Killed John Maynard Keynes? Conflicts in the Evolution of Economic Policy*, pp. 65–66, Homewood, Illinois, Dow Jones-Irwin, 1989.

a theory of business cycles."[1]

As a matter of fact, the difference between anticipated policy change and policy change that is not anticipated is not of no positive significance for the study of policy change. But some American economists have gathered a wealth of statistics to check the conclusion of new classical macroeconomics that the money supply that has not been anticipated will affect production while the money supply that has been anticipated will not. They find that the conclusion does not accord with facts.

The exposition concerning the mechanism of the transmission of business cycles made by the monetary business cycle theory is vulnerable to critical scrutiny. In the Western world, the volume of money supplied and price indices are regularly publicized and the public can quickly get to know, through TV, radio, and newspapers, relevant monthly and even weekly information. If there is an information obstacle, it only exists between the announcements and as a matter of days or weeks. It is obviously unconvincing to use this to interpret a business cycle that takes several years or dozens of years to take shape. What is more, according to the logic of the monetary business cycle theory, in so far as factories and workers get complete information about the current general price level, the economic cycle will not take place. This, too, is impossible. Were it true, it would not be necessary to change the capitalist system, and it would even be superfluous for Western governments to practice the many kinds of macroeconomic policies aimed to eliminate economic fluctuations.

Due to the fundamental error in theory and lack of practical and empirical support, the monetary business cycle school has lost support since the late 1980s. This is because, on the one hand, the school of real economic cycles criticized it from within, and on the other, new Keynesianists rebuked it from without and reinstated the idea of governmental intervention.

---

① Gordon, *Macroeconomics*, p. 475.

Ⅱ. New Classical Macroeconomics: The Real Business Cycle School

The term "real business cycle," first appeared in the article "Real Business Cycle," written in 1983 by John B. Long, Jr. and Charles I. Plosser. ① Later, the macroeconomists who adopted the idea of the real business cycle were called the real business cycle school. They were also called the second generation of new classical macroeconomics.

The most outstanding representatives of this school are Edward Prescott of the University of Minnesota, Finn E. Kydland of Carnegie Mellon University, Charles Plosser of Rochester University, and Robert Barro of Harvard University. *Modern Business Cycle Theory*, edited by Robert Barro, is a collection of representative treatises on real business cycles which "summarized the major developments of this second generation of the new classical macroeconomics. "②

1. Real business cycle model

The real business cycle theory and the monetary business cycle theory are differentiated according to the differences between macroeconomists concerning the root cause of economic fluctuations. In sharp contrast to the Lucas model that stands for monetary business cycles, the real business cycle theory, represented by the Kydland-Prescott model, maintains that money has no important impact on production, and it is not the monetary factor but the real factor that gives rise to economic fluctuation. It is not change in the monetary stock that gives rise to change in production, but vice versa. The amount of money is adjusted to conform with changes in Production. When production increases, money demand rises and the bank reacts by manufacturing and issuing more money. If it is vice versa, the result is likewise. So, change in the stock of money is not the cause of change in production, but the result

---

① John B. Long Jr. and Charles I. Plosser, "Real Business Cycles," *Journal of Political Economy* (February 1983), 39 - 69.

② Robert J. Barro, ed., *Modern Business Cycle Theory*, p. 13, Cambridge, Massachusetts, Harvard University Press, 1989.

of change in production.

In showing that the monetary factor is not the cause for business cycles, the real business cycle economists must answer the following two questions: How do real factors shock or interfere with the economy to give rise to economic fluctuations? and, What is the mechanism for the transmission of the real shock wave to the whole economy?

How do economists of the real business cycle school answer the first question? They hold that the real shock that gives rise to economic fluctuations entails many factors, the most important of which is change in productivity. Changes in technology and the climate, the development of new products, and changes in the price of raw material and energy all cause changes in productivity. The change in productivity belongs to the change in supply. So, the real shock belongs to the shock of supply.

In the real business cycle model, the change in productivity is manifest in the change in production function. The change in production function gives rise to the change in the labor demand curve, which reflects the change in labor marginal productivity and consequently gives rise to the change in the point of equilibrium of supply and demand on the labor market, namely, the change in real wages and employment.

And what is the answer of the real business cycle school to the second question? The transmission mechanism is meant to interpret why shock or interference may spread to the whole economy and, in particular, why it will have long-term impact. Of all interpretations of the mechanism of transmission, the most influential is "the intertemporal substitution of leisure."

Intertemporal substitution of leisure means that the relationship of substitution between work and leisure is intertemporal. According to this argument, workers substitute leisure for work and vice versa depending on the rate of wages. When the economic growth rate is high and workers are receiving higher wages, they will provide more labor and have less leisure in this period. So, in this period, the employment rate is high and working hours are longer. When the economy is in recession and workers are receiving a lower rate of wages, they will enjoy more leisure and provide less labor.

So, in this period, the employment rate is low and working hours are shorter. In this way, small changes in wages give rise to tremendous changes in production and employment. This is the conclusion of the theory of the real business cycle.

2. Analysis and comments

Both the real business cycle theory and the monetary business cycle theory maintain that there is such a thing as the business cycle. Compared with the latter, the former has made a step forward on this question. The latter hints that a mild monetary policy, such as the fixed growth-rate of the monetary stock rule, will eliminate the root cause of economic fluctuation. The former holds that the economic cycle cannot be eliminated by a mild monetary policy and that even if the monetary stock keeps a fixed growth-rate, there will be an economic cycle just as well. This is just where the real business cycle theory has made the progress.

Like the monetary business cycle theory, the real business cycle theory, too, completely negates the Keynesian concept of involuntary unemployment. In their model, unemployment is voluntary and there is no such a thing as involuntary unemployment. They hold that workers themselves are to blame for their unemployment since they will earn more wages in one period for more leisure in another.

The mechanism of transmission, intertemporal substitution of leisure, as devised by the real business cycle school, is a theoretical fiction which cannot withhold the test of practice. A basic fact is that workers who are unemployed in an economic crisis are not that way just to seek leisure: they are sacked and driven into the army of the unemployed. With such a theory running counter to basic facts, some Western scholars note: "However, the facts are not strongly in favor of that argument because the real wage changes very little over the business cycle. People are thus not obviously working more in response to higher wages. "①

The real business cycle theory stresses supply. It does differentiate itself from the business cycle model that stresses the shock of demand.

---

① Rudiger Dornbusch and Stanley Tischer, *Macroeconomics*, p. 691, New York, McGraw-Hill, 1990.

Both are at either end of the extreme. Superficially, the crisis seems to be the result of more supply than demand in circulation. But this is only a phenomenon and cannot be answered by the one-sided study of circulation. It calls for the intensive study of production and an exposition of the basic contradictions in capitalism in order that scientific conclusions be reached.

Not longer after the birth of the real business cycle theory, many Western economists came to doubt its validity. "Many economists, even some of the most prominent new classicists, question the relevance of the RBC approach. First, they doubt that supply shocks are important enough to explain actual business cycles. Second, they note that RBC proponents have made no attempt to locate the specific shocks that cause the business cycles or to explain the behavior of such important macroeconomic variables as money and prices."①

Ⅲ. New Keynesian Economics

When Keynesianism was beset by quagmires, a new school standing for governmental intervention came into being in the 1980s—new Keynesian economics.

The major members of the school are N. Gregory Mankiw and Lawrence H. Summers of Harvard University, Olivier Jean Blanchard and Julio J. Rotemberg of MIT, Edmund S. Phelps of Columbia University, George Akerlof and Janet L. Yellen of the University of California at Berkeley, Joseph E. Stiglitz of Stanford University, Mark Gertler of the University of Wisconsin, and Ben S. Bernanke of Princeton University. The collection of papers, *New Keynesian Economics*, edited by N. Gregory Mankiw and David Romer, is a representative work of this school.②

---

① Gordon, *Macroeconomics*, p. 205.

② N. Gregory Mankiw and David Romer, ed., *New Keynesian Economics*, Cambridge, Massachusetts, MIT Press, 1991.

1. Basic hypothesis

Non-market clearing is the most important hypothesis of new Keynesian economics. It originates from Keynesianism and is the basis of both new Keynesian economics and Keynesian economics.

Its main content is that after there is demand shock or supply shock, wages and prices cannot quickly readjust to such an extent that market clearing is possible. The slow wage and price readjustment makes it a long process, perhaps several years, for the economy to return to the status where real production equals normal production. During this process, the economy is in a state of continuous disequilibrium.

The non-market clearing model of new Keynesianism is different from that of Keynesianism. The latter model hypothesizes that nominal wages are rigid while the former hypothesizes that wages and prices are sticky or that the readjustment of wages and prices is slow.

What is noteworthy is that the basic hypothesis of new Keynesianism espouses the principle of the maximization of the economic client, namely, the principle of the maximization of profits by factories and the principle of the maximization of effects by families. This hypothesis comes from macroeconomics. New Keynesianism has, as well, the hypothesis of rational expectation.

These two hypotheses, the principle of the maximization of the economic client and rational expectation, are where new Keynesianism breaks with the original framework of Keynesianism. They are shared by new Keynesianism and new classical macroeconomics. This shows that new Keynesianism tries to solve the contradiction between Keynesian economics and traditional macroeconomics and it tries to rebuild macroeconomics on the basis of microeconomics.

2. The theoretical basis for the stickiness of wages and prices

The key of the new Keynesianist model lies in the hypothesis that wages and prices are sticky or that the readjustment of wages and prices is slow. The slow readjustment of wages and prices makes continuous market clearance impossible. So, new Keynesianists must provide a theoretical basis for the stickiness of wages and prices, a major problem for them. They try to make a microeconomic interpretation of it on the basis of the maximization of profits and rational expectation.

New Keynesianism makes distinctions between nominal and real stickiness. If the adjustment in nominal wages and prices cannot proceed smoothly, or, if nominal wages and prices cannot change as nominal demand changes, there exists nominal stickiness. Different from nominal stickiness, real stickiness is the stickiness of one type of wages as opposed to another, one type of wages as opposed to the stickiness of another type of prices, and one type of prices as opposed to the stickiness of another type of prices. New Keynesianists have proposed a variety of interpretations concerning nominal stickiness and real stickiness. Theories interpreting nominal stickiness are, among others, those of "menu costs" and "long-term labor contracts." And theories interpreting real stickiness are, among others, those of "implicit contracts" and "efficiency wages." We will study these theories one by one.

a) The theory of menu costs. In the new Keynesian model, factories are supposed to be monopoly firms, and as the deciders of prices, factories may choose prices but they cannot control sales volumes nor constantly regulate prices in accordance with supply and demand. This is because, in each instance, factories have to expend costs to regulate prices. For example, there are costs in studying and determining new prices, compiling and printing new catalogs of prices, informing marketing agents and changing price tags, among others. New Keynesianists call these menu costs. They assert that such small menu costs bring tremendous social costs, namely, bring about economic cycles. They interpret their ideas this way: when demand shrinks, the factory, in order to avoid recession, still has to produce the same quantities of products as before. This calls for lowering marginal costs and Prices. Whether the factory will lower its prices depends on the relationship between menu costs and profits. If the factory will get bigger profits than menu costs, it will lower prices; if it gets less profits than menu costs, it will not. So, as there are menu costs, factories do not like to change prices often. This hampers the lowering of prices. When the factory does not lower its prices, production will decrease. The loss to society, by and large the result of the decrease in production, is several times greater than the loss to the factory itself. This is the negative consequence to society as a result of the factory's rational decision-making in seeking to maximize profits. The social loss as a result of the choice by the factory to seek the maximization of profits and not to lower the price is called macroeconomic externality. If factories worked jointly to lower prices, social well-being would be enhanced. However, no "invisible hand" returns part of the benefits to the factories as a result of their lowering of prices. So, the factories do no such thing as lowering prices so that it bring the greatest benefit to society. This phenomenon is called "coordination failure."

b) The theory of "long-term labor contracts." In unionized sectors, labor and capital generally sign a three-year labor contract. So, there is a cycle of wage negotiations every three years. However, negotiations on and the signing of contracts are not synchronous. In the three-year cycle, new contracts are signed and old contracts expire every year. Factors that affect wage talks are, among others, anticipated labor productivity growth rates, the rate of inflation, the unemployment rate, and the wage rate of other comparable workers. Such talks are costly since labor and capital both must investigate the various factors. Strikes bring great losses to both labor and capital. Long-term labor contracts are favorable to both as they reduce negotiation costs and the incidence of strikes. So, factories and workers that seek maximization are all willing to sign, by negotiation, long-term labor contracts that define the future behavior of both. Consequently, the possibility of quickly readjusting wages in conformity with changes in conditions is excluded. New Keynesianists believe that as there is such a duplicated and staggered contract system over a long period, this produces the nominal stickiness of wages, which makes it impossible to quickly readjust the wage rate in conformity with general demand, giving rise to fluctuations in production and employment. The long-term labor contract is thus deemed as the root cause of the business cycle.

c) The theory of implicit contracts. The theory of implicit contracts is one of the new Keynesian theories to interpret real stickiness. It maintains that although there might be no formal contract between a factory and its workers, there exists an informal agreement between them. It implies that both the factory and the workers detest risks which might make their incomes unsteady. The workers work for the factory and the factory provides steady incomes to the workers, who detest risks, for the maximization of profits. New Keynesianists hold that such an implicit contract theory can provide a microeconomic interpretation of the stickiness of real wages.

d) The theory of efficiency wages. New Keynesianists believe that a factory does not like to lower wages as it may, in practice, raise the percentage of wages in each unit output. It prefers to pay wages higher than equilibrium wages so as to maintain efficiency. When the relative wage rate is high, the worker's efficiency is high. Workers are thus made to work hard and keep their minds on their current jobs. A factory wants to attract highly skilled labor and reduce training costs. The theory of efficiency wages is one of the new Keynesian interpretations of real stickiness. It means that when demand lowers, a factory will not react by lowering the wage rate. When there is unemployment, a factory prefers not to employ the jobless at wages lower than the current wage rate to replace those at work. Thus, when there is unemployment, wages are not quickly readjusted to make market clearance possible.

3. The new Keynesianist business cycle model

The new Keynesian model is divided into the fixed price-markup model and the variable price-markup model. We will focus on the former model for brevity.

As there exists stickiness in wages, the wage rate is set at W_0; as there is stickiness in prices, the price level is set at P_0. Real wages are thus set at W_0/P_0. When expenditures such as investment and consumption decrease, the aggregate demand curve moves leftward to the new aggregate demand curve from the old one, making the economy move leftward from the original equilibrium point E_0 to the intersection point between the new aggregate demand curve and the aggregate supply curve of the fixed price-markup. At this Point, production drops and the factory correspondingly employs less workers.

In the original Keynesian model, the aggregate supply curve has a positive slope to the upper right. As a contrast, in the new Keynesian model of the fixed Price-markup, the aggregate supply curve is a horizontal line.

The new Keynesian model is also called the non-market clearing model. On the product market there exists surplus supply, likewise on the labor market. In the new Keynesian non-market clearing model, not only the stickiness of wages but also the stickiness of prices is the important cause for fluctuations of production.

New Keynesianism believes that the economy will not remain in a state of disequilibrium forever. The stickiness of wages and prices does not mean that they are fixed forever. Factory and worker are not all satisfied with economic recession. Labor and price contracts have to be signed again after Lapses of several months or years. When there is unemployment, the wage rate will drop. When there is a surplus supply of products, prices will fall. The pressure from the fall of wages and prices will force the aggregate supply curve of the fixed price-markup to move downward to cross the new aggregate demand curve and production will return to the original level. Correspondingly, factories will employ more workers and employment will return to the original level. However, the restoration of production and employment is as low process.

The conclusion of the new Keynesian model is that a decrease in general demand will lower, in a short period of time, practical production and price levels; only the latter will be lowered for a longer term. This conclusion is entirely in conformity with the conclusion of Keynesianism that an increase in general demand will raise, for a short term, practical production and price levels, and will only boost the latter for a longer term.

4. The Policy implications of new Keynesianism

The different interpretations of business cycles by Western economists show that they have different views over stability policies that include, among others, fiscal and monetary policy. The policy implications of new Keynesianism are totally Keynesian. In the new Keynesian model, it is as low process for the economy to return to normal production. It hints that stable policy plays a positive role in restoring general demand. New Keynesianism believes that it is necessary to stimulate general demand and that it will not do to wait for a rise in production as a result of pressures brought by the downward turn in wages and prices, for this is a long and painful process.

New Keynesianism proves the stickiness of wages and prices, acknowledges the failure of coordination, and that there is no such invisible hand that forces factories to behave in conformity with social interests. It provides a microeconomic basis for governmental intervention.

New classical macroeconomics holds that only an unexpected monetary shock or sudden change in prices will influence real production. Conversely, new Keynesianism maintains that expected or unexpected monetary shocks all influence real production while a sudden change in prices has very little impact on it.

5. Analysis and comments

As a theoretical exercise, new Keynesianism tries to integrate traditional macroeconomics with Keynesian macroeconomics and provides a micro-basis for macroeconomics. Keynesian economics lacks a micro-basis and is vulnerable to attacks from new classical macroeconomics. New Keynesianism draws lessons from the theoretical failures of Keynesianism and is ready for the challenge from new classical macroeconomics. It discards the outdated view of Keynesianism concerning maximized behavior and expectation to avoid the criticism of new classical macroeconomics. Under the hypothesis that the economic client seeks maximization and rational expectation, new Keynesianism accommodates fairly well the adherence to non-market clearing, the quintessence of the Keynesian model. This helps make room for the existence and development of the idea that governmental intervention in the economy is necessary.

Essentially, new Keynesianism is a modern copy of Keynesianism, just as new classical economics is a modern copy of classical economics. The stickiness of wages and prices that leads to non-market clearing is the central topic of discussion of new Keynesian theoretical interpretation, and stability policy is the central topic of discussion new Keynesianism tries to prove through statistical analysis.

New Keynesianism makes a variety of interpretations of the stickiness of wages and prices. From the view point of Western economics, this seems better than the assertion by Keynesianism of the rigidity of nominal wages. However, Western economists find that new Keynesianists have proposed too many causes for the stickiness of wages and prices. It seems to puzzling to pinpoint the major or the general cause for the stickiness of wages and prices.

Some new Keynesian interpretations of the stickiness of wages and prices are fairly naive, and others have little regard for historical facts. When the proposition is made that small menu costs give rise to business cycles, it is soon shaken by new classical macroeconomists. Although the proposition, by the latter, that minute changes in wages give rise to tremendous changes in production and employment is likewise laughable, they know that menu costs are really too small to explain how society in the Great Depression could accommodate twenty-five percent unemployment. Neither can ideas concerning long-term labor contracts and implicit contracts withstand the test of history. The proponents of long-term labor contracts try to explain their views by the role of trade unions in wage negotiations. However, long before some sectors were unionized, the phenomenon of the business cycle existed as a rule. Proponents try to explain their views using governmental unemployment relief funds. But governmental unemployment relief funds were only introduced into the United States in 1938. This cannot explain the cause for the 1929—1933 Great Depression and previous economic crises. Comparatively speaking, the theory of efficiency wages is more tenable in explaining the stickiness of wages. However, it is still too erratic to attribute to it the cause of the business cycle. Efficiency wages essentially mean that the cause of the business cycle lies in the fact that workers demand higher wages. Like the proponents of the intertemporal substitution of leisure in the real business cycle theory, it in essence describes the victims of the business cycle as those who are held directly responsible for it.

Nevertheless, the new Keynesianists have a sense of reality. That is to say, they acknowledge that the private interests of factories are in conflict with social interest, that there is a coordination failure under capitalism, and that the decision to maximize factory profits at the micro-level will produce serious social consequences at the macro-level. This is where new classical macroeconomics falls short.

The new Keynesian business cycle model, characterized by non-market clearing, and the new classical macroeconomic business cycle model, characterized by market clearing, are diametrically opposed. However, on the question of the root cause of the business cycle, both share the same shortcoming: they both try to cover the nature of matter with phenomena and hesitate to delve into the capitalist system to look for the genuine cause of economic crisis and the business cycle.

New Keynesianism is in the process of establishment. It is still too early to conclude whether it will successfully provide a microeconomic basis, recognized by the Western economic community, for the intervention of the state in the economy. However, one thing that is certain is that the reassertion by new Keynesianism of governmental intervention in the economy will get attention from Western governments and economic and academic communities. Different from Keynesianism, which advocates macroeconomic policies or "fine tuning" to effectively prevent and cure unemployment and inflation, new Keynesianism tends to be moderate in saying that without a retrenchment policy, inflation will get worse, and without a policy of expansion, unemployment will be more widespread. This new Keynesian approach will probably win more supporters than the new classical macroeconomics one which espouses policy ineffectiveness.

Ⅳ. Some Thoughts

Market clearing or non-market clearing, effectiveness or ineffectiveness of policy , are the key differences between new classical macroeconomics and new Keynesian economics in theoretical viewpoints and positions on policy. New classical macroeconomics believes that market economy has self-regulatory or self-correcting power (wages and prices have full flexibility), that the market can be continuously cleared and that the economy may stay in a state of equilibrium quite often. Conversely, new Keynesianism maintains that market economy lacks full self-regulatory and self-correcting power (wages and prices are sticky), the market cannot be continuously cleared and that the economy may often stay in a state of continuous disequilibrium. Since new classical macroeconomics holds that market economy can be continuously cleared and often stay in a state of equilibrium, it naturally believes that governmental intervention in the economy is not only to no avail, but very harmful, and that it would be better for the government not to be involved in the economy. Conversely, since new Keynesianism does not believe that market economy can be continuously cleared and often stay in a state of equilibrium, it naturally holds that without governmental intervention, it can be a long and painful process for the economy to return to equilibrium, and that unemployment and/or inflation can get worse. The difference in stance concerning policy is related to the difference in economic theory. New classical macroeconomics asserts that any macroeconomic policy, whereby the government intervenes in the economy, is ineffective, while new Keynesianism maintains that it is effective. The initial debate between them centered around the topic of whether policy was effective or not. The essence of the debate lies in how to look at capitalist market economy. On this question, new classical macroeconomic idealism transcends a sense of reality, while new Keynesianism is less indulgent in idealism and squarely faces the reality of capitalism.

It seems that the debate will continue. It is hard to predict the results. However, what is certain is that the time for the new classical macroeconomic school's monetary business cycle having the upper hand has gone and new Keynesianism has become a powerful opponent. The result of statistical investigations concerning the proposition that policy is ineffective is in favor of new Keynesianism and not in favor of new classical macroeconomics. Nonmarket clearing is closer to capitalist reality than market clearing. State interventionism is more in keeping with the needs of state monopoly capitalism than with liberalism. Based on this assumption, it is possible for new Keynesianism to get the upper hand in the future.

New classical macroeconomics and new Keynesianism separately regard wage-price flexibility and wage-price stickiness as the key to macroeconomic analysis. They are both bent on creating something new, are trying to raise their analytical techniques, and have established many complicated mathematical models. However, they have not raised any new scientifically based ideas about macroeconomic operation. Neither knows the conditions for the reproduction and circulation of social gross capital, nor do they try to look for the causes for economic crisis and business cycles from the internal ties in capitalist economy. American macroeconomist Alan S. Blinder said, "Many clever people have toiled long hours in the macro vineyards seeking to develop new, more critique-resistant strains of theory and econometrics. Many new techniques have been added to our toolkit. To be the very model of a modern macroeconomist today, your technical baggage must be much heavier than was true a decade or two ago. Yet do we know much more today than we did then about how the macroeconomy really works? I am not convinced."① This statement by a Western economist gives much food for thought.

—*Translated by* Zhu Shida

from Zhongguo Shehui Kexue, 1993, no. 2

Revised by Xie Zhenqing *and* Yang Dawu

① Alan S. Blinder, *Macroeconomics under Debate*, p. 101, New York, University of Michigan Press, 1989.

图书在版编目（CIP）数据

西方古典经济学和西方现代经济学研究/吴易风著.—北京：中国人民大学出版社，2015.7

（吴易风文集；6）

ISBN 978-7-300-21704-8

Ⅰ.①西… Ⅱ.①吴… Ⅲ.①西方经济学-古典经济学-研究 ②西方经济学-现代经济学-研究 Ⅳ.①F091.3

中国版本图书馆 CIP 数据核字（2015）第 167283 号

吴易风文集　第六卷

西方古典经济学和西方现代经济学研究

吴易风　著

Xifang Gudian Jingjixue he Xifang Xiandai Jingjixue Yanjiu

出版发行	中国人民大学出版社		
社　　址	北京中关村大街 31 号	**邮政编码**	100080
电　　话	010－62511242（总编室）		010－62511770（质管部）
	010－82501766（邮购部）		010－62514148（门市部）
	010－62515195（发行公司）		010－62515275（盗版举报）
网　　址	http://www.crup.com.cn		
	http://www.ttrnet.com（人大教研网）		
经　　销	新华书店		
印　　刷	涿州市星河印刷有限公司		
规　　格	158 mm×236 mm　16 开本	**版　　次**	2015 年 9 月第 1 版
印　　张	18.5　插页 5	**印　　次**	2015 年 9 月第 1 次印刷
字　　数	300 000	**定　　价**	88.00 元
